Science matters!

Tilmann Betsch

Science matters!

Wissenschaftlich statt querdenken

Tilmann Betsch
Fachgebiet Psychologie
Universität Erfurt
Erfurt, Deutschland

ISBN 978-3-662-65421-7   ISBN 978-3-662-65422-4 (eBook)
https://doi.org/10.1007/978-3-662-65422-4

Die Deutsche Nationalbibliothek verzeichnet diese Publikation in der Deutschen Nationalbibliografie; detaillierte bibliografische Daten sind im Internet über http://dnb.d-nb.de abrufbar.

© Der/die Herausgeber bzw. der/die Autor(en), exklusiv lizenziert an Springer-Verlag GmbH, DE, ein Teil von Springer Nature 2022
Das Werk einschließlich aller seiner Teile ist urheberrechtlich geschützt. Jede Verwertung, die nicht ausdrücklich vom Urheberrechtsgesetz zugelassen ist, bedarf der vorherigen Zustimmung des Verlags. Das gilt insbesondere für Vervielfältigungen, Bearbeitungen, Übersetzungen, Mikroverfilmungen und die Einspeicherung und Verarbeitung in elektronischen Systemen.
Die Wiedergabe von allgemein beschreibenden Bezeichnungen, Marken, Unternehmensnamen etc. in diesem Werk bedeutet nicht, dass diese frei durch jedermann benutzt werden dürfen. Die Berechtigung zur Benutzung unterliegt, auch ohne gesonderten Hinweis hierzu, den Regeln des Markenrechts. Die Rechte des jeweiligen Zeicheninhabers sind zu beachten.
Der Verlag, die Autoren und die Herausgeber gehen davon aus, dass die Angaben und Informationen in diesem Werk zum Zeitpunkt der Veröffentlichung vollständig und korrekt sind. Weder der Verlag, noch die Autoren oder die Herausgeber übernehmen, ausdrücklich oder implizit, Gewähr für den Inhalt des Werkes, etwaige Fehler oder Äußerungen. Der Verlag bleibt im Hinblick auf geografische Zuordnungen und Gebietsbezeichnungen in veröffentlichten Karten und Institutionsadressen neutral.

Illustrationen: © Xave Betsch

Planung/Lektorat: Joachim Coch
Springer ist ein Imprint der eingetragenen Gesellschaft Springer-Verlag GmbH, DE und ist ein Teil von Springer Nature.
Die Anschrift der Gesellschaft ist: Heidelberger Platz 3, 14197 Berlin, Germany

Meinen Kindern gewidmet

Inhaltsverzeichnis

1 Einleitung — 1

2 Wissenschaft muss doch die Wahrheit beweisen — 7

3 Wissen macht Ah! — 35

4 Die einen glauben an Gott und die anderen an Wissenschaft — 69

5 Wahrscheinlichkeit ist Unwissen *oder* das Schicksal würfelt nicht — 109

6 Was den Menschen ausmacht, lässt sich nicht vermessen — 165

7 Nur auf die eigene Erfahrung ist Verlass — 203

8 Mit uns keine Experimente — 239

9	Traue keiner Statistik	281
10	Wissenschaftlich denken	321
Stichwortverzeichnis		331

1

Einleitung

*„Nichts ist so gerecht verteilt
wie der gesunde Menschenverstand.
Niemand glaubt mehr davon
zu brauchen, als er hat."*

René Descartes

Dieses Buch wendet sich an alle, die dummes Geschwätz satthaben. Die an den Kommentaren und *shitstorms* in den sozialen Netzwerken verzweifeln. Die alternative Fakten nicht mehr hören wollen. Die Verschwörungsgelaber nervt. Denen es schlecht wird, wenn Erweckungsgefasel, Feindbilder oder gefühlsduselige Betroffenheit das Argument ersetzen. Dieses Buch ist der Aufklärung verpflichtet. Es propagiert eine Methode. Die Methode des wissenschaftlichen Denkens. Es mag etwas altmodisch klingen, aber in diesem Buch geht es um *Vernunft*. Denn die scheint uns in der Gesellschaft allmählich wieder abhanden zu kommen. Und Vorsicht: Dem Buch fehlt es an politischer Korrektheit und an Nachsicht.

Wissenschaftliches Denken ist radikal und schert sich nicht um persönliche Empfindlichkeiten. Einiges wird Sie erfreuen und Sie werden vielleicht ausrufen: *Das hab ich schon immer gesagt!* Aber anderes wird Sie herausfordern. Weil es dem „gesunden Menschenverstand" widerspricht. Es wird wohl bei dem[1] einen oder anderen die eigenen Erfahrungen und lieb gewonnene Überzeugungen angreifen. In diesem Falle sollten Sie sich zum Streit herausgefordert fühlen. Aber zum Streit mit Argumenten. Auf der Basis von Fakten und empirischer Evidenz. Nach einer Methode, die Kritik auf allen Seiten zulässt. Die Vernunft nicht einer persönlichen Betroffenheit opfert. Die die Triade aus Kritik, Diskurs und empirischer Prüfung als eine Errungenschaft begreift, die es zu bewahren gilt.

Diese Errungenschaft gründet auf der Methode des wissenschaftlichen Denkens, in die ich hier einführen werde. Ich meine damit die *naturwissenschaftliche* Methode, derer sich die empirischen Wissenschaften bedienen. Diese Wissenschaften prüfen Annahmen anhand der Beobachtung. Die Werkzeuge dafür sind allesamt Erfindungen, die die Menschheit erst in jüngerer Zeit hervorgebracht hat. Wir alle sind mit ihnen bis zu einem gewissen Grad vertraut. Aus Schule und Medien, in späterer Ausbildung oder Studium, immer wieder wurden und werden wir mit ihnen konfrontiert. Der Rekurs auf wissenschaftliche Befunde ist zu einer Routine in vielen Bereichen unserer Kommunikation geworden. Medienproduktionen, die sich mit Wissenschaft befassen, erfreuen sich einer steigenden Nachfrage. Und trotzdem begegnen

---

[1] In diesem Buch verwende ich das generische Maskulinum, das alle Menschen einschließt, unabhängig von ihrer geschlechtlichen Identität.

1 Einleitung

wir ständig Vorurteilen, falschen Erwartungen und Fehlkonzeptionen gegenüber Wissenschaft und ihren Erkenntnissen. Das behaupte ich gerade. Aber diese Behauptung kann ich nicht einfach so stehen lassen. Und schon gar nicht im Rahmen der Einleitung zu einem Buch über wissenschaftliches Denken. Denn sie verlangt nach einem empirischen Beleg.

In der Vorbereitung zu diesem Buch führten meine Mitarbeiter und ich im Jahr 2021 eine repräsentative Studie in Deutschland durch.[2] Dabei kam heraus, dass zwischen 30 und 50 % der Teilnehmer Annahmen über Wissenschaft hegen, die mit der Methode des wissenschaftlichen Denkens unvereinbar sind. Wissenschaft ist ein Prozess und keine Sammlung letztgültiger Gewissheiten. Alle Erkenntnis ist vorläufig. Die Forschung bringt ständig neue Theorien hervor, die wiederum versuchen, den neuen Befunden gerecht zu werden. Unser Wissen steht jedoch immer unter Irrtumsvorbehalt. Die Wissenschaften erheben im Unterschied zu Religionen keinen Absolutheitsanspruch. Kein anständiger Wissenschaftler würde behaupten, diese oder jene Theorie sei mit absoluter Sicherheit gültig. Über ein Drittel der Teilnehmer unserer Studie waren jedoch der Meinung, dass Erkenntnisse, die nicht mit Sicherheit richtig sind, gar keinen Nutzen hätten. Die empirische Wissenschaft gründet sich auf Beobachtung. Sie verwendet dafür strenge Methoden, die die Fehler und Fallen der individuellen Beobachtung und Erfahrung ausschalten. Trotzdem waren 50 % der Befragten davon überzeugt, dass Befunde wissenschaftlicher Forschung *nicht* verlässlicher seien als die eigene,

---

[2] Betsch, T., Pfersich, L., & Tannert, N. (2022). Konzeptionen von Wissenschaft – Ergebnisse einer repräsentativen Befragung in Deutschland. Zur Veröffentlichung eingereicht.

subjektive Erfahrung. Und rund ein Drittel der Befragten vertrauten grundsätzlich ihrem Bauchgefühl und der eigenen Erfahrung mehr als wissenschaftlichen Erkenntnissen und den Aussagen von Experten. Über 40 % waren der Meinung, dass statistische Verfahren bei der Bewertung von Forschungsergebnissen *keine* verlässlichen Hilfsmittel seien. Was wahrscheinlich daran liegt, dass die statistischen Prüfverfahren, die bei der empirischen Forschung zum Einsatz kommen, den meisten unbekannt sein dürften.

Dies sind nur einige Beispiele aus den Ergebnissen der Studie. Aber sie zeigen: Es gibt Aufklärungsbedarf.

Ich werde folgende Mittel verwenden, um Sie über die Grundlagen wissenschaftlichen Denkens aufzuklären. Jedes Kapitel aktiviert schon im Titel ein Vorurteil oder eine falsche Erwartung zu einem zentralen Thema. Nach einer kurzen Einleitung werde ich diese in einem Abschnitt zu „Irrtum und Fakt" mit den Tatsachen konfrontieren. Das wirkt auf den ersten Blick ernüchternd und unbefriedigend. Damit will ich Sie vorbereiten auf das wirklich Spannende, was danach kommt. Nämlich die wissenschaftlichen Methoden, die uns mit einfachen, aber probaten Mitteln zu Erkenntnis verhelfen. Sie werden sehen, dass ich von diesen Werkzeugen völlig begeistert bin. Weil sie so nützlich sind. Nicht nur an der Forschungsfront, sondern auch und gerade im Alltag. Sie schulen unser Denken und wappnen uns gegen Unfug, gegen Fabriziertes und Verquastes.

Dazu wird es viele Beispiele geben. Darunter die Diskussionen um Klimawandel, Homöopathie und Impfen. Es wird aber auch um unsere Emotionen, um Amokläufe, religiösen Fundamentalismus und Gottesbeweise gehen. Um identitäre Aufstände, eine kleine Guillotine und Kinderexperimente in den Alpen. Wir begleiten Expeditionen zu Vulkanen, bestaunen magische

Phänomene in der Wüste und begeben uns auf Schatzsuche. Denn tatsächlich dreht sich auch das wissenschaftliche Denken um das pralle Leben mit all seinen Freuden und Schrecken – und seiner Ironie.

Sollten Sie allerdings ein Lebensoptimierer sein, der sich nur für den nächsten Partytalk wappnen will, um andere mit seinen Kenntnissen zu beeindrucken (sodass sich diese ihrer Ignoranz auch tüchtig schämen dürfen) – dann lesen Sie nur das letzte Kapitel. Dort finden Sie eine Handvoll praktischer Regeln, die Quintessenz dieses Buches. Deren geflissentliche Anwendung, das verspreche ich, Ihnen helfen wird, Ihre Urteile und Entscheidungen zu verbessern.

Danke Xave Betsch für die Abbildungen. Alexandra Bauer für die Begleitung des Buches bis zum Verlag. Julia Babette Brinkman, Ralf Rummer und Nancy Quittenbaum für Rückenstärkung bei diesem Projekt. Allen meinen Mentoren, Mitarbeitern und Mitstreitern im Kampf um Erkenntnis für den stetigen Diskurs. Und Hans Albert, der mir die Augen öffnete.

2

Wissenschaft muss doch die Wahrheit beweisen

„Kann auf keine Weise angegeben werden, wann ein [theoretischer] Satz wahr ist, so hat der Satz überhaupt keinen Sinn; denn der Sinn eines Satzes ist die Methode seiner Verifikation."
Friedrich Waismann (Waismann, F. (1930). Logische Analyse des Wahrscheinlichkeitsbegriffs. Erkenntnis, 1, 228–248. https://doi. org/10.1007/BF00208618.)

Erkenntnis ist nur dann eine Erkenntnis, wenn sie als wahr bewiesen ist. Das erscheint sinnvoll. In der repräsentativen Umfrage, die ich kurz in der Einleitung vorgestellt hatte, war die überwiegende Mehrheit der Befragten der Meinung, dass es Wissenschaft darum gehen muss, Wahrheit herauszufinden. Wir streben nach gesichertem Wissen. Sonst ist Wissen kein Wissen, sondern nur eine Vermutung. Eine gesicherte oder wahre Erkenntnis gründet auf einem Beweis. Friedrich Waismann (1986–1959) war ein Wissenschaftstheoretiker und Mitglied des Wiener Kreises, einer Verbindung von

Intellektuellen aus verschiedensten Disziplinen, denen es um die Prinzipien wissenschaftlichen Denkens ging. Der Wiener Kreis vertrat eine Richtung, die wir heute als logischen Positivismus bezeichnen. Demnach ist eine wissenschaftliche Aussage nur dann eine gute Aussage, wenn sie wahr ist. Die Wahrheit lässt sich überprüfen. Und zwar durch Beobachtung der Realität. Eine gute Annahme wurde durch Beobachtung positiv überprüft. Sie wurde verifiziert. Alles, was sich nicht objektiv beobachten lässt, gehört ins Reich der Metaphysik, der Religion, des Irrglaubens.

Die positivistische Position war lange die Leitidee des aufgeklärten, wissenschaftlichen Denkens im 19. Jahrhundert. Und noch vor dem Zweiten Weltkrieg verfügte der Positivismus über ein starkes Gewicht in den Diskursen der Philosophie und Erkenntnistheorie. In gewisser Weise spiegelt er den Erkenntnisgewinn in einem idealen Prozess vor Gericht wider, in dem die Schuld des Angeklagten zweifelsfrei bewiesen werden kann. Es gibt viele Zeugen, die die Tat mit eigenen Augen verfolgten. Deren Aussagen widersprechen sich nicht. Die Zeugen sind allesamt gut beleumundet, weder sind sie gekauft noch hegen sie eine negative Voreinstellung gegenüber dem Täter. Sie kannten ihn und einige waren sogar mit ihm befreundet. Zudem wurde der Tathergang gefilmt. Klassische Indizien, wie die Fingerabdrücke auf der Tatwaffe und die DNA-Proben, weisen in dieselbe Richtung. Darüber hinaus war der Täter geständig.

„Wir wollen nicht glauben, wir wollen wissen", sprach Marcellus Wallace, der Gangsterboss in dem Film *Pulp Fiction,* und unterzog einen armen Kerl einer schmerzhaften Befragung. Auch die Folter wurde und wird immer noch als ein Weg zur Wahrheit angesehen. Leider auch in westlichen Demokratien. Man denke nur an das

"Befragungsprogramm"[1] der CIA (Waterboarding etc.), um den Aufenthaltsort von Osama bin Laden herauszufinden, dem Gründer und Anführer der Terrororganisation al-Qaida, die unter anderem für die Anschläge auf das World Trade Center am 11. September 2001 verantwortlich war. Unter Schmerzen meint man, werden Lügen nicht aufrechterhalten. Die Wahrheit tritt zutage. Diese Unterscheidung von Wahrheit und Unwahrheit steckt auch hinter der Verwendung von Lügendetektoren. Dabei wird angenommen, die Lüge zeige ein eindeutiges Muster über eine Reihe physiologischer Messungen, die mit einem Polygrafen aufgezeichnet werden. Lügendetektoren funktionieren zwar nicht[2], aber sie werden in einigen Ländern immer noch zum Zwecke der Wahrheitsfindung eingesetzt, beispielsweise in den USA. In Deutschland hat sie der Bundesgerichtshof 1998 verboten.

Die Beispiele zeigen, Wahrheit ist ein hohes Gut, dem sogar Menschenrechte untergeordnet werden. Auch auf zweifelhafte Verfahren wird zurückgegriffen, sofern sie versprechen, Gewissheiten zu erreichen. Denn nur gesichertes Wissen, so meinen wir, erlaubt uns, die richtigen Entscheidungen zu treffen. Das trifft nicht nur auf den Gerichtssaal zu oder die Hoffnung, mit Geständnissen von Terroristen Leben retten zu können. Es handelt sich hier um ein sehr grundlegendes Bestreben. Wir möchten korrektes Wissen darüber haben, wie die

---

[1] Senat Report 113–288 (2014). *Committee study of the central intelligence agency's detention and interrogation program together with foreword by chairman Feinstein and additional and minority views.* United States of America. https://www.intelligence.senate.gov/sites/default/files/documents/CRPT-113srpt288.pdf.

[2] Fiedler, K. (2003). Über Tests, psychophysiologische Methoden und den Schein der Präzision. Psychologische Rundschau, 54, 112–115. https://doi.org/10.1026//0033-3042.54.2.112.

Welt funktioniert.[3] Unsicherheit ertragen wir nur äußerst ungern.

Wahrheitsfindung sollte wohl folglich auch das Kerngeschäft der Wissenschaft sein – so befand es der Positivismus. Historisch gesehen war das ein unglaublicher Fortschritt. Denn nun lag die Bestimmung von Wahrheit nicht mehr exklusiv bei Autoritäten, sondern in der Natur und war damit allen Menschen in gleicher Weise zugänglich. Die Natur lehrt uns die Wahrheit, so die Annahme, wenn wir sie nur gründlich genug und vorbehaltlos beobachten.

Wahrheit und die Chance, diese herauszufinden, hängen jedoch davon ab, was wir suchen. Unsere Alltagsvorstellung von Wissenschaft sieht Forschende gerne in der Rolle von Entdeckern. Jean-Luc Picard, Kapitän des Raumschiffes Enterprise der zweiten Generation, wurde nicht müde, sich immer selbst zum Forschenden zu erklären. Schon in dem Vorspann zur Vorläuferserie (durch die sich noch ein James T. Kirk mit den Fäusten schlug) informierte eine Stimme aus dem Off den Zuschauer, was das bedeutet: Das Raumschiff Enterprise mache sich auf, „um neue Welten zu erforschen, neues Leben und neue Zivilisationen [...], die nie ein Mensch zuvor gesehen hat"[4]. Forschen bedeutet demnach, Neues (heraus) zu finden und der Menschheit darüber Bericht zu erstatten. Damit bemüht die Fernsehserie ein jahrhundertealtes Klischee. Nach vielen Mühen und oft einer langen und gefährlichen Odyssee kommt der Forscher zurück in seine Heimat. Dort präsentiert er einem staunenden Publikum seine Beute. Früher entstammte das

---

[3] Smith, E. R., & Mackie, D. M. (2000). *Social psychology* (2nd edition). Hove: Psychology Press.

[4] https://www.deutschlandfunk.de/50-jahre-star-trek-mit-captain-kirk-mr-spock-und-der.732.de.html?dram:article_id=365146; abgerufen am 5.5.2021.

2 Wissenschaft muss doch die Wahrheit beweisen

Publikum dem Adel, der Gelehrtenschaft und dem reichen Bürgertum. Es traf sich in Zirkeln und Akademien, die an vornehme Clubs erinnerten. Die Beute bestand aus Artefakten, Mineralien, Präparaten und Zeichnungen von Pflanzen, Tieren und Menschen sowie gerne auch lebenden Exemplaren, sofern diese die Rückreise überlebt hatten. Über Spielfilme und Dokumentationen sind wir mit diesen Szenen vertraut.

Heute müssen wir keinem illustren Kreis mehr angehören. Der Zugang zu *discovery channels* und Wissenschaftssendungen steht gegen Bezahlung allen offen. Die Filme, Videos und Clips erzählen Geschichten über Entdeckungen. Sie zeichnen damit ein Bild der Wissenschaft, in dem die Erträge der Forschung mit unseren Sinnen erfassbar werden. Teilweise mithilfe von Apparaturen wie dem Mikroskop oder einer Messvorrichtung, und natürlich immer über die Kamera und Mikrofone. Aber die Realität dieser Entdeckungen ist offensichtlich. Zweifel an der Wahrheit kommen nur dann auf, wenn wir den Akteuren eine Täuschungsabsicht unterstellen. Hätte die spanische Krone Kolumbus keinen Glauben geschenkt, hätte sie nicht eine Armee von Conquistadores nach Mittelamerika geschickt, um den Kontinent zu kolonialisieren und seine Rohstoffe auszubeuten. Zweifler gab und gibt es natürlich immer. Seit über 40 Jahren halten sich Erzählungen darüber, dass die bemannten Apollo-Missionen zum Mond eine Inszenierung von Geheimdiensten und der NASA wären.[5] Als Mitarbeiter eines Londoner Museums zum ersten Mal den Balg eines australischen Schnabeltiers unter die Nase gehalten

---

[5] Die Verschwörungstheorie, dass die Mondlandungen ein Schwindel waren, geht wohl auf dieses Buch zurück: Kaysing, B. (1976). We never went to the moon: America's thirty billion Dollar swindle! Mokelumne Hill Press.

bekamen, hielten sie dies für einen Scherz.[6] Ein Schnabeltier erinnert ja auch an eine Melange aus Ente und Otter. Wie eines dieser Fabelwesen aus Hasenkopf und Rehgeweih, der bayrische Wolpertinger oder die nordamerikanische Jackalope. Da konnte man schon auf die Idee kommen, das Ding sei fabriziert worden. Aber auf lange Sicht hätte ein solcher Betrug sich nicht ausgezahlt. Weil es sich ja nachprüfen lässt, ob Schnabeltiere wirklich existieren. In vielleicht gar nicht so ferner Zukunft werden vielleicht auch die Anhänger von Verschwörungsgeschichten es sich leisten können, eine Urlaubsreise zum Mond zu buchen. Wo sie dann die Überreste der Apollo-Missionen bestaunen können.

Wenn Forschung nur darin bestünde, die Existenz von Phänomenen, Dingen und Lebewesen nachzuweisen, dann könnte man mit Fug und Recht fordern, dass die Wissenschaft nach Wahrheit und deren Beweis streben müsse. Existenz kann ja bewiesen werden. Und die Methode der Wissenschaft läge dann, wie Friedrich Waismann meinte, in der Art und Weise, wie der Beweis zu führen ist.

Es ließe sich nun einwenden, dass unsere Sinneswahrnehmung nicht objektiv ist. Wir werden später darauf zurückkommen. Nichtsdestotrotz erreichen wir gewöhnlich einen hohen Grad an Übereinstimmung mit unseren Mitmenschen, was die Feststellung von Tatsachen betrifft. Wäre dies nicht der Fall, könnten wir nur schwer miteinander kommunizieren und interagieren. Ich bin bisher immer verstanden worden, wenn ich am Gemüsestand nach einem Pfund Karotten verlangte. Regelmäßig erhielt ich ein paar Stangen eines orangenen, konisch zulaufenden

---

[6] https://de.wikipedia.org/wiki/Schnabeltier; abgerufen am 16.5.2021.

2 Wissenschaft muss doch die Wahrheit beweisen

Wurzelgemüses, manchmal mit grünem, haarschopfähnlichem Gefrans oben dran. Hätte ich die Leute auf dem Markt gefragt, ob das wirklich Karotten seien, hätten sie dies vermutlich auch bejaht. Nur wäre es ihnen seltsam vorgekommen, dass ich nach etwas gefragt hätte, was doch offensichtlich ist.

Forschung als die Suche nach Entdeckungen bedarf keiner besonderen Methode des Denkens. Auch ein Kind vermag bislang unbekannte Lebewesen, Dinge oder Phänomene zu entdecken. „Guck her, was ich im Wald gefunden habe", sagte der kleine Indio zu dem ulkig gekleideten fremden Mann und überreichte ihm einen Käfer, groß wie eine Hand, mit zwei gewaltigen Scheren. „Oh, schon wieder ein neuer", freute sich der Entdecker aus Europa, „ich werde ihn Herkuleskäfer nennen."

Zwar mag die Suche selbst mitunter sehr aufwendig sein. Alexander von Humboldts Expedition nach Südamerika im 18. Jahrhundert, Jacques Piccards (1922–2008) Tauchfahrt in den Marianengraben 1960, der Bau des 26 km langen Ringes zur Teilchenbeschleunigung am Europäischen Kernforschungszentrum CERN bei Genf, ein künftiger Flug zum Mars – solche Unternehmungen sind teuer und technisch aufwendig. Aber wenn dann einst die ersten Menschen den Mars betreten werden, dann könnten sie ohne weiteres Zutun über etwas Unbekanntes stolpern, es einsacken und stolz nach Hause bringen. So einfach könnte Wissenschaft sein. Aber etwas komplizierter ist es schon. Wissenschaft hat durchaus mit Wahrheitssuche zu tun. Aber sie geht hier, man könnte sagen, voller Demut vor, weil sie von allen Absolutheitsansprüchen absieht. Wie das funktioniert und warum dies ein guter Weg ist, werde ich in diesem Kapitel erklären.

Irrtum und Fakt

Das Bild der Wissenschaft als Sammlung sicheren wahren Wissens gründet auf dem Stereotyp des entdeckenden Forschers. Wir haben Stereotype über viele Personengruppen in unseren Köpfen. Stereotype über Frauen, Männer, Ausländer, Westdeutsche und Ostdeutsche, über Leute, die Jura, und jene, die Psychologie studieren, über Autoverkäufer, Politiker und Investmentbanker. Und natürlich über Wissenschaftler. Die stereotypen Vorstellungen helfen uns, Ordnung in die Welt zu bringen. Wenn wir jemand in die Schublade eines Stereotyps stecken können, dann *wissen* wir gleich so einiges über die Person, auch wenn wir sie gar nicht persönlich kennen.[7] Beim Psychologen denken die meisten sofort an eine Couch. Wenn ich auf die Frage nach meinem Beruf sage, ich sei Professor für Psychologie, dann wird manchen ein wenig mulmig, weil sie befürchten, ich könnte in sie wie in einen gläsernen Menschen hineinschauen. Was ich natürlich nicht kann. Diese Unfähigkeit teile ich mit allen Psychologen und allen anderen Menschen. Stereotype sind jedoch nicht völlig unabhängig von der Realität (natürlich werden Studierende der Psychologie auch in diagnostischen Verfahren geschult), aber sie beinhalten auch Überzeugungen, die manchmal gar nichts mit der Realität zu tun haben (psychologische Diagnostik geht nicht per Röntgenblick, sondern über standardisierte Testverfahren, meist in Form von Fragebögen). Der Inhalt des Stereotyps führt dann zu falschen Erwartungen.

---

[7] Fiske, S. T., & Neuberg, S. L. (1990). A continuum of impression formation, from category-based to individuating processes: Influences of information and motivation on attention and interpretation. In M. P. Zanna (Ed.), *Advances in experimental social psychology, 23,* 1–73. New York: Random House.

2 Wissenschaft muss doch die Wahrheit beweisen

Eine dieser falschen stereotypen Erwartungen beinhaltet, dass es moderner Wissenschaft um den Beweis von Wahrheiten ginge. Defätisten und Verschwörungsneurotiker würden jetzt vielleicht ausrufen: *Das haben wir schon immer gesagt! Alles Blender und Lügner! Allesamt gekauft!* Da wären wir aber nur bei einem weiteren Stereotyp.

Fakt ist, dass *alle wissenschaftliche Erkenntnis vorläufig ist*. Letzte Gewissheit ist auch und gerade der Wissenschaft verwehrt. Sie vermag sich dem Ideal der Wahrheit lediglich in kleinen Schritten anzunähern, sie wahrscheinlich aber nie ganz zu erreichen.[8] Die wissenschaftliche Suche nach Erkenntnisgewinn erfordert von uns eine gehörige Portion Realismus und Pragmatismus.[9] Vorhersagen können scheitern und Theorien müssen manchmal über den Haufen geworfen werden. Die Erkenntnis, falsch gelegen zu haben, setzt aber auch voraus, dass die Gegenseite, die Wahrheit als Kategorie bestehen bleibt.[10] Der Wahrheitsbegriff ist also notwendig, um unsere *Beobachtungen* zu bewerten. Nehmen wir an, ein Wirtschaftswissenschaftler sagt mithilfe seiner Theorie und seiner Daten voraus, dass nächstes Jahr die Inflation eine bestimmte Prozentmarke überschreitet. Wenn wir nun abwarten, was passiert, können wir diese Vorhersage überprüfen. Wir können feststellen, ob sie richtig (wahr) oder

---

[8] Wobei nicht ausgeschlossen ist, dass sich Systeme und Prozesse des Erkenntnisgewinns in einem evolutionären Prozess weiterentwickeln und irgendwann vielleicht der Zugang zu einer höheren Ebene der Erkenntnis möglich wird: Vollmer, G. (2002) *Evolutionäre Erkenntnistheorie*. Stuttgart: Hirzel.

[9] Kurz und knapp erklärt in Vollmer, G. (2017). *Gretchenfragen an Naturalisten*. Aschaffenburg: Alibri, S. 27.

[10] Ich danke hier Martin Mahner, dem Leiter des Zentrums für Wissenschaft und kritisches Denken, [https://www.gwup.org/ueber-uns-uebersicht/skeptisches-zentrum; abgerufen am 15.3.2022], für seine hilfreichen Einlassungen zum Konzept der Wahrheit im Rahmen der Begutachtung eines Forschungsartikels.

falsch war. Wie stark sich die Vorhersage an einen tatsächlichen Wert annäherte, oder wie weit sie danebenlag. Diese Beobachtungen lassen sich in der Terminologie des Wahrheitskonzeptes fassen. Selbst bei einer korrekten Vorhersage wäre jedoch die Theorie selbst nicht bewiesen. Es könnte ja sein, dass eine ihrer nächsten Vorhersagen scheitert.

Mit der Aufgabe des Absolutheitsanspruches stellt die Wissenschaft all ihr Wissen und ihre Erkenntnisse unter einen Irrtumsvorbehalt[11]. Das bedeutet auf der praktischen Ebene, dass Wissenschaftler davon absehen, letzte Beweise ihrer Theorien liefern zu wollen. Jedoch, der Prozess des Erkenntnisgewinns schreitet beständig voran. Mit dem Ziel, immer besseres, das heißt immer belastbareres Wissen zu erlangen.

Die Ebenen der wissenschaftlichen Erkenntnis: Individualien und Universalien

Das Hauptgeschäft der Wissenschaft besteht in *Erklärung* und *Vorhersage*. Dafür reicht Beobachtung alleine nicht hin. Aus den Beobachtungen muss etwas geschaffen werden, was über die Beobachtungsebene hinausgeht. Nämlich eine Sammlung von Annahmen, die es erlauben, Vorhandenes zu erklären und Zukünftiges vorherzusagen. Um dies zu bewerkstelligen, müssen vermutete Zusammenhänge zwischen Variablen, Ursachen und Wirkungen identifiziert werden. Eine Aussage, die mit „wenn" beginnt und mit „dann" endet, ergibt einen

---

[11] Grundmann, T. (2008). *Analytische Einführung in die Erkenntnistheorie.* Berlin: Walter de Gruyter, S. 426 ff.

2 Wissenschaft muss doch die Wahrheit beweisen

nomologischen Satz, auf Deutsch eine Gesetzesaussage. Sie alleine reicht aber immer noch nicht aus, um etwas zu erklären und vorherzusagen. Wir müssen das „Etwas", also den Gegenstand unserer Beobachtung, konzeptuell in den Griff kriegen. Dafür bedient sich die Wissenschaft aufwendiger Anstrengungen zur Definition, Klassifikation und Systematisierung von Beobachtungen. Dieser Aufwand dient erst einmal der Verständigung. Wenn ich anderen Forschenden nicht klar und eindeutig beschreiben kann, woran ich forsche, dann könnte ich mir meine Forschungen sparen. Denn ihre Ergebnisse ließen sich nicht teilen. Ursache-Wirkungs-Zusammenhänge werden deshalb häufig in eine Formalsprache gebracht. Diese Tendenz zur Formalisierung steigt in den empirischen Wissenschaften mit ihrem Entwicklungsgrad. Die Mathematik liefert dafür Struktur und Vokabular. Die finale Menge an Aussagen, bestehend aus Definitionen und Sätzen über Zusammenhänge, Prozesse und Kausalität bildet zusammen eine *Theorie*.

Und jetzt nähern wir uns dem Kern des Problems. Das ambitionierte Ziel der Wissenschaften nach Erklärung und Vorhersage lässt sich ohne Theorien nicht erreichen. Die Architektur jeder empirischen Wissenschaft verbindet nämlich zwei Ebenen. Die der Beobachtung und jene der theoretischen Konzeption.

Auf der unteren Ebene sammeln wir Beobachtungen. Dabei handelt es sich um identifizierbare Einzelfälle. Eine Gesteinsart am Kraterrand eines Vulkans. Den Nachweis eines neuen Teilchens im Plasmastrom. Eine Gruppe von Mäusen, die nach Verabreichung eines bestimmten Stoffes länger lebte als eine Vergleichsgruppe. Diese Beobachtungen lassen sich dokumentieren. Die Erkenntnistheoretiker des Wiener Kreises nannten sie Protokoll- oder empirische Sätze. Zumindest auf dieser Ebene kommen wir der Wahrheit recht nahe. Mit der Einschränkung, dass es sich dabei immer um eine Übereinkunft der Beobachtenden handelt. Aussagen auf dieser Ebene werden *Individualien* genannt. Die theoretische Ebene geht über den Einzelfall hinaus. Hier werden sogenannte *Universalien* beschrieben.[12]

Bevor ich zeige, wie sich zwischen diesen Ebenen der Anspruch auf gesicherte Wahrheit bricht, betrachten wir zuerst ein historisches Beispiel. Aus der Geologie. Diese Wissenschaft hat auf den ersten Blick durchaus mit greifbaren, gewichtigen Tatsachen zu tun. Steine und Mineralien kann man in die Hand nehmen, sofern sie nicht zu schwer sind. Felsformationen kann man bestaunen oder an ihnen herumhacken. Mit der Etablierung der Geologie als eigenständiger Wissenschaft im 18. Jahrhundert begann aber auch gleich ein theoretischer Disput, also ein Streit um Universalien. Wie entstand denn das Gestein auf der Erde? Das ist nicht nur eine spannende Frage, die nach einer Erklärung verlangt. Ihre Beantwortung entzieht sich zudem weitgehend der direkten Beobachtung. Man bräuchte eine Zeitmaschine, um in die Vergangenheit zurückzureisen, und einen Zeitraffer, um die Entstehung des Gesteins über die Jahrmillionen verfolgen zu können. Aber Indizien gibt es zuhauf. Man wusste schon vor zweihundert Jahren, dass einstmals Meere die Erde dort bedeckten, wo wir heute trockenes Land vorfinden. Davon zeugen Versteinerungen von Meeresbewohnern wie Fischen, Ammoniten und Seelilien. Nachdem ihre Körper in den Schlick am Grunde des Meeres gesunken waren, wurden sie irgendwann zu Stein. Wie konnte das geschehen? Die Vermutung lag nahe, dass der Druck des Wassers für die allmähliche Verdichtung der Materie mitverantwortlich

---

[12] Popper, K. R. (1934/1984). *Logik der Forschung*. Tübingen: Mohr.

2 Wissenschaft muss doch die Wahrheit beweisen

war. Die historische Theorie des Neptunismus besagte, dass alles Gestein aus den Ablagerungen, den Sedimenten der Ozeane entstanden war. Diese Theorie erfüllte alle Kriterien einer modernen wissenschaftlichen Theorie. Sie beinhaltete Annahmen über Ursache und Wirkung, also über Kausalität. Hoher Druck führte demnach nicht nur zur Verdichtung von Materie, sondern darüber hinaus zur Veränderung ihrer Struktur. Die Überreste der Lebewesen der Meere wurden zu anorganischem Material fester Struktur. Ebenso wie andere Stoffe, die nicht organischen Ursprungs waren. Unter dem enormen Druck des Wassers wurden die Sedimente zu Stein. Die Theorie des Neptunismus vermag damit zu erklären, wie der Posidonienschiefer auf der Schwäbischen Alb entstand, mitsamt seinen mannigfaltigen Abformungen prähistorischer Tier- und Pflanzenarten. Denn dieses süddeutsche Mittelgebirge, wie der größte Teil Europas, war in der Jurazeit von einem Meer überflutet. Der Anspruch der Vertreter des Neptunismus war aber universell. Folglich sollte *alles* Gestein auf der Erde unter dem Einfluss der Wassermassen entstanden sein. Somit handelt es sich bei dem Neptunismus um eine echte Theorie, die beansprucht, eine Universalie identifiziert zu haben. Eine allgemeingültige Erklärung eines Phänomens, einen sogenannten Allsatz.

Ihr Allsatzcharakter macht die Theorie angreifbar. Natürlich wäre es prima, wenn wir eine endgültig wahre Theorie über die Entstehung von Gestein hätten. Die Anhängerschaft einer Theorie mag sich noch so ins Zeug legen, ihre Gültigkeit zu propagieren, aber ein Allsatz kann immer nur vorläufig als gültig akzeptiert werden. Er gilt nur so lange, bis neue Beobachtungen ihm widersprechen.

Alexander von Humboldt (1769–1859), in Berlin geboren und gestorben, wurde zum Inbegriff des Forschungsreisenden schlechthin. Er interessierte sich für so ziemlich alles, was die Natur zu bieten hat. Eine fünfjährige Expedition durch Mittel- und Südamerika, die er zusammen mit dem Pariser Botaniker und Arzt Aimé Bonpland (1773–1858) plante und leitete, führte ihn auch in die Anden. In Ecuador erklomm er den Rucu Pichincha, ein heute noch aktiver Vulkan, immerhin fast 4700 m hoch. Dort sammelte Humboldt Gesteinsproben und schloss die schweflige Luft in Behältnisse ein. Später konnte er nachweisen, dass Porphyr und Basalt vulkanischen Ursprungs sind.[13] Ganz entscheidend ist aber, was dieser Befund für die Theorie des Neptunismus bedeutete. Diese behauptete ja, dass *alle* Gesteinsarten durch Sedimentierung entstanden wären. Wenn durch vulkanische Tätigkeit ebenfalls Gestein entstehen kann, dann widerspricht dies dem Allsatz der Theorie. Damit ist der Allsatz falsch. Eben nicht alles Gestein der Erde ist durch Sedimentierung entstanden.

Die Angreifbarkeit wissenschaftlicher Theorien und das Problem der Induktion

Jetzt haben wir einen archimedischen Punkt erreicht. Wissenschaftliche Theorien sind wegen ihres Allsatzcharakters stets anfällig für Kritik. Es kann nie ausgeschlossen werden, dass wir irgendwann eine Beobachtung machen, die einer Theorie mit Allsatzcharakter widerspricht. Die Theorie ist damit fallibel, sie

---

[13] von Humboldt, A. (1823). *Ueber den Bau und die Wirkungsart von Vulcanen in verschiedenen Erdstrichen*. Berlin: L. Krause. https://books.google.fr/books?id=MvQTAAAAQAAJ&printsec=frontcover&hl=de&source=gbs_ge_summary_r&cad=0#v=onepage&q&f=false, abgerufen am 11.9.2020.

2 Wissenschaft muss doch die Wahrheit beweisen

kann an empirischen Befunden scheitern. Insofern ist die Ebene der Universalien, die Ebene der Erklärungen und Vorhersagen, untrennbar mit der Ebene der Individualien, unseren Beobachtungen, verbunden. Würden wir nach absoluten Wahrheiten streben, müssten wir die beiden Ebenen voneinander abkoppeln. Wen die empirische Welt der Beobachtungen nicht schert, der mag getrost eine letzte Wahrheit predigen. Aber dies wäre das Ende des wissenschaftlichen Diskurses und damit des Erkenntnisprozesses.

Gibt es nicht doch noch eine Hoffnung für das hehre Ziel, letzte Wahrheit zu finden? Doch, hätte ein Herr eingewandt, dessen erkenntnistheoretische Beiträge für lange Zeit die Wissenschaft prägen sollten. Francis Bacon wurde 1561 in eine, wie man heute sagen würde, bildungsnahe Londoner Familie hineingeboren. Die Mutter beherrschte fünf Sprachen. Der Vater bekleidete das hohe Amt eines Verwahrers des Großsiegels der Krone, die dazumal das Haupt der Königin Elisabeth I. zierte. Bacon absolvierte ein Studium der Rechtswissenschaften, übte danach den Beruf eines Anwaltes aus und wurde Mitglied im Parlament. Als er sich in einer Finanzfrage gegen die Interessen der Königin stellte, fiel er bei dieser in Ungnade. Unter ihrem Nachfolger, James I., kletterte er die Karriereleiter wieder hinauf und wurde schließlich in den Adelsstand erhoben. Als er 1626 starb, hinterließ er neben Schulden der Nachwelt eine Reihe von Schriften über Recht, Staat, Religion, Politik und Gesellschaft.

Diese biografischen Details belegen, dass Bacon äußerst zielstrebig war, sich von Rückschlägen nicht beirren ließ, ein Macher eben. Gegenüber der Wissenschaft erhob er einen Anspruch, der zu seinem Leben passte: Der wissenschaftliche Erkenntnisprozess darf kein Selbstzweck sein, sondern muss in Anwendungen münden, die den Menschen helfen, ihre Ziele zu erreichen. Bacon verabscheute den sprichwörtlichen Elfenbeinturm, in dem sich weltentfernte Scholastiker[14] in endlosen Disputen über Begrifflichkeiten verlieren. Es galt ein Gerüst aus praktischen Prinzipien zu schaffen, um die Wissenschaft auf dem Boden der Tatsachen zu fixieren, damit sie sich nicht wieder in luftige Höhen verstieg. Diese Prinzipien bezeichnete Bacon als neues Werkzeug (*novum organum*) und sein gleichnamiges Werk war in der Tat ein großer Wurf.[15] Denn es stattete die Wissenschaft mit einer Methode aus, einem Regelwerk des Denkens, Forschens und der Theoriebildung.

Nach Bacon müsse die Wissenschaft die Gesetzmäßigkeiten der Natur durch deren gründliche Beobachtung entschlüsseln. Am Ende dieses Unternehmens warte die Wahrheit. Letztgültige Erkenntnisse über die Gesetze der Natur. Die Entschlüsselung wahrer Gesetzmäßigkeiten würde der Menschheit in Zukunft erlauben, sich derer zu ihrem Vorteil zu bedienen. Immerhin der letzte Teil dieser Hoffnung erfüllte sich. Die exponentielle technologische Entwicklung der letzten einhundertfünfzig Jahre wäre ohne naturwissenschaftliche Erkenntnisse nicht möglich gewesen. Aber wie können letztlich wahre Erkenntnisse erlangt werden? Bacon war sich darüber im Klaren, dass dies einer Herkulesaufgabe gleichkommt. Zu beginnen habe der Erkenntnisprozess nicht im Armsessel einer Studierstube, sondern draußen in der wirklichen Welt, im Angesicht beobachtbarer Tatsachen. Beobachtungen darüber müssten fleißig

---

[14] Ein „Stubengelehrter". Die Scholastik bediente sich eines deduktiven Argument- und Beweisprinzips, das von nicht mehr zu hinterfragenden Grundannahmen ausging. Meist spielte dabei die empirische Ebene nur eine marginale Rolle.

[15] Bacon, F. (1620). *Novum organum scientiarum*. London. https://archive.org/details/1762novumorganum00baco, abgerufen am 5.8.21.

gesammelt werden, und zwar nach einem ziemlich anspruchsvollen Plan. Die Wissenschaftler müssen sich dabei jeder Präkonzeption, jeden Vorwissens, jeder vorgefassten Meinung tunlichst enthalten. Vorurteilsfrei, vor allem nicht der Intuition, sondern dem Verstande folgend, sollten sie die Phänomene der Natur systematisch beobachten und beschreiben. Bacon erkannte die Gefahr, die von unserem Wahrnehmungsapparat ausgeht. Wir sind empfänglich für das, was uns in den Kram passt. Und leicht übersehen oder ignorieren wir Informationen, die unseren Meinungen und Einstellungen widersprechen. Bacon hatte einen hohen Anspruch an die Wissenschaftler. Sie müssten nicht nur Beobachtungen akzeptieren, die ihren Erwartungen widersprechen. Vielmehr sollten sie auch noch dezidiert nach genau solchen Beobachtungen Ausschau halten. Das erfordert aktive und systematische Gestaltung der Beobachtungssituation. Wenn man beispielsweise die Wirkungsweise eines Medikamentes untersuchen will, dann reicht es nicht aus, nur die Fälle zu zählen, in denen es Patienten nach der Einnahme besser ging. Ebenso wichtig sind die Fälle, in denen die Wirkung ausblieb oder sogar eine Verschlechterung eintrat. Zusätzlich müssen Beobachtungen an einer Kontrollgruppe erhoben werden. Also an Patienten, denen das Medikament gar nicht verabreicht wird. Dies ist die Methode des Experimentes.[16] Bacon folgte damit Galileo Galilei (1564–1641/2), dem vielleicht bedeutendsten Wegbereiter der Aufklärung. Schon Galilei hatte das Experiment als die zentrale Methode der Wissenschaft vorgeschlagen.

---

[16] Malherbe, M. (1996). Bacon's method of science. In M. Peltonen (ed.), *The Cambridge Companion to Bacon* (pp. 75–98). Cambridge: Cambridge University Press.

Wie kommt man nun von den Beobachtungen zur Theorie? Nach Bacon mittels Induktion, also dem logischen Schluss vom Besonderen (den einzelnen Beobachtungen) auf das Allgemeine. Bevor dies geschieht, müssen die gesammelten Beobachtungen jedoch streng auf ihre Gültigkeit geprüft, systematisiert und klassifiziert werden. Erst viele gesicherte Beobachtungen erlauben, allgemeine Annahmen über Wirkungszusammenhänge abzuleiten. In anderen Worten: Der induktivistische Weg zur Erkenntnis beginnt auf der Ebene der Individualien. Von diesen gelangt man mittels Induktionsschluss auf die höhere, die theoretische Ebene, zu universellen Gesetzesaussagen (Allsätzen).

Bacon war klar, dass dieser Weg ein steiniger sein würde, der viele Prüfschleifen und neue Anläufe benötigen würde. Nach erster Induktion auf einer niedrigen Abstraktionsebene sollten weitere Prüfprozesse einsetzen, neue Befunde gesammelt werden und dann der Schluss auf eine höhere Ebene erfolgen. So nähere man sich schrittweise der Wahrheit an. Irgendwann jedoch, so die Bacon'sche Prophezeiung, würde über diesen graduellen Aufstieg (*gradual ascent*) der Gipfel erreicht. Dann wäre man bei Theorie angelangt, die auf immer wahr wäre.

Wahrheitsfindung ist damit „nur" eine Frage der sorgfältigen und gewissenhaften Ausübung eines Handwerkes. Mit fleißigem Forschungseinsatz werden wir auch einer absoluten Wahrheit auf die Spur kommen.

Aber so einfach funktioniert das nicht.

2 Wissenschaft muss doch die Wahrheit beweisen

Wie Forschung wirklich läuft: Wir irren uns empor[17]

Die Geschichte der Wissenschaften ist voll großer Erfolge. Ja, wir machen immer mehr Entdeckungen und können viele Phänomene immer besser beschreiben und vorhersagen. Aber wir müssen auch ständig unser Wissen revidieren.

Betrachten wir zuerst ein Beispiel aus der klassischen Lernforschung. Das sogenannte Effektgesetz (*law of effect*). Es besagt: Die Auftretenshäufigkeit eines Verhaltens erhöht sich, wenn das Verhalten verstärkt (belohnt) wird.[18] Der nordamerikanische Psychologe Edward Lee Thorndike (1874–1949) formulierte es in seiner Dissertation. Die erschien 1898 in einer der ersten Ausgaben des *Psychological Review*, eines Fachjournals, in dem sich die Psychologie als Naturwissenschaft präsentierte, die von der Beobachtung zu allgemeingültigen Theorien psychischer Phänomene kam.

Thorndike baute Käfige. In die sperrte er Katzen. Die Käfige verfügten über einen Mechanismus, einen Hebel oder eine Schnur, die an einen Haken geknüpft war. Bei Betätigung des Mechanismus öffnete sich die Tür. Vor die Tür eines Käfigs stellte Thorndike eine Schale mit Katzenfutter. Dann setzte er sich vor den Käfig und beobachtete, was passierte. Thorndike protokollierte minutiös das Verhalten der eingesperrten Katze (Bacon wäre begeistert gewesen). Zuerst passierte in der Regel nichts. Irgendwann

---

[17] Dieser Ausspruch wird unterschiedlichen Personen zugeschrieben. Vgl. Gerhard Vollmer (2021), Wissenschaft gestern, heute, morgen im Kortizes Podcast, https://www.youtube.com/watch?v=QM_5irzIT0o (abgerufen am 14.3.2021).

[18] Thorndike, E. L. (1898). Animal Intelligence: An experimental study of the associative processes in animals. *Psychological Review, Monograph Supplement 2.*

aber wurde die Katze unruhig. Sie sah und roch das Futter. Dann begann sie durch den Käfig zu hüpfen, nagte an den Holzleisten oder trat mit ihren Hinterläufen gegen die Decke des Käfigs. Offensichtlich folgten diese Verhaltensweisen keinem Plan. Aber irgendwann löste eine ihrer Bewegungen den Mechanismus aus. Die Tür öffnete sich und die Katze konnte zum Futter gelangen. Überraschend ist das erst mal nicht. Selbst bei einem mechanischen Apparat, einem Katzenroboter, dessen Programm kätzisches Verhalten in zufälliger Abfolge produziert, wäre es nur eine Frage der Zeit gewesen, bis er den Mechanismus auslöste. *Trial and error* – Versuch und Irrtum. So wird diese Form der Problemlösung bezeichnet.

Nachdem die Katze das Futter erreicht hatte und fressen durfte, sperrte Thorndike sie wieder in den Käfig. Und wieder stellte er eine Schale Futter davor. Diese Prozedur wiederholte er einige Male. Mit der Zeit gelang es der Katze, mit immer weniger Versuchen den Käfig zu öffnen. Katzen sind schlau, werden Sie denken. Meine Tante montierte vor Jahren die Türgriffe in ihrer Wohnung in umgekehrter Druckrichtung. Weil ihr Kater gelernt hatte, die Türen zu öffnen, indem er auf die Türklinken sprang. Aber so richtig schlau sind Katzen dann doch wieder nicht. Denn auch Katzen lassen kein einsichtsvolles Verhalten erkennen. Bei Einsicht würde es nach einer Phase des Ausprobierens zu einer abrupten Veränderung im Verhalten kommen. Dann sollte nur noch das korrekte Verhalten gezeigt werden. Thorndikes Verhaltensprotokolle wiesen auf *graduelles* Lernen hin. Die Häufigkeit fehlerhafter Verhaltensweisen nahm nicht abrupt, sondern kontinuierlich ab, während das korrekte Verhalten über die Durchgänge in seiner relativen Häufigkeit zunahm. Thorndike schloss aus seinen Beobachtungen, dass das Futter einen verstärkenden Effekt auf Lernen hatte. Dies war ein induktiver Schluss. Darauf beruhte dann die

2 Wissenschaft muss doch die Wahrheit beweisen

Formulierung seines fundamentalen Lern-Gesetzes, das ohne Rekurs auf Einsicht oder Verständnis auskam. *Verstärkung erhöht die Auftretenswahrscheinlichkeit eines Verhaltens.* Und mit der „Entdeckung" dieses Gesetzes war der Anspruch verbunden, ein allgemeingültiges Prinzip, einen Allsatz universeller Geltung gefunden zu haben.

Bemerkenswert dabei ist, was Thorndike *nicht* in seine Lerntheorie einfließen ließ. Er bemühte sich um eine Terminologie, die nur wenig über das Beobachtbare hinausging. Begriffe wie *Verstehen* oder *Denken* sucht man in seiner Theorie vergeblich. Eben weil sich diese Vorgänge der direkten Beobachtung entziehen (schon wieder hätte Bacon applaudiert). Sie existieren zwar in unserer Vorstellung. Aber es handelt sich um Präkonzeptionen, derer wir uns nach der induktiven Methode enthalten sollten. Thorndike schaute sich nur das Verhalten an. Zum einen dessen Richtung. Die Katze bewegt sich zum Futter. Das ist ein Annäherungsverhalten. Das Zielobjekt der Annäherung kann als Verstärker (*reinforcer*) definiert werden. Auf Begriffe wie Wunsch, Bedürfnis oder Motivation kann man dabei verzichten. Dann sind da die Verhaltensakte selbst, das zielführende Verhalten, das den Mechanismus auslöst, und eine Reihe ineffektiver Verhaltensweisen, wie das Treten mit den Hinterpfoten gegen die Käfigdecke. Der graduelle Lernzuwachs ließ sich als die Häufigkeit des effektiven Zielverhaltens in Relation zu allen anderen Verhaltensweisen beschreiben. Und folglich definierte Thorndike Lernen als die Veränderung der Auftretenswahrscheinlichkeit eines Verhaltens.

Er beschrieb seinen Forschungsansatz, sein Paradigma, so präzise und nachvollziehbar, dass andere daran anknüpfen, es wiederholen, fortführen und weiterentwickeln konnten. Fünfzig Jahre lang dominierte dieser Ansatz, der *Behaviorismus*, die lernpsychologische Forschung. Sein Name war Programm. Es ging um beobachtbares Verhalten und die Reizsituation, unter der es stattfand. Der Behaviorismus beanspruchte, allgemeingültige Gesetze zu finden, die Lernen und Verhalten von Organismen präzise vorhersagen können. Ohne dabei, und das war zentral, mit Konzepten zu arbeiten, die man nicht direkt beobachten konnte. Denn die waren in der *black box*, der schwarzen Kiste des Geistes, verborgen. Die aufgedeckten Gesetzmäßigkeiten schienen lange so stark und sicher wie die Gesetze der klassischen Mechanik.

Physik, Psychologie und alle anderen empirischen Wissenschaften teilen jedoch dasselbe Schicksal. Je genauer man nachschaut, desto eher entdeckt man Widersprüche. Als sich herausstellte, dass die Lichtgeschwindigkeit eine nicht überwindbare Konstante ist, wurden die Newton'schen Gesetze der Mechanik zu einem Spezialfall der allgemeinen Relativitätstheorie. In der Psychologie führten ebenfalls neue Entdeckungen zur Abkehr von den Theorien des Behaviorismus. Nach der Lerntheorie ist jede nachhaltige Verhaltensänderung durch die Konsequenzen bestimmt, die systematisch auf ein Verhalten folgen, Belohnung (Verstärkung) und Bestrafung. Infolgedessen dürfte Verhalten, das nicht belohnt wird, sich auch nicht einschleifen, und Verhalten, das bestraft wird, müsste seltener gezeigt werden. Und das passiert auch sehr häufig so, aber eben nicht immer. Jerome Bruner (1915–2016) gehörte zu jenen, die die kognitive Wende in der Psychologie einleiteten. Er war der Meinung, es sei notwendig, sich wissenschaftlich mit den Prozessen zu beschäftigen, die innerhalb der *black box* ablaufen, den Prozessen des Denkens (Kognition) und des Gedächtnisses. Ohne die Rolle der Kognition zu kennen, lasse sich Verhalten nicht hinreichend vorhersagen. Jerome Bruner befasste sich

2 Wissenschaft muss doch die Wahrheit beweisen

unter anderem damit, wie ein Kind sprechen lernt.[19] Einige Beobachtungen bei Kindern waren dabei besonders aufschlussreich.

Stellen Sie sich vor, ein Kind sieht in einem Bilderbuch einige kleine Mäuse, die an einem Stück Käse knabbern. Dazu sagt es: „Mäuser fressen Käse." Ganz sicher verwendet es das Wort „Mäuser" nicht, weil es dafür belohnt wurde, und wahrscheinlich hatte es dieses Wort zuvor auch nie zuvor gehört. Zwar fehlt das Wort im Lexikon der deutschen Sprache, aber gänzlich falsch scheint es auch nicht zu sein, denn wir verstehen, was gemeint ist. Hier blinkt die Anwendung einer Regel der Pluralbildung hindurch, die in anderen Fällen durchaus korrekte Ergebnisse produziert. Beispielsweise ist „Häuser" die Pluralform des Wortes „Haus". Solche Beobachtungen deuten nach Bruner auf eine Art der Verhaltensgenerierung hin, die nicht auf Verstärkung, sondern auf der Anwendung einer Regel beruht. Und die Regel, die ist nicht außerhalb der Person zu finden, sondern in ihrem Gedächtnis.

Die Forschungsmethode der Behavioristen war sehr streng, damit „objektive" Beobachtungen möglich waren. Längerfristige und komplexere Lernprozesse, wie der Spracherwerb, waren darin nicht oder zumindest nur sehr schwer abzubilden. Erst mit dem Einsatz anderer Forschungsprozeduren wurden Phänomene entdeckt, die mit den Lerntheorien nicht übereinstimmten. Aber auch innerhalb des behavioristischen Paradigmas wurde die Befundlage nicht immer eindeutiger, sondern immer komplizierter. Das liegt in der Natur der Sache. Je eingehender ein Phänomen erforscht wird, umso höher wird der Auflösungsgrad. Je tiefer man gräbt, desto mehr neue Variablen,

---

[19] Bruner, J. S. (1983). *Child's talk: Learning to use language.* New York: Norton. Deutschsprachige Ausgabe: Bruner, J. S. (2002). *Wie das Kind sprechen lernt* (2. Aufl.). Bern: Huber.

neue Zusammenhänge tuen sich auf. Das Bacon'sche Prinzip der Induktion wird umso problematischer, je weiter man es treibt. Sowohl in der Tiefe der Anwendung eines Forschungsparadigmas als auch in der Breite, wenn man Forschungsparadigmen verlässt und in anderen Anordnungen Beobachtungen macht, umso eher wird aus Sicherheit Unsicherheit, aus letzten Überzeugungen etwas, was weiterentwickelt und verbessert werden muss.

Licht am Horizont: Bewährung statt Beweis

Bis hierhin ist meine Argumentation noch nicht schlüssig. Die Beispiele, die ich aufgeführt habe, deuten auf Schwierigkeiten hin. Aber es ist doch nicht auszuschließen, dass wir irgendwann doch eine Theorie finden, die für alle Beobachtungen aufkommt. Wir könnten unsere Hoffnung auf die technische Entwicklung setzen. Vielleicht wird es einst mit mächtigen *Deep-Learning*-Maschinen möglich werden, aus riesigen Datenuniversen allgemeingültige Gesetzmäßigkeiten zu extrahieren?

Leider wird dies auch nicht mit Supermaschinen klappen. Weil es *logisch unmöglich* ist. Der Beweis der Wahrheit eines Allsatzes verlangt nach *vollständige*r Prüfung. Bei Sätzen, die nicht diesen Charakter haben, ist der Beweis mit Einschränkungen möglich. Wenn ich sage: „Es gibt weiße Schwäne", dann reicht ein Exemplar eines weißen Schwanes aus, um diesen Satz zu verifizieren. Wenn ich den Satz allerdings als Allsatz formuliere, „Alle Schwäne sind weiß", dann lässt sich dieser Satz niemals endgültig verifizieren. Selbst wenn bisher nur weiße Schwäne gesichtet worden wären. Denn zur Verifikation,

2 Wissenschaft muss doch die Wahrheit beweisen

zum Beweis der Wahrheit dieses Allsatzes, müssten alle, buchstäblich *alle* Schwäne, die es in der Welt gegeben hat, gibt und geben wird, betrachtet werden. Und selbst wenn wir Hunderte, Tausende oder eine Million Sichtungen weißer Schwäne verzeichnen könnten, reichte dies zur Verifikation des Satzes nicht aus. Deshalb ist es auch unmöglich, mit riesigen Datensätzen das Problem der induktiven Verifikation von Allsätzen, der Wahrheitsfindung zu lösen. *Es existiert nun mal keine repräsentative Stichprobe der Unendlichkeit.* Die Forderung nach abschließenden, wahren Theorien mit Allsatzcharakter ist deshalb logisch nicht möglich.

Wenn Wahrheit als Kriterium der Bewertung von wissenschaftlichen Theorien entfällt, was bleibt uns dann? Ist dann nicht alles wissenschaftliche Denken letztendlich ein Haschen nach Wind? Auf was können wir uns dann noch verlassen? Tatsächlich kommt die Wissenschaft auch ohne Wahrheitsanspruch sehr gut voran. Dazu hat sie ihr Denken von einem absoluten auf einen relativen Bewertungsmodus umgestellt. Anstatt ob „wahr" oder „falsch" fragen wir danach, wie gut sich eine Theorie bewährt, wie zuverlässig ihre Vorhersagen sind.

Bewährung hat mit Nützlichkeit zu tun. Zentrale Dimensionen des Nutzens sind Erkenntnisgewinn und Anwendung. Dabei treten konkurrierende Theorien in einen Wettstreit. Eine Theorie bewährt sich besser als eine andere, wenn ihre Vorhersagen verlässlicher eintreffen als die einer anderen Theorie, die denselben Erklärungsbereich beansprucht. Das heißt, wir erwarten nicht, dass eine Theorie immer korrekte Vorhersagen macht. Das können wir auch nicht erwarten, weil sie immer vorläufig sein wird und nie das Ideal einer absoluten Wahrheit erreichen kann. Aber wenn sie seltener danebenliegt als eine andere, dann bewährt sie sich besser, und wir werden auf ihre Aussagen und Erklärungen so lange vertrauen, bis wir eine Theorie gefunden haben, die sich noch besser bewährt. Die Forschungsrealität zeigt, dass dies durchaus funktioniert. Neuere, kognitive Theorien des Lernens können mehr erklären und vorhersagen als die alten behavioristischen Theorien. So prognostiziert die sozial-kognitive Theorie des Lernens von Albert Bandura (1925–2021), dass Menschen neue Verhaltensweisen allein durch Beobachtung von anderen Menschen lernen können.[20] Und dass sie dies umso eher tun, je ähnlicher sie der anderen Person sind. Die fundamentale Bedeutung von Belohnung und Bestrafung wird aber nicht über Bord geworfen, sondern in der neuen Theorie integriert. Die soziale Lerntheorie sagt vorher, dass zwar der Erwerb von Verhaltensweisen allein durch Beobachtung entstehen kann, dass die Motivation, dieses auch auszuführen, aber durch die Erwartungen über Belohnung und Bestrafung bestimmt wird.

Je besser sich Erklärungen und Vorhersagen einer Theorie an der Realität bewähren, desto mehr trägt sie für die Anwendung bei. Einsteins Relativitätstheorie hilft uns unter anderem bei der Berechnung von Satellitenbahnen. Aus modernen Lerntheorien können wir Techniken des Lehrens und der Instruktion ableiten, die weit über Belohnung und Bestrafung hinausgehen. Eine Theorie ist also dann gut, wenn sie auch nützlich für unsere Erkenntnis- und Anwendungsinteressen ist.

Kurt Lewin (1890–1947), ein einflussreicher Gestaltpsychologe, schuf in den 1930er-Jahren die sogenannte Feldtheorie menschlichen Verhaltens[21]. Faktoren, die das Verhalten beeinflussen, stellte er als Vektoren dar,

---

[20] Bandura, A. (1977). *Social learning theory.* Englewood Cliffs, N. J.: Prentice-Hall.
[21] Lewin, K. (1936). *Principles of topological psychology.* New York: McGraw-Hill.

2 Wissenschaft muss doch die Wahrheit beweisen

ähnlich wie Kräfte in der Physik formal repräsentiert werden. Aber er war beileibe kein weltfremder Mensch, den die alltäglichen Probleme nicht kümmerten. Aus seinem theoretischen Ansatz heraus beschäftigte er sich auch mit Stilen der Führung in Organisationen und dem Betriebsklima, ein Begriff, der durch ihn geprägt wurde. Seine Forschungen öffneten ein völlig neues Feld der Anwendung, aus dem die Arbeits- und Organisationspsychologie entstand. Kurt Lewin wird auch diese Aussage zugeschrieben: *Nichts ist praktischer als eine gute Theorie.* Gut ist eine Theorie, wenn sie sich bewährt. Und selbst wenn sich eine Theorie hervorragend bewährt, ob sie letztendlich wahr ist, lässt sich nie beweisen.

3

Wissen macht Ah!

„Die naturwissenschaftliche Denke ist uns leider nicht angeboren ... Wir können Messwerte wie Spannung oder Widerstand nicht anfassen. Faszination und Verständnis bleiben aus."

SCOYO, Elternmagazin (https://www-de.scoyo.com/eltern/lernen/nachhilfe-foerderung/physik-fuer-kinder-experimente#1, abgerufen 8.10.2020, dortige Formulierung nach Rauhfuss, D. (1989). Die physikalisch-naturwissenschaftliche Denkweise. Köln: Aulis-Verlag, S. 53.)

„Grau, teurer Freund, ist alle Theorie,

Und grün des Lebens goldner Baum."

Der Teufel

(Mephistopheles) in Goethes Faust

Die erfolgreiche gleichnamige Sendung stand Pate für den Titel dieses Kapitels. Die „Klugscheißer" Shary und

Ralph[1] servierten einem jungen Publikum verblüffende Erkenntnisse. Meine Kinder schauten die Sendung mit Begeisterung. Der Wow-Effekt war garantiert. Das Konzept der spannenden Wissenschaftsshow weckt aber auch eine Erwartung: Wissenschaft muss Erkenntnisse liefern, die uns verblüffen. Die nicht nur neu sind, sondern zudem überraschende Einsichten vermitteln. Also, Wissenschaftler, strengt euch mal an für das Geld, das ihr verdient!

Wenn ich in meinen Vorlesungen Theorien und Befunde aus der Psychologie berichte, erblicke ich eher selten staunende Münder. Ein Beispiel: *Menschen, die sich ähnlich sind, finden sich attraktiver und wollen sich eher daten als unähnliche.* Wenn ich behaupte, dass dies die Forschung herausgefunden hätte, reißt es meine Zuhörerschaft in der Regel nicht von den Sitzen. Das sei nun wirklich keine verblüffende Erkenntnis. Was passiert, wenn ich in einer anderen Vorlesung das Gegenteil behaupte? Also: *Menschen, die sich **unähnlich** sind, finden sich attraktiver und wollen sich eher daten als ähnliche.* Wieder Langeweile. Ich löse das Problem natürlich auf und berichte danach den tatsächlichen Stand der Forschung. Ihnen werde ich aber vorerst die Antwort schuldig bleiben. Bis zum Ende des Kapitels müssen Sie sich noch gedulden.

Mein Publikum reagiert auf beide „Befunde" ohne Begeisterung. Weil sie beide dem Vorwissen entsprechen. Sprichwörter wie „Gleich und Gleich gesellt sich gern" oder „Gegensätze ziehen sich an" sind Teil unseres kollektiven Wissens. So haben der Volksmund und die Laienpsychologie fast immer eine Erklärung parat. Aber nur im Nachhinein. Bei der Vorhersage scheitern sie.

---

[1] Das Motto der WDR-Serie lautete von 2001 bis 2017 „Klugscheißen mit Shary und Ralph". https://kinder.wdr.de/tv/wissen-macht-ah/index.html, abgerufen am 8.10.2020.

Denn dazu müsste man sich festlegen. Also ob Ähnlichkeit *oder* Verschiedenartigkeit die Ursache von Attraktion ist. Es ist nun genau die Aufgabe der Wissenschaften, in diesem Fall der Psychologie, der Biologie oder der Soziobiologie, dies herauszufinden. Mir geht es hier jedoch um eine andere Sache. Genauer, um die Rolle von Gefühlen. Gefühle sind wichtig und mächtig. Aber manchmal ziehen wir aus ihnen falsche Schlüsse. Im Bereich der Erkenntnis werden Gefühle dann problematisch, wenn sie als Gradmesser der Gültigkeit herangezogen werden. Gefühle der Begeisterung, Verblüffung oder des Verstehens sind für die Bewertung wissenschaftlicher Erklärungen irrelevant. Wissenschaftliche Modelle und Theorien machen selten „ah". In diesem Kapitel werde ich Ihnen zeigen, an welchen Merkmalen man stattdessen ihre Qualität erkennt.

Irrtum und Fakt

Wissenschaftliche Theorien wollen Ursache-Wirkungs-Zusammenhänge bestimmen. Denn nur damit lassen sich Vorhersagen machen. Wenn eine bestimmte Ursache vorliegt, sollte eine bestimmte Wirkung auftreten. Nun haben wir im letzten Kapitel gesehen, dass der Wahrheitsgehalt solcher Theorien, die allgemeine kausale Annahmen enthalten (Allsätze), nie abschließend bestimmt werden kann. Also stellt sich die Frage, was wir stattdessen als Kriterien zur Bewertung einer Theorie heranziehen. Intuitiv halten wir Erklärungen dann für „gut", wenn sie in uns positive Gefühle erzeugen. Gefühle des Neuigkeitswertes, des Verstehens oder der Verblüffung können uns Erkenntnis suggerieren. Manchmal kann das auch zutreffen. Falsch wäre es jedoch, wenn wir diese Gefühle als Kriterien zur Bewertung einer wissenschaftlichen Aussage heranziehen.

Das funktioniert deshalb nicht, weil gute wissenschaftliche Theorien Merkmale aufweisen, die sich als Gefühlsbremsen erweisen können oder im extremsten Fall in uns negative Gefühle aktivieren, weil sie unserem Vorwissen widersprechen. Eine gute Theorie reduziert Komplexität. Dadurch bleibt oftmals das Gefühl eines tiefen Verständnisses auf der Strecke. Komplexität muss aber reduziert werden, um die wesentlichen Faktoren zu isolieren, die starke Vorhersagen erlauben. Eine Vorhersage ist dann stark, wenn sie sagt, was eintritt, aber vor allem auch, was nicht eintreten darf. Damit macht sie sich angreifbar. Eben weil sie an der Realität auch scheitern kann. Die Möglichkeit des Scheiterns macht uns keine guten Gefühle. Die Erwartung, dass der Erkenntnisprozess ein Bad der warmen Gefühle einlässt, in dem wir uns rekeln können, diese Erwartung vermögen die empirischen Wissenschaften nicht zu erfüllen. Eher werden uns ihre Befunde und Theorien herausfordern, wenn sie mit unserem Wissen nicht vereinbar sind.

Also, es ist ein Irrtum, dass die Gültigkeit und der Wert einer wissenschaftlichen Erklärung sich über Gefühle erschlössen. Fakt ist, dass Gefühle des Verständnisses, der Verblüffung oder der Begeisterung schlechte Ratgeber im wissenschaftlichen Erkenntnisprozess sind. Weil sie Mechanismen unterliegen, die nichts mit Gültigkeit oder Verlässlichkeit einer Erklärung zu tun haben müssen. Wissenschaften bilden die Realität über Modelle (Theorien) ab, die Erklärungen und Vorhersagen liefern. Bevor wir diese durch Beobachtung überprüfen, können wir ihre Qualität schon einer ersten Bewertung unterziehen. Ein gutes Modell ist sparsam, präzise und kann prinzipiell an der Realität scheitern. Genau diese Merkmale führen aber dazu, dass uns gute wissenschaftliche Modelle selten auf der Gefühlsebene ansprechen.

Wann macht Erkenntnis „Ah"?

Zweifellos können auch wissenschaftliche Inhalte in uns positive Gefühle verursachen. Vor allem wenn sie spannend vermittelt werden. Auch bestimmte Beobachtungen mögen uns zum Staunen bringen. Aber als Kriterien zur Bewertung von Erkenntnis und Theorien taugen die Gefühle des Staunens oder der Verblüffung nicht. Denn sie resultieren aus Mechanismen, die uns systematisch in die Irre leiten können.

Was bringt uns denn nun zum Staunen, was verblüfft uns? Schauen wir uns dazu ein Beispiel aus der flüchtigen Welt der Gase an. Schwefelhexafluorid ist ein ungiftiges und unsichtbares Gas. Es verfügt über eine deutlich höhere Dichte als die Gase, die in unserer Atemluft enthalten sind. Wenn man es in ein Behältnis füllt, zum Beispiel in ein leeres Aquarium, sinkt es aufgrund seiner hohen Dichte zu Boden. Es entweicht nicht, selbst wenn das Gefäß unverschlossen ist. Formen Sie nun aus Alufolie ein Schiffchen. Setzen Sie es vorsichtig in das Aquarium. Das Schiffchen wird in der Luft schweben! Das ist schon faszinierend. Wenn Sie jetzt noch Ihren Kopf in das Aquarium stecken und tief einatmen, dann wird Ihre Stimme in ungeahnte Tiefen tauchen und Sie klingen wie Darth Vader.[2]

Die Verblüffung rührt daher, dass Sie diese Effekte nicht erwarten – außer Sie beschäftigen sich mit Chemie und sind mit den Eigenschaften von Schwefelhexafluorid bereits vertraut. Aluminiumfolie schwebt normalerweise nicht einfach in der Luft. Aber dichtere Gase können sie

---

[2] Wenn Sie sich selbst kein Schwefelhexafluorid beschaffen wollen oder können, dann schauen Sie sich eine Demonstration an, z. B. https://www.youtube.com/watch?v=tTME_hrQKEw (abgerufen 9/2020).

am Absinken hindern. Und dass aus Ihrem Mund so tiefe Töne kommen, hätten Sie nicht für möglich gehalten.

Normalerweise mögen wir es nicht, dass unsere Erwartungen enttäuscht werden. Wenn neue Informationen lieb gewordene Überzeugungen herausfordern, dann werden wir biestig. Im Falle des Beispiels tut die Erwartungsenttäuschung jedoch nicht weh. Sie widerlegt keine Konzepte, die ein zentraler Bestandteil Ihres Glaubens, Ihrer Werte und Überzeugungen sind. Wenn Sie bisher nichts über Schwefelhexafluorid und seine Eigenschaften wussten, dann können Sie den obigen Bericht einfach zu Ihrem Wissen hinzufügen.

Die Rhetorik kennt als Stilfigur die Pointe. Auch hier wird mit positiven Erwartungsfallen gearbeitet. Eine Pointe ist ein überraschender Schluss. Der nicht wehtut, sondern bestenfalls amüsiert. *Wann haben Stadtmenschen Zugang zu den Kreisläufen der Natur? Wenn sie mit ihrem Volvo einmal ein Schaf überfahren haben.*[3]

Neben Verblüffendem vermag uns auch die Enthüllung von Zusammenhängen zu fesseln. Wenn sie uns ein *Gefühl des tiefen Verstehens* vermitteln. Die einen suchen Verständnis in professioneller Manier. Geisteswissenschaftler verfügen dazu über die Methode der Hermeneutik, die sie beispielsweise bei der Interpretation von Literatur verwenden. Andere nutzen die Faszination des Verstehens, um ihr Publikum zu erreichen. Blake Snyder, selbst erfolgreicher Autor von Drehbüchern, nennt diese Kategorie von Romanen, Filmen oder Bühnenstücken *Whydunit*. Bei einem *Whydunit,* sagen wir über ein Verbrechen, geht es in erster Linie nicht um die Suche nach dem Täter, sondern darum, wie es zu dieser Tat kommen konnte. „Das *Wer*

---

[3] Frei nach Terry Pratchett (2015). *Alles Sense*. München: Goldmann (S. 5).

kann nie so spannend sein wie das *Warum*" – damit hat Blake Snyder den Nagel auf den Kopf getroffen.[4]

Hanya Yanagiharas Roman über einen Nobelpreisträger, der schließlich wegen sexuellen Kindesmissbrauchs verurteilt wurde, gehört in diese Kategorie.[5] Tatsächlich gab es für die fiktive Figur im Roman eine reale Vorlage. Der Virologe Daniel Carleton Gajdusek (1923–2008) erhielt 1976 den Nobelpreis für Medizin. Für seine Entdeckung der Mechanismen von Infektionen durch Viren, die langsame, degenerative Krankheiten auslösen.[6] Auf Forschungsreisen zu südpazifischen Inseln adoptierte er über die Jahre 56 Kinder, die er in die USA brachte, dort aufzog und sich an einigen von ihnen wiederholt verging. Yanagihara geht es nicht um die Beschreibung der Missbrauchstaten. Erst im Epilog ihres Buches taucht die Schilderung eines konkreten Falles einer Vergewaltigung auf. Aber von Anfang an ist klar, dass der Täter deswegen in einer Gefängniszelle sitzt und dort seine Autobiografie verfasst. In der Selbstbeschreibung seines Werdegangs, seiner Forschungen, seiner Erlebnisse entsteht ein komplexes Bedingungsgeflecht, das dem Leser das Gefühl vermittelt, das *Warum* der Taten zu verstehen – gleichwohl ohne jene zu billigen oder zu rechtfertigen.

Verblüffung und Verständnis teilen sich als Gefühle mit. Wir erleben sie als positive Affekte in unterschiedlicher Intensität. Das affektive Erlebnis hat einen Eigenwert, weil es uns eben guttut. Aber darüber hinaus können wir das Gefühl auch nutzen, um Urteile zu fällen und Bewertungen vorzunehmen. Wenn ich Sie

---

[4] Snyder, B. (2020). *Rette die Katze! Das ultimative Buch übers Drehbuchschreiben* (3. Aufl.). Berlin: Autorenhaus. S. 52.
[5] Yanagihara, H. (2013). *The People in the Trees*. New York: Doubleday.
[6] Die sogenannten Lenti-Viren.

frage, für wie plausibel oder gültig Sie eine Behauptung halten, können Sie als Urteilsgrundlage die Intensität des Gefühls heranziehen, wie sehr Sie verblüfft waren oder wie sehr Ihnen die neuen Informationen halfen, die Welt zu verstehen. Ein solcher Urteilsprozess läuft in der Regel nicht bewusst ab. Die kognitive Psychologie spricht hier von heuristischer Urteilsbildung. Eine Heuristik ist eine Daumenregel, die leicht und einfach funktioniert. Gefühle sind dabei besonders wichtig. Über Gefühle teilt sich unser Körper dem Bewusstsein mit.[7] Sie steuern Annäherungs- und Vermeidungsverhalten. Aber nicht nur die starken Gefühle wie körperlicher Schmerz oder sexuelle Lust sind für unser Verhalten relevant. Wir nutzen eine Vielzahl weiterer Gefühle als Information zur Orientierung und Entscheidung.[8] Gefühle der Anschaulichkeit, der Überraschung, des Verstehens und das Gefühl, sich leicht etwas vorstellen zu können, auf all diese Gefühle können wir zurückgreifen, auch um wissenschaftliche Erkenntnisse und deren Gültigkeit zu beurteilen. Ein wissenschaftlicher Beitrag, der uns langweilt, wenig anschaulich ist und bei dem wir ein Gefühl des besseren Verständnisses der Welt vermissen – an einem solchen Beitrag kann nicht viel dran sein. Umgekehrt können positive Gefühle dazu führen, dass wir eine wissenschaftliche Aussage eher für glaubhaft oder gültig halten, wenn sie uns denn fasziniert.

---

[7] Zu informativen Funktionen von Emotionen und Affekten vgl. Simon, H. A. (1967). Motivational and emotional controls of cognition. *Psychological Review, 74*, 29–39. Schwarz, N. & Clore, G. L. (1988). How do I feel about it? Informative functions of affective states. In: K. Fiedler & J. Forgas (Eds.), *Affect, cognition and social behavior.* (pp. 44–62). Toronto: Hogrefe.
[8] Z. B. Hertwig, R., Herzog, S., Schooler, L., & Reimer, T. (2008). Fluency heuristic: A model of how the mind exploits a by-product of information retrieval. *Journal of Experimental Psychology: Learning, Memory, and Cognition, 34*, 1191–206. https://doi.org/10.1037/a0013025.

Als Resultat eines gefühlsbetonten Umgangs mit Wissenschaft werden wir falsche Ansprüche an diese richten: Wissenschaftliche Beiträge sollten unsere Überzeugungen nicht herausfordern. Wissenschaft soll Neues herausfinden, das wir ohne Probleme in unsere Wissen aufnehmen können. Damit wir uns neuen Inhalten zuwenden und sie glauben, müssen sie faszinieren oder uns das Gefühl vermitteln, etwas verstanden zu haben.

Wissenschaftliches Denken bedient sich anderer Kriterien zur Bewertung von Erkenntnis. Das bedeutet keineswegs, dass Wissenschaft unspannend sei. Kennt man die Beurteilungskriterien, verfügt man über Werkzeuge, die die eigene Urteilskompetenz verbessern. Scheinwissenschaftliche Erklärungen, die an unsere Gefühle appellieren, können wir als solche entlarven. In Zaubergärten umfassender „Erklärungen" der Welt werden wir uns nicht mehr so leicht verirren. Also passen Sie auf. Wenn Sie jetzt weiterlesen, wartet die Aufklärung auf Sie.

Wissenschaftliche Modelle reduzieren Komplexität

Beginnen wir mit einer schlechten Geschichte. Sie lautet $E = mc^2$. Dies ist die gängige, formalisierte Version von Albert Einsteins (1879–1955) Annahme, dass eine Äquivalenz von Energie (E) und Masse (M) besteht, sofern Letztere gewichtet wird, nämlich mit dem Quadrat der Lichtgeschwindigkeit (c).[9] Verblüffung oder tiefes Verständnis werden wohl nicht zu den Reaktionen zählen, die

---

[9] Einstein, A. (1905). *Ist die Trägheit eines Körpers von seinem Energieinhalt abhängig?* Annalen der Physik, 323, 639–641. https://doi.org/10.1002/andp.19053231314.

wir bei Personen beobachten können, die diesen Satz zum ersten Mal hören. Aber die Allgemeine Relativitätstheorie, die diesen Satz enthält, wurde zu einer Erfolgsgeschichte der Menschheit. Denn was alles in diesen Annahmen steckt, die Implikationen, die sich daraus ableiten lassen, sind wahrlich bedeutsam. Unter anderem erlaubt die Relativitätstheorie die Vorhersage der Existenz von schwarzen Löchern, sogenannten Singularitäten, an denen die Schwerkraft unendlich groß wird. Der erste Nachweis eines schwarzen Loches in unserer Milchstraße mit Infrarot-Teleskopen war dann wieder eine Entdeckung, die durchaus eine spannende Geschichte schrieb.[10]

Der Satz zur Energie-Masse-Äquivalenz ist ein typisches Beispiel für ein wissenschaftliches Modell. Als *wissenschaftliches Modell* bezeichne ich hier ein systematisches Gefüge von Ideen und Annahmen über einen definierten Gegenstandsbereich mit dem Ziel der Erklärung und/oder Vorhersage.[11] Das können Beschreibungsmodelle sein, die beispielsweise Annahmen über Zusammenhänge machen. Wenn sie zusätzlich Ursachen und Wirkungen bestimmen, also nomologische Aussagen enthalten, dann handelt es sich um *Theorien.*

Wissenschaftliche Modelle reduzieren Komplexität. Ein Modell ist immer weniger komplex als die Realität. Es zeigt mit dem Finger auf den Kern der Angelegenheit, beispielsweise auf einen fundamentalen Wirkmechanismus. Dahinter steckt eine große Leistung, nämlich das Wichtige vom Unwichtigen zu scheiden. Die reale Welt ist wie ein Jahrmarkt. Tausende Reize stürmen auf unsere

---

[10] Dafür erhielten Reinhard Genzel (D), Andrea Ghez (USA) und Roger Penrose (UK) den Nobelpreis für Physik 2020.

[11] Diese Definition wird von anderen Autoren auch speziell für Theorien verwendet, vgl. Sedlmeier, P., & Renkewitz, F. (2008). *Forschungsmethoden und Statistik für Psychologen und Sozialwissenschaftler.* München: Pearson, S. 16.

Sinne ein, Geräusche, Lichter, Gerüche, Bewegung, Gewühl. In diesem Reigen von Variablen gilt es, die wenigen wichtigen zu identifizieren und zu isolieren. Als ich mein Studium begann, war ich von der Frage bewegt, was Menschen dazu brächte, anderen Gewalt anzutun. Im Laufe meines Studiums lernte ich Studien und Theorien aus verschiedenen Disziplinen kennen, wie der Psychologie, Soziologie, Politologie und Verhaltensbiologie. Dabei wuchs die Menge an möglichen Ursachen für Gewalt ständig an: Gene, Hormone, Erziehung, eigene Gewalterfahrungen, Fähigkeiten (bzw. deren Fehlen), Persönlichkeit, soziales Umfeld, aggressive Stimulation durch Medien und so weiter und so fort. Wenn man sie alle in ein Modell packen würde, wäre das Modell so komplex wie die Realität. Wir stünden vor einer unüberschaubaren Sammlung von Faktoren, deren Zusammenspiel, aufgrund der schieren Menge, so viel Möglichkeiten offenhält, dass wir am Ende so schlau dastünden wie zu Beginn. Das Ziel lautet: Priorisierung. Denn nicht alle Faktoren erklären gleich viel.

In einer Reihe von Studien zur Wirkung aggressiver Filme schaute sich der amerikanische Psychologe Brad Bushman das Zusammenspiel von zwei Faktoren an, der Aggressivität des Films und einem Persönlichkeitsfaktor, nämlich der überdauernden Neigung zur Aggression (Disposition zu Gewalt).[12] Um in einer experimentellen Anordnung die Probanden zu aggressivem Verhalten zu bringen, ließ sie Bushman ein kompetitives Computerspiel spielen. Es ging darum, schneller zu reagieren als ein Gegenspieler. Beim Erscheinen eines grünen Symbols

---

[12] Bushman, B.J. (1995). Moderating role of trait aggressiveness in the effects of violent media on aggression. *Journal of Personality and Social Psychology*, 69, 950–960.

auf dem Bildschirm musste man eine Taste drücken. Der Verlierer wurde mit Lärm über Kopfhörer „bestraft". Die Lautstärke, mit der eine Bestrafung erfolgte, stellten die Mitspieler zu Beginn jeder Runde für ihr Gegenüber mit Schiebereglern am Bildschirm ein. Tatsächlich spielte aber jeder Proband gegen den Computer. Als Maß der Aggression wurde das Geräuschniveau gemessen, das der Proband einstellte. Es zeigte sich, dass Stimulation durch aggressive Filme aggressives Verhalten beförderte, aber nur in solchen Personen, die schon eine Disposition zur Gewalt hatten. In anderen Worten, aggressive Menschen, die einen aggressiven Film sahen, stellten danach im Computerspiel höhere Lärmpegel als Bestrafung ein als nicht aggressive Personen. Bei Letzteren machte es auch keinen Unterschied, ob ihnen ein aggressiver Film oder ein Film ohne Gewaltszenen gezeigt wurde. Offensichtlich beförderten gewaltdarstellende Medien nur dann die Aggression, wenn Zuschauer schon eine Neigung zur Gewalt hatten.

Es gab aber noch einen anderen Faktor, der gar nicht im Fokus der Studien stand. Nämlich die Stärke der Provokation, also wie unangemessen hoch der Lärmpegel war, den der vermeintliche Gegenspieler zuvor einstellte. Wenn Personen am Bildschirm sehen mussten, dass ihr Gegenüber Werte einstellte, die weit über ihren eigenen lagen, dann beförderte dies die Aggression in allen Personen, unabhängig vom Filmtyp, von der Persönlichkeit und dem Geschlecht. Der Effekt, den die Provokation machte, war um ein Vielfaches höher als die Wirkungsstärke aller anderen Faktoren.[13]

---

[13] Statistisch kann man Effektstärke z. B. über das partielle eta^2 bestimmen. Dies liegt für Provokation bei .57, was ein starker Effekt ist. Eta^2 für das Zusammenspiel zwischen Persönlichkeit und Film ist gleich .015 – ein sehr kleiner Effekt. Bushman gibt die Effektgrößen nicht konsistent an. Ich habe sie aus den vorliegenden statistischen Angaben berechnet, die er a.a.O. auf S. 958 liefert. Wir kommen auf Effektstärken im letzten Kapitel zurück.

Provokationen führen zu negativen Affekten, zu Ärger und Wut. Dies sind starke Determinanten der Aggression. Sie wirken stärker als Stimulation durch Medien und auch Persönlichkeitsfaktoren (außer diese erreichen ein pathologisches Extrem). Dies bestätigt sich auch in vielen anderen Untersuchungen. Aus diesem Grund bestimmen klassische psychologische Theorien nicht Persönlichkeit oder situative Stimulation als zentrale Ursache von feindseliger Aggression, sondern den negativen Affekt.[14]

Wissenschaftliche Modelle sind sparsam und präzise

Wissenschaftliches Denken bedeutet also, Wichtiges von Nebensächlichem zu trennen. Was macht den Wumms? Darauf wollen wir eine möglichst einfache Antwort haben. Wenn zwei Modelle dasselbe erklären, dann ziehen wir dasjenige vor, das mit weniger Annahmen auskommt. Das ist das Sparsamkeits- oder Parsimonitätsprinzip. Es wird in der Literatur auch als Ockhams Rasiermesser[15] bezeichnet.

Sparsamkeit ist gut und schön, aber ohne Präzision bringt sie nichts. Sowohl die Begriffe als auch deren Relationen müssen möglichst präzise bestimmt sein. Modelle enthalten Aussagen über Variablen. In einer Theorie, also einem Ursache-Wirkungs-Modell, muss klar sein, welche Variable eine Ursache und welche die Wirkung ist. Die Verursachungsvariable bezeichnet man

---

[14] Berkowitz, L. (1993). *Aggression: Its causes, consequences, and control.* Temple (PA): Temple University Press.
[15] Obwohl es zweifelhaft ist, dass es tatsächlich auf William of Ockham (geb. zwischen 1285 und 1288, gest. 1347) zurückgeht, vgl. z. B. Mukerjii, N. (2017). *Die 10 Gebote des gesunden Menschenverstandes.* Heidelberg: Springer, S. 51–52.

als *unabhängige Variable* oder Faktor. Die Variable, auf die die unabhängige Variable wirkt, bezeichnet man als *abhängige Variable*. Die müssen genau definiert sein. So, dass sie handhabbar werden, zum Beispiel im Rahmen einer Messung oder wenn man sie in einer experimentellen Untersuchung manipulieren möchte.

Die erste Theorie der Aggression, die sich empirisch testen ließ, war die Frustrations-Aggressions-Theorie, die eine Gruppe von Wissenschaftlern aus der Universität Yale im Jahr 1939 veröffentlichte.[16] Sie kamen aus zwei unterschiedlichen Forschungstraditionen, dem Behaviorismus und der Psychoanalyse. Eigentlich können solche Leute nichts miteinander anfangen. Für Behavioristen ist der Geist *black box*. Sie interessieren sich nur für beobachtbare Fakten. Psychoanalytiker hingegen tummeln sich am liebsten in der *black box*. Viele ihrer Konzepte, wie das Unbewusste oder die Triebe, entziehen sich der direkten Beobachtung. Sigmund Freud (1856–1939), der Begründer der Psychoanalyse, führte Aggression auf eine Triebenergie zurück, die auf Destruktion und letztlich auf den Tod gerichtet ist.[17] Nun gut, meinten die Behavioristen. Nichts gegen eine Beziehung zwischen Energie und einem Verhalten, aber die Frage sei doch, wann der Trieb seine Energie herauslasse, durch was er stimuliert werde. Und sie schlugen eine Antwort vor: Frustration. Immer wenn ein Individuum frustriert wird, dann wird es aggressiv. Und jede Aggression ist die Folge einer Frustration. Eine starke Theorie, mit einer starken Vorhersage. Und ein schönes schlankes Modell. Aber was versteht man unter Frustration? Jetzt kamen die

---

[16] Dollard, J., Miller, N. E., Doob, L. W., Mowrer, O. H., & Sears, R. R. (1939). *Frustration and aggression*. New Haven: Yale University Press.

[17] Freud, S. (1982). *Psychologie des Unbewußten*. Studienausgabe Bd. III. Frankfurt a. M.: Fischer Taschenbuch Verlag.

Behavioristen zum Zug. Die arbeiten oft mit hungrigen Tieren, wie wir schon im zweiten Kapitel gesehen haben. Wenn ein Tier hungrig ist und Futter sieht oder riecht, dann macht es sich schnurstracks auf den Weg dorthin. Sein Ziel ist das Futter. Das Laufen dahin die Reaktion. In einem Wort, das Tier führt eine Zielreaktion aus. Die Yale-Gruppe definierte nun die unabhängige Variable Frustration als Blockade einer Zielreaktion. In einer Röhre, mit dem Futter an dem einen und einer hungrigen Ratte am anderen Ende, könnte die Blockade darin bestehen, dass man der lossprintenden Ratte, kurz bevor sie das Futter erreicht, ein Brett vor die Schnauze schiebt, sodass die Röhre versperrt wird. Das Brett ist also die Blockade und damit die Frustration. Diese Definition und weitere, z. B. über die abhängige Variable Aggression und zu Bedingungen, wann sie verlagert wird, ergeben zusammen die Aussagen- oder Prämissenmenge der Frustrations-Aggressions-Theorie. Präzise Definition der Variablen ist extrem wichtig. Ohne sie bringt jeder sein Alltagswissen in das Modell und legt es nach Gutdünken aus. Wenn Sie die Theorie überprüfen wollen, geht es nicht darum, was Sie persönlich unter Frustration verstehen, sondern um das, was die Theorie damit bezeichnet. Wie auch in der Physik Ihre persönliche Konzeption von Energie, Masse oder Lichtgeschwindigkeit vollkommen irrelevant ist. Präzision ist aber auch dort geboten, wo es um den angenommenen Zusammenhang zwischen den Variablen geht. In einem kausalen Modell, also einer Theorie, muss die Wenn-dann-Relation möglichst genau bestimmt werden.

Die Yale-Gruppe ist hier sehr präzise: Immer wenn Frustration, dann Aggression. Das ist eine deterministische Regel, die keine Ausnahme zulässt. Man könnte sich auch probabilistische Relationen vorstellen. Auch hier kann man Präzision erhöhen, indem man die Wahrscheinlichkeiten bestimmt, z. B., *wenn Frustration, dann ist die Wahrscheinlichkeit zur Aggression 80 %*. Aber so wurde die Theorie nicht formuliert.

Warum wissenschaftliche Modelle manchmal Formeln enthalten

Sehr viele wissenschaftliche Modelle benennen Zusammenhänge zwischen Variablen, ohne ein Wort über die Prozesse zu verlieren, wie sich diese vermitteln oder vollziehen. Der Satz über Masse-Energie-Äquivalenz erzählt uns nichts darüber, wie sich Masse in Energie verwandelt. Die Theorie der Yale-Gruppe erläutert nicht, was im Organismus zwischen der Blockade der Zielreaktion (Frustration) und dem aggressiven Verhalten genau passiert. Modelle, die beanspruchen, Prozesse so zu beschreiben, wie sie wirklich ablaufen, nennt man *isomorph*. Wissenschaftliche Modelle jedoch sind sehr oft *paramorph*[18]. Das heißt, sie beanspruchen gar nicht, den Prozess zwischen Ursache und Wirkung zu beschreiben. Sie bestimmen vielmehr eine Relation zwischen einem Input (z. B. einer Frustration) und einem Output (Aggression). Die strukturelle Input-Output-Relation wird mit zunehmendem Entwicklungsgrad der jeweiligen Wissenschaft auch häufiger formal beschrieben, also mithilfe mathematischer Formeln.

Die Nutzentheorie der Ökonomie sagt vorher, dass ein Akteur die Handlungsalternative wählt, die den höchsten erwarteten Nutzen hat. Der erwartete Nutzen einer Alter-

---

[18] Ich verwende die Begriffe isomorph und paramorph in Anlehnung an Hoffmann, P.J. (1960). The paramorphic representation of clinical judgment. *Psychological Bulletin, 57,* 116–131.

native bestimmt sich nach der Theorie aus der Summe der Werte aller Konsequenzen der Handlung, wobei noch jede Konsequenz mit der Wahrscheinlichkeit gewichtet wird, mit der sie eintritt.[19] Von dieser Theorie gibt es viele Varianten in den Sozialwissenschaften, der Psychologie bis zur Verhaltensbiologie. Selbst das Paarungsverhalten von Stichlingen kann mit dieser Theorie beschrieben werden.[20] Aber niemand würde behaupten, dass paarungsbereite Stichlinge oder Broker an der Börse tatsächlich Werte mit Wahrscheinlichkeiten multiplizieren und dann die Produkte für alle möglichen Konsequenzen der Handlung aufsummieren. Die Nutzentheorie ist ein paramorphes Modell. Sie behauptet nur, dass sich mit der Formel zur Berechnung des Nutzens sehr gut vorhersagen lässt, welche Verhaltenspräferenzen ein Organismus hat. Ob er also eine Alternative A einer Alternative B vorzieht oder umgekehrt. Dieses Modell bedient nicht unser Bedürfnis nach einem tiefen Verständnis. Das will aber ein wissenschaftliches Modell gar nicht.

Betrachten wir noch mal das *Whydunit*, eine Erzählung, die uns eine ausführliche Antwort auf die Warum-Frage vermittelt. Eine Erzählung ist reichhaltig und erhellt das Zustandekommen meist eines konkreten Falles. Wie es z. B. zu Hitlers Machtergreifung kommen konnte oder warum ein hochdekorierter erfolgreicher Mediziner über Jahre Kinder missbrauchte. Diese narrativen Erklärungen erschöpfen sich jedoch in ihrer Geltung meist in einem konkreten Fall. Eine wissenschaftliche Theorie hingegen ist

---

[19] Zur Übersicht über Entstehungsgeschichte und Varianten der Theorie: Betsch, T., Funke, J., & Plessner, H. (2010). *Denken: Urteilen, Entscheiden und Problemlösen.* Heidelberg: Springer; darin Kap. 7, 8.
[20] Künzler, R., & Bakker, C. M. (2001). Female preferences for single and combined traits in computeranimated stickleback males. *Behavioral Ecology, 12,* 681–685.

sparsam, was ihre Annahmen und Ausführungen betrifft. Aber bezüglich ihrer Erklärungen und Vorhersagen ist die Menge an Fällen, für die sie aufkommen kann, im Idealfall unbegrenzt. Dafür erzählt sie in der Regel keine spannende Geschichte, sondern bedient sich aus Gründen der Präzision häufig einer formalen Sprache.

Wann ist eine wissenschaftliche Theorie eine gute Theorie? Die Forderung nach empirischem Gehalt

Wissenschaftliche Modelle, die universelle Kausalaussagen machen, nennen wir Theorien. Bevor eine Theorie empirisch durch Studien überprüft wird, kann man sie aber schon einer kritischen Bewertung unterziehen. Komplexitätsreduktion und Präzision sind wichtige Kriterien. Darüber hinaus sollte sie widerspruchsfrei sein. Das kann man durch logische Analyse prüfen. Das allerwichtigste Kriterium aber ist, dass sie an der Realität scheitern kann. Das ist zuerst eine Frage ihrer Konstruktion und ganz konkret, wie sie ausformuliert ist. Karl Raimund Popper (1902–1994) nannte dies den Grundsatz vom empirischen Gehalt.[21] Der empirische Gehalt steigt mit dem Ausmaß, dass eine Theorie scheitern kann. Dieser Grad an Falsifizierbarkeit steigt nach den Gesetzen der Logik an, je mehr sie verbietet. Je mehr Zustände der Welt nicht auftreten dürfen, umso angreifbarer macht sich die Theorie. Eine gute Theorie ist also eine, die das Eintreten beobachtbarer Sachverhalte klar

---

[21] Popper, K.R. (1934/1984). Logik der Forschung. Tübingen: Mohr.

vorhersagt und gleichzeitig bestimmt, was *nicht* auftreten darf.[22]

Es ist jedoch möglich, Theorien so zu formulieren, dass sie logisch wahr sind. Das hört sich erst einmal gut an. Ist aber für den Erkenntnisgewinn desaströs. Eine logische wahre Theorie hat keinen Informationsgehalt. Alles, was eintreffen kann, bestätigt sie. Eine solche Theorie ist über die Realität erhaben. In Poppers Worten, sie ist nicht falsifizierbar und damit ohne empirischen Gehalt. *Wenn der Hahn kräht auf dem Mist, dann ändert sich das Wetter oder es bleibt, wie es ist.* Diese Theorie besteht aus einem nomologischen Allsatz. Das Gesetz *(nomos)* wird klar und eindeutig als Wenn-dann-Regel ausgedrückt. Sie ist universal (Allsatz), weil sie nicht auf eine bestimmte Menge von Tagen und Wettergeschehen begrenzt ist. Sie gilt gestern, heute und immerdar, vorausgesetzt uns stehen ein Hahn und ein Misthaufen zur Verfügung.[23] So weit, so gut. Aber die Theorie ist logisch wahr. Sie kann nie scheitern. Sie benennt zwei Zustände des Wetters. Es ändert sich oder es bleibt so, wie es heute ist. In der Dann-Komponente sind diese beiden Zustände durch das klitzekleine Wörtchen „oder" verbunden, ein sogenannter Junktor[24]. Dieser Junktor bewahrt die Theorie vor ihrem Scheitern. Denn ob das eine oder das andere eintrifft, die

---

[22] Glöckner, A., & Betsch, T. (2011). The empirical content of theories in judgment and decision making: Shortcomings and remedies. *Judgment and Decision Making, 6,* 711–721.

[23] Universalität hängt zusätzlich noch von den Anfangsbedingungen ab. Sie verringert sich, je mehr spezifische Bedingungen für die Geltung der Theorie vorliegen müssen. In diesem Beispiel ein Hahn und ein Misthaufen.

[24] Junktoren sind in der Aussagenlogik Operatoren, die Aussagen (Propositionen) zugeordnet sind, wie z. B. eine Negation, oder diese verbinden, wie z. B. „und", „oder".

Theorie hat es immer richtig vorhergesagt. Das müsste uns ja nicht kümmern. Das Problem ist, dass uns eine solche Theorie nichts nützt. Selbst wenn wir auf einem Biobauernhof leben, mit Misthaufen und darauf krähenden Hähnen, können wir bei einem Hahnenschrei nicht entscheiden, ob wir einen Schirm mitnehmen sollen oder einen Sonnenhut.

Die Frustrations-Aggressions-Theorie dagegen hat hohen empirischen Gehalt. Denn sie sagt, dass auf Frustration *immer* Aggression folgen muss. Und jede Aggression, so die Theorie, ist eine Folge von Frustration. So können wir, ohne die Theorie empirisch getestet zu haben, allein durch logische Prüfung feststellen, dass es sich um eine *gute* Theorie handelt. Denn sie impliziert Verbote von Ereignissen. Sie schließt zum Beispiel aus, dass auf Frustration Depression oder Fluchtverhalten folgt. Aufgrund der logischen Struktur ihrer Gesetzesaussage besteht grundsätzlich die Möglichkeit, dass ihre Vorhersagen sich bei empirischer Überprüfung als falsch herausstellen können.

Wenn es um unsere eigenen Überzeugungen und Annahmen geht, dann vermeiden wir eher eine solche Prüfung. Ein gewisses Maß an Flexibilität und Unbestimmtheit garantiert, dass wir diese nicht so schnell revidieren oder aufgeben müssen.

Die Weingärtner der württembergischen Stadt Tübingen waren schon immer Opfer des Spottes ihrer Mitmenschen. Auch wurde behauptet, der schlechteste Wein Deutschlands wachse in Tübingen. Aber einmal hatte doch einer einen recht guten Wein aufgetischt, den der Gast lobte. Darauf der Tübinger Winzer stolz: „Ha ja, eigenes Gewächs." Offensichtlich übernahm er gerne die Verantwortung für die Qualität seines Weines. Ein Jahr später musste derselbe Gast beim selben Winzer einen schrecklich sauren Wein trinken. Auf die Beschwerde des Gastes entgegnet der jedoch: „Was will mer machen, so hatts der Herrgott wachsen lassen."[25]

Daraus kann man folgende Regel ableiten: Wenn ein Tübinger Weingärtner einen Wein keltert, dann wird der Wein immer gut oder er wird schlecht, weil es Gott so wollte. Auch das ist ein logisch wahrer Satz, der nebenbei den Tübinger Winzern sehr entgegenkommt – bei denen ich mich hiermit auch gleich entschuldige.

Jetzt haben Sie gerade gelernt, wie Sie Ihre Vorhersagen formulieren müssen, um sie gegen Fakten zu immunisieren. In der Wissenschaft wollen wir genau das Gegenteil. Wissenschaftliche Theorien gelten nur unter Vorbehalt. So lange, bis sich bessere Theorien finden, die immer mehr erklären und vorhersagen können. Wenn jedoch eine Theorie über die Realität erhaben ist, dann können wir sie nie überwinden und durch bessere ersetzen. Deshalb ist es für den Erkenntnisfortschritt essenziell, dass wir in der Formulierung von Theorien dafür sorgen, dass sie falsifizierbar sind.

Scheitern befördert Erkenntnis

Eine universale Theorie mit empirischem Gehalt ist nicht verifizierbar. Weil es unmöglich ist, unendlich viele Beobachtungen zu sammeln – was ein Wahrheitsbeweis jedoch erforderte. Es ist schlichtweg unmöglich, alle Fälle von Frustration zu beobachten, um zu bestimmen, ob danach immer Aggression auftritt. Das ist das Induktions-

---

[25] Die Tübinger Weinbauern werden Gogen genannt. Die Episode zitiere ich frei nach Schramm, H.E. (1988). *Tübinger Gogen-Witze.* Reutlingen: Knödler.

problem, an dem der Positivismus scheiterte. Während die Verifikation, der Wahrheitsbeweis einer Theorie, unendlich viele Beobachtungen voraussetzt, reicht für den Falschheitsschluss eine Beobachtung aus. Sofern die Theorie als deterministischer Allsatz formuliert ist und bestimmte Zustände der Welt verbietet.[26] So wie die Frustrations-Aggressions-Theorie. Zur Überprüfung könnten wir eine Feldstudie durchführen. Studierende stehen in der Mensa ihrer Universität vor der Essensausgabe in einer langen Schlange. Wir gehen mal davon aus, dass sie allesamt hungrig sind. Also wirklich das Ziel haben, an das Essen zu kommen. Nun lassen wir plötzlich das Gitter vor der Essensausgabe herunter. Nach der Theorie handelt es sich dabei um eine Zielblockade und damit um eine Frustration. Denn die Essensausgabe ist damit geschlossen. Wir schauen, was passiert. Tumult, Aufstand, Randale! Das ist schon mal gut, denn das hat die Theorie vorhergesagt. Aber dann erspähen wir einige Personen, die sich mit traurigen Gesichtern trollen. Und eine kleine Gruppe, die anfängt, sich Witze über das Fasten zu erzählen. Die Mehrheit verhält sich theoriekonform, also aggressiv. Die Minderheit der wenigen Personen, die sich nicht aggressiv verhält (Trauer, Humor), ist hingegen hoch informativ. Jede Person dieser Gruppe stellt eine Beobachtung dar, die nach der Theorie nicht hätte auftreten dürfen. Denn Trauer und Humor nach Frustration verbietet die Theorie. Von diesen

---

[26] Die logischen Regeln heißen *modus ponens* für den Schluss auf Wahrheit einer Aussagenmenge und *modus tollens* für den Schluss auf Falschheit einer Aussagenmenge, die sich aus theoretischen Sätzen, Definitionen und Anfangsbedingungen zusammensetzt.

Beobachtungen lässt sich, sofern wir den Beobachtungen vertrauen, auf die Falschheit der Theorie schließen.[27]

Mit der Fokusverlagerung auf Falsifikation (statt Verifikation) glaubte der Wissenschaftsphilosoph Karl Popper, das Induktionsproblem des Positivismus gelöst zu haben. Weg von dem Beweis einer letzten Wahrheit, hin zu einem falsifikationsorientierten Erkenntnisprogramm. Was ist er dafür gescholten worden! Das sei doch alles Quatsch. So funktioniere wissenschaftlicher Fortschritt nicht.[28] Da müssten wir jede Theorie auf kurz oder lang über Bord werfen. Das aber hatte Popper gar nicht gefordert. Dass Fälle von Falsifikation gleich zur Aufgabe einer Theorie führen sollten. Seine Kritiker verwechseln oftmals die logische und die pragmatische Ebene. Falsifikation betrifft die logische Ebene. Auf der pragmatischen Ebene müssen wir entscheiden, wie wir mit einer Theorie umgehen. Ob wir sie aufrechterhalten, verändern oder durch eine andere ersetzen. Diese Entscheidung hängt vom Bewährungsgrad der Theorie ab und davon, welche Alternativen uns zur Verfügung stehen. Der Bewährungsgrad bestimmt sich aus der Nützlichkeit der Theorie. Eine Theorie, die häufiger gültige Vorhersagen macht als falsche, ist besser als gar keine. Wir werden sie auch angesichts der Fälle von

---

[27] Auch hierbei können uns natürlich Fehler unterlaufen. So könnten die Anfangsbedingungen einer Theorie in einer Studie nicht ideal gegeben sein. Vielleicht leisteten ein paar Personen in unserem Mensa-Beispiel ihren Freunden in der Schlange Gesellschaft und hatten gar keinen Hunger. Damit wären sie durch das fallende Gitter auch nicht frustriert worden. Und wir dürften ihr Verhalten (z. B. Humor) nicht als Falsifikation der Theorie ansehen. Die Möglichkeit solcher Fehler diskreditiert aber noch lange nicht die Forderung, dass eine Theorie empirischen Gehalt haben und an der Beobachtung scheitern können müsse. Offensichtlich wird dabei jedoch, dass rigide Kontrolle in der Forschung eine Voraussetzung für valide Ergebnisse ist.

[28] Vgl. z. B., Lakatos, I. (1970). Falsification and the methodology of scientific research programs. In I. Lakatos & A. Musgrave (Eds.), *Criticism and the growth of knowledge* (pp. 91–196). Cambridge: Cambridge University. Press.

Falsifikationen aufrechterhalten. Wenn aber jemand eine Theorie ersinnt, die in derselben Domäne bessere Vorhersagen machen kann, also seltener scheitert, dann werden wir diese Theorie der alten vorziehen.

Des Kaisers neue Kleider: Scheintheorien

Bei der Bewertung von Theorien müssen wir noch einen Schritt zurückgehen. Leider werden auch in der Wissenschaft immer wieder Aussagen als Theorien verkauft, die gar keine sind. Mit schwerwiegenden Konsequenzen. Denn diese Scheintheorien kann man durch empirische Prüfung nicht überwinden. Sie sind nämlich nicht falsifizierbar. Eine Technik dafür haben wir bereits kennengelernt. Wenn die „dann"-Komponente einer Theorie alle möglichen Zustände der Welt enthält, verliert sie jeden empirischen Gehalt. *Wenn Frustration, dann Aggression oder Flucht oder Depression oder irgendwas anderes.* Dieser Satz ist natürlich eine Karikatur. Er verdeutlicht jedoch das Prinzip. Je mehr Zustände der Welt die „dann"-Komponente einer Theorie zulässt, umso weniger erklärt sie. Zugleich sinkt die Wahrscheinlichkeit, dass sie an der Realität scheitert.

Andere Techniken sind nicht so offensichtlich. Sie kleiden sich in ein Narrativ, das gehaltvoll anmutet, aber in der Tiefenstruktur tautologisch oder zirkulär ist. Tautologie, aus dem griechischen *tauto legein,* bedeutet „dasselbe sagen". Zuerst müssen wir festhalten: Tautologien sind wichtig. Wir benötigen sie, wenn wir Begriffe definieren. Alle Nominaldefinitionen sind tautologisch.[29] Frustration

---

[29] Schischkoff, G. (1978) (Hrsg). *Philosophisches Wörterbuch.* Stuttgart: Kröner Verlag.

ist die Blockade einer Zielreaktion. Damit ist dasselbe gesagt, nur in anderen Worten. Anstatt von Frustration könnte ich auch immer von der Blockade einer Zielreaktion sprechen. Es wäre auch korrekt, zu sagen, die Yale-Gruppe hat behauptet, dass auf jede Blockade einer Zielreaktion eine Aggression folgt. Insofern gehören Tautologien in die Aussagenmenge einer guten Theorie. Weil eine gute Theorie ihre Begriffe eben präzise definiert. Aber an einer Stelle sind Tautologien des Teufels. Nämlich in nomologischen Aussagen. Wenn die Ursache gleich der Wirkung ist, dann hat die Theorie verspielt. Sie verliert an empirischem Gehalt. So offensichtlich wird das natürlich nicht verkauft. In der Regel werden durch Umformungen und neue Terminologie die Sätze so konstruiert, dass sie an ihrer Oberfläche unterschiedlich sind, aber in ihrer Tiefenstruktur, in dem, was sie bedeuten, dasselbe aussagen.

Solche Erklärungen muten plausibel an. Wann sind Stoffe brennbar? Wenn sie über einen Brennstoff verfügen. Warum scheuen Pferde häufiger als Hunde? Weil Pferde Fluchttiere sind, also über einen starken Fluchtinstinkt verfügen. Warum gibt es Gewalt in der Welt? Weil Menschen durch einen Aggressionstrieb gesteuert werden. Die drei Beispiele stammen aus der Chemie, der Ethologie und der Psychologie. In der Chemie dominierte über hundert Jahre die sogenannte Phlogiston-Theorie des Georg Ernst Stahl (1659–1734). Sie nahm an, dass alle Stoffe, die brennen können, Phlogiston (von griechisch *phlegein* – brennen) enthalten. Einen Stoff, den sie abgeben, wenn sie verbrennen. Verhaltensbiologen, wie Konrad Lorenz (1903–1989) und Nikolaas Tinbergen (1907–1988), führten Klassen von Verhaltensweisen auf angeborene Instinkte zurück. Auch in der frühen Psychologie grassierten Instinktlisten, die sich in Länge und Inhalt je nach Autor unterschieden. Der Psychologe William McDougall (1871–1938) klassifizierte 17

Instinkte, darunter Kampf, Flucht, Selbstwerterhalt, Neugier, Lachen, Schlafen und Sex.[30] Und bekannt wurden natürlich die Triebkonzepte der Freud'schen Theorie zu Aggression und Sexualität. Der Kern solcher Theorien besteht darin, eine Ursache zu benennen, die in ihrer Bedeutung weitgehend ihrer Wirkung entspricht. Verbleibt es dabei, ist die Theorie tautologisch. Das zu erklärende Phänomen wird in einen Erklärungszirkel gesperrt. Warum gibt es Aggression? Weil es einen Aggressionstrieb gibt. Was spricht für die Existenz eines Aggressionstriebes? Das aggressive Verhalten.

Fairerweise muss man zugestehen, dass sich keine der genannten Theorien nur auf einen Zirkelschluss beschränkte. Die Phlogiston-Theorie postulierte, dass mit der Verbrennung ein Stofftransfer einhergeht. Wenn beispielsweise Holz brennt, wird das Phlogiston von anderem Material getrennt, das als Asche zurückbleibt. Das entwichene Phlogiston wird von der Luft aufgenommen. Wenn diese gesättigt ist, kann sie nicht weiter Phlogiston aufnehmen, und die Verbrennungsreaktion stoppt. Wie bei einer Kerze, die unter einen Glassturz gestellt wird. Auch Instinkt- und Triebtheorien machen weitere Annahmen zu den Abläufen der Reaktionen und dem Aufbau der Trieb- oder Instinktenergie. Analog einem Dampfkessel nahmen Instinkttheorien an, dass verhaltensspezifische Energie kontinuierlich im Organismus aufgebaut wird. Wird der Druck zu hoch, kommt es zu spontaner Äußerung des Verhaltens. Stellvertretender Abbau der Energie verringert die Wahrscheinlichkeit für spontane Entladungen. Deshalb schlug Konrad Lorenz

---

[30] McDougall, W. (1932). *Energies of Men: A Study of the Fundamentals of Dynamic Psychology*. London: Methuen & Co.

auch vor, Sport zu treiben.[31] Hier ließe sich in geregeltem Rahmen die Energie hinter dem Kampfinstinkt abbauen, was zur Verringerung von Gewalt in der Gesellschaft führen sollte.

Trotzdem steckt ein zirkulärer Begründungszusammenhang in diesen Theorien. Da dieser Kern aus Gründen der Logik nicht zu falsifizieren ist (Tautologien können nicht widerlegt werden, weil sie ja dasselbe sagen), haben diese Ansätze eine Tendenz zum Überdauern. Obwohl es in der Chemie schon früh Überlegungen gab, dass ein Stoff aus der Luft, nämlich Sauerstoff, bei der Verbrennung eine Rolle spielt, dominierte die Phlogiston-Theorie für lange Zeit die Chemie.

Existenzaussagen sind keine Theorien

Unüberwindbar werden Modelle, wenn sie ausschließlich aus Es-gibt-Sätzen bestehen. Wie auch bei Tautologien sind diese Sätze erst einmal nützlich und gut, wenn es darum geht, die Existenz von Phänomenen zu beschreiben, z. B.: *Es gibt schwarze Schwäne.* Im Prinzip sind Es-gibt-Sätze Umformulierungen von Protokollsätzen. Weil wir einen schwarzen Schwan beobachtet haben, gilt auch der Satz: *Es gibt schwarze Schwäne.* Solche Sätze lassen sich verifizieren. Vorausgesetzt, wir haben a) klar definiert, was ein schwarzer Schwan ist, und b) unsere Beobachtung ist korrekt. Zur Verifikation eines Es-gibt-Satzes genügt ein *einziger* sicherer Nachweis. Und ja, es gibt tatsächlich schwarze Schwäne, nämlich den aus Australien stammenden *Cygnus atratus,* den

---

[31] Lorenz, K. (1963). *Das sogenannte Böse – Zur Naturgeschichte der Aggression.* Wien: Dr. G. Borotha-Schoeler Verlag.

Trauerschwan. Stellen wir uns vor (was hoffentlich nie eintreten möge), dass ab heute kein einziger weiterer Trauerschwan gesichtet würde. Für den Es-gibt-Satz wäre dieser Umstand irrelevant. Und wenn jemals auch nur ein einziger schwarzer Schwan gesichtet worden wäre, die Gültigkeit des Es-gibt-Satzes wäre damit bewiesen. Umgekehrt können wir aus dem Ausbleiben der Sichtungen schwarzer Schwäne den Es-gibt-Satz niemals falsifizieren. Denn ein solcher Satz schweigt sich über die Prävalenz des Phänomens aus. Es könnte ja sein, dass in hundert Jahren wieder ein schwarzer Schwan über einen See schwimmt. Also merke: Es-gibt-Sätze können nur verifiziert, aber niemals falsifiziert werden. Wenn Theorien in ihrem Kern aus Es-gibt-Sätzen bestehen, können wir sie durch empirische Forschung niemals überwinden. Denn sie enthalten ja keine Verbote.

Zur Illustration möchte ich Ihnen ein prominentes Beispiel aus der kognitiven Psychologie präsentieren. Beim Urteilen und Entscheiden bedienen sich Menschen manchmal einfacher Schlussregeln, sogenannter Heuristiken. Ein Ansatz in der Psychologie behauptet, dass Intuition nichts anderes ist als der Rückgriff auf solche einfachen Heuristiken.[32] Die Urteils- und Entscheidungsforschung begann sich intensiv mit Heuristiken zu beschäftigen, als sich zeigte, dass Menschen systematisch die Annahmen der Nutzentheorie aus der Ökonomie verletzten. Der amerikanische Sozialwissenschaftler Herbert Simon (1916–2001) wurde vor allem für seine Arbeiten über die psychologischen Prozesse des Entscheidens

---

[32] Gigerenzer, G. (2007). *Gut feelings. The intelligence of the unconscious.* New York: Viking Press. Für eine Gegenposition vgl. Betsch, T., & Roth, P. (2018). Intuitive thinking. In L.J. Ball & V.A. Thompson (eds.), *Routledge international handbook of thinking and reasoning* (pp. 37- 56). New York: Taylor & Francis – Routledge.

3 Wissen macht Ah!

bekannt.[33] Er war einer der Ersten, die zeigten, dass wir uns einfacher Regeln bedienen und meist nur das erstbeste auswählen, was unseren Ansprüchen genügt.[34] Dies widersprach den Annahmen der Nutzentheorie, die die vollständige Verarbeitung aller relevanten Informationen vorhersagt. Bemerkenswerterweise wurde die Heuristikforschung erst dadurch möglich, dass es eine starke Theorie gab, deren Vorhersagen scheitern konnten. Die Nutzentheorie verfügt über einen hohen empirischen Gehalt. Aus ihren Axiomen lassen sich nicht nur Vorhersagen ableiten, wie Menschen Entscheidungen treffen sollten, sondern auch Verbote darüber, was nicht passieren darf. Erst eine starke Theorie lieferte das konzeptuelle Netz, in dem sich Fehler und Anomalien verfangen konnten. Die wiederum auf die Existenz von Heuristiken verweisen. Seit über 40 Jahren schon dauert der Beutezug der Heuristik-Jäger an. Und ein Ende ist nicht abzusehen. Es wurden dabei unzählige Heuristiken identifiziert. Aber eine Theorie, wann Menschen welche Heuristik verwenden, fehlt uns bis heute. Und das liegt mit daran, dass Wissenschaftler sich immer mehr mit der Produktion von Es-gibt-Sätzen beschäftigten statt nach starken Theorien mit empirischem Gehalt zu streben.

Ein prominentes Beispiel ist die Verfügbarkeitsheuristik. Stellen Sie sich vor, Sie wären Gast auf einer Veranstaltung mit Führungskräften von Unternehmen aus der Region. Andertags werden Sie gefragt, wie groß der Anteil weiblicher Führungskräfte auf diesem Treffen war. Nun haben

---

[33] Eine schöne und kurze Einführung: Simon, H. A. (1982). *Models of bounded rationality*. Cambridge, MA: MIT Press. Simon erhielt 1978 den Nobelpreis für Wirtschaftswissenschaften – für die Psychologie gibt es ja keinen Nobelpreis.

[34] Simon, H.A. (1955). A behavioral model of rational choice. *Quarterly Journal of Economics, 69*, 99–118.

Sie an diesem Abend die teilnehmenden Personen weder gezählt noch nach Geschlecht sortiert. Also müssen Sie schätzen. Wie machen Sie das? Die Psychologen Amos Tversky (1937–1996) und Daniel Kahneman hatten dazu eine faszinierende Idee. Sie beschrieben eine Heuristik, die ein fundamentales Lernprinzip umkehrt. Das Prinzip stammt aus dem Assoziationslernen. Je häufiger zwei Dinge gemeinsam auftreten, desto stärker wird deren Verbindung im Gedächtnis.[35] Dieses Assoziationsprinzip machen wir uns beispielsweise beim Vokabellernen zunutze. Je häufiger Sie ein Wort Ihrer Muttersprache mit einer neuen Vokabel aus einer Fremdsprache wiederholen, desto leichter fällt Ihnen später die Übersetzung ein.

Umgekehrt könnten Sie nun das *Gefühl der Leichtigkeit*, mit der sie etwas erinnern, als einen *Schätzer* für Häufigkeiten verwenden. Tversky und Kahneman bezeichneten die Leichtigkeit im Gedächtnisabruf als Verfügbarkeit *(availability)*. Die Verfügbarkeitsheuristik definierten die Autoren als eine Schlussregel, mit der Personen Häufigkeit oder Wahrscheinlichkeit aus der Leichtigkeit schätzen, mit der ihnen Gedächtnisinhalte einfallen. Was Ihnen leicht und schnell in den Sinn kommt, das wird wohl auch häufiger oder wahrscheinlicher sein als etwas, was man erst nach langem Nachdenken aus dem Gedächtnis hervorkramt. Angenommen, Sie hätten sich an dem Abend nur mit männlichen Führungskräften unterhalten. Beispiele für weibliche Führungskräfte fallen Ihnen andertags nicht mehr so leicht ein. Unter Anwendung der Verfügbarkeitsheuristik sollten Sie nun die Anzahl weiblicher Teilnehmer des vorabendlichen Treffens unterschätzen. Nehmen wir jedoch an, Sie hätten sich auf dem Treffen

---

[35] Hebb, D.O. (1949). *The organization of behavior – A neuropsychological theory.* New York: Wiley.

lange Zeit mit drei Frauen unterhalten, die gerade ein neues Start-up in einem Bereich gegründet haben, der Sie sehr interessiert. Aufgrund Ihres Interesses und der Zeitdauer der Unterhaltung werden Ihnen damit am anderen Tag Beispiele für weibliche Führungskräfte sehr leicht einfallen. Sofern Sie die Verfügbarkeitsheuristik verwenden, wäre zu erwarten, dass Sie dann den Anteil von Frauen auf dem Treffen von Führungskräften überschätzen.

Solche Vorhersagen setzen aber voraus, dass Sie tatsächlich die Verfügbarkeitsheuristik bei Ihren Urteilen verwenden. Dafür bräuchten wir aber eine Theorie, die spezifiziert, unter welchen Bedingungen die Heuristik angewendet wird. Unglücklicherweise haben Tversky und Kahneman ihr Modell jedoch als eine Sammlung von Es-gibt-Sätzen formuliert. Zuerst wird angenommen, dass Menschen, wenn sie Häufigkeiten und Wahrscheinlichkeiten schätzen, eine Reihe von Heuristiken verwenden können oder auf ganz andere Strategien zurückgreifen. Sollten sie die Verfügbarkeitsheuristik verwenden, dann *können* sie dies auf Basis der Leichtigkeit tun, mit der ihnen etwas einfällt. Aber anders geht es auch. Das betonen die Autoren explizit.[36] Unter dem Strich sagt das Modell lediglich, dass *die Möglichkeit bestünde,* dass Menschen Häufigkeit oder Wahrscheinlichkeit mit der Leichtigkeit schätzen, mit der ihnen etwas einfällt. Aufgrund dieses Es-gibt-Satz-Charakters kann das Modell der Verfügbarkeitsheuristik von Tversky und Kahneman niemals falsifiziert, sondern nur verifiziert werden. Auch wenn auf dieser Erde nur ein einziger Mensch identifiziert würde, der sich der Verfügbarkeitsheuristik bediente, wäre

---

[36] Vgl. Betsch, T., & Pohl, D. (2002). The availability heuristic: A critical examination. In P. Sedlmeier & T. Betsch (Eds.), *Etc. – Frequency processing and cognition* (pp. 109–119). Oxford: Oxford University Press.

das Modell verifiziert. Zweifellos ist die Idee, die hinter der Formulierung der Verfügbarkeitsheuristik steckt, eine sehr spannende. Und tatsächlich hat die Forschung nachgewiesen, dass sich Menschen bei Schätzungen auch solcher Gefühle wie dessen der Leichtigkeit des Gedächtnisabrufes bedienen. Solche Existenznachweise sind sicherlich wichtig. Aber sie entbinden uns nicht von der Suche nach einer Theorie. Einer Theorie mit empirischem Gehalt, die starke Vorhersagen erlaubt.

Eine gute Theorie macht nicht unbedingt „ah", aber sie hat empirischen Gehalt

Zurück zum Anfang des Kapitels. Was determiniert Attraktivität? Ähnlichkeit oder Gegensätze der potenziellen Partner? Viele Partnerbörsen verwenden aufwendige Verfahren, um das Ausmaß der Übereinstimmung von Interessen, Neigungen und Persönlichkeitsdimensionen zwischen Personen zu bestimmen. Für das erste Interesse an einer Person sind jedoch Ähnlichkeit oder Gegensätze auf diesen Dimensionen bestenfalls von marginaler Bedeutung. Denn Attraktivität folgt einem Reaktionsmuster auf Reize, das sich evolutionär über Hunderttausende von Jahren entwickelt hat. Es sind Reize, die andeuten, wie sehr ein potenzieller Partner erlaubt, meine eigenen Gene erfolgreich weiterzugeben. Sie unterscheiden sich für die Geschlechter. Männer achten auf Proportionsrelationen im Gesicht und in der Figur, äußere Merkmale, die auf Gesundheit (z. B. kräftiger Haarwuchs) und Fortpflanzungsfähigkeit (z. B. jugendliche Erscheinung) hindeuten. Frauen reagieren zudem positiv auf Merkmale, die Stärke und Dominanz anzeigen. Die soziobiologische Theorie[37] spezifiziert diese Merkmale noch viel genauer. Über vergangene Kulturen und Zeitepochen hinweg bewähren sich ihre Vorhersagen recht gut.[38] Aber sie passt uns nicht. Denn sie macht uns eher schlechte Gefühle. Einerseits passt sie nicht zu der Meinung, dass wir selbstbestimmte Wesen sind, die sich von ihren biologischen Anlagen emanzipiert haben. Andererseits widerspricht sie modernen (westlichen) Konzepten von Partnerschaft und Emanzipation. Sie bringt uns auch nicht zum Staunen. Das Gefühl bleibt aus, zu einer faszinierenden neuen Einsicht gelangt zu sein oder ein tiefes Verständnis unseres eigenen Liebeslebens gewonnen zu haben. Tatsächlich sind ihre Vorhersagen, was Bindung und Promiskuität betrifft, eher niederschmetternd.

Aber die Theorie ist eine gute Theorie. Denn sie hat hohen empirischen Gehalt. Sie macht Vorhersagen, die scheitern können. Sie ist sparsam in ihren Grundannahmen. Es gibt nur einen zentralen Mechanismus: die Weitergabe der Gene. Sie erschöpft sich nicht in einer Sammlung von Tautologien und Es-gibt-Sätzen. Denn sie spezifiziert kausale Relationen zwischen Merkmalen der Person und des Verhaltens, und das auch noch differenziell für die Geschlechter. Sie ist dabei präzise und teilweise auch paramorph, weil sie beispielsweise keine Geschichten darüber erzählt, welche Prozesse genau zwischen bio-

---

[37] Buss, D. M. (1997). *Die Evolution des Begehrens. Geheimnisse der Partnerwahl.* München: Goldmann.
[38] Für Partnerwahl in modernen Gesellschaften ist die Befundlage gemischt. Hier kommen deutlich stärker gesellschaftliche Strukturen zum Tragen. Eine sehr differenzierte Analyse findet sich in der Dissertation von Patrick Riordan (2016). *Attraktivität und Partnerschaft – Wie tragfähig sind evolutionäre Überlegungen zu partnerschaftlichen Beziehungen.* Ludwig-Maximilians-Universität München. https://edoc.ub.uni-muenchen.de/19213/1/Riordan_Patrick.pdf, abgerufen am 10.8.2021.

logischen Zielen, Reizen und der Verhaltensproduktion ablaufen.

Zusammen mit anderen erfolgreichen Theorien, wie der Relativitätstheorie in der Physik oder der Nutzentheorie in der Ökonomie, lehrt sie uns etwas Wichtiges. Gefühle sind schlechte Ratgeber, wenn es um Fragen der Erkenntnis geht. Wissenschaftliches Denken verlangt Prüfung auf anderer Ebene. Ein Erklärungsmodell ist umso besser, je angreifbarer es sich macht. Wenn Ihnen jemand seine Überzeugung auf die Nase binden will, dann fragen Sie einmal: *Was müsste passieren, damit deine Annahmen widerlegt werden?* Die Öffnung zur kritischen Überprüfung ist der Wesenskern des wissenschaftlichen Ansatzes seit der Aufklärung. Die Verweigerung dieser Öffnung entlarvt jedes System von Aussagen in den Bereich des Glaubens. Und um Glauben geht es im nächsten Kapitel.

4

Die einen glauben an Gott und die anderen an Wissenschaft

„Die Frage bleibt, weshalb scheinbar immer mehr Menschen den Glauben in die Wissenschaft verlieren."
Stephan Zwerenz. (https://www.flurfunk-dresden.de/2020/02/02/wissenschaft-ist-zu-einer-glaubensfrage-geworden/, abgerufen am 18.4.2021.)

„Virologie ist eine Märchenwissenschaft … es gibt kein Koronavirus-Nachweis … alle Bilder des Korona-Virus stammen aus dem Computer!"
Attila Hildmann. (https://t.me/ATTILAHILDMANN/53687 vom 17.4. 2021, abgerufen am 18.4.2021.)

Sie dürfen glauben, was Sie wollen. Ihren Glauben, Ihre Überzeugungen und Ihre Meinungen dürfen Sie zudem frei äußern. Zumindest, wenn Sie sich in einem Staat aufhalten, der die Menschenrechte wahrt. Was heute noch ein Privileg ist, das bei Weitem nicht alle Menschen genießen. Der Artikel 5 des Grundgesetzes der Bundesrepublik Deutschland berechtigt alle dazu, ihre persönliche Meinung und damit auch Unfug und Blödsinn in Wort, Schrift und Bild frei zu äußern. Andere sind dazu verpflichtet, dies weitestgehend zu ertragen. Und das ist auch gut so.

Ich persönlich sympathisiere mit der Vorstellung, dass Katzen verzauberte Feen sind. Schauen Sie nur mal einer Katze tief in die Augen! Dann werden Sie das Feenwesen darin schon erkennen – sofern die Fee es zulässt. Mit jeder Schale Futter, die Sie einer Katze vorsetzen, mit jedem Akt der Zuwendung zu einem Katzentier zahlen Sie in Ihr Feenkonto ein. Die Feen werden es Ihnen eines Tages vergelten. Darüber müsste ich mit Ihnen gar keine Diskussion beginnen. Wenn dies mein persönlicher Glauben wäre.

In dem Moment jedoch, wenn ich kraft dieses Glaubens Erwartungen an andere Menschen richtete, müsste ich mich dem Diskurs stellen. Beispiel: *Der Schutz des Lebens jeder Katze muss in das Grundgesetz aufgenommen werden.* Für einen Gläubigen reicht als Begründung der Verweis auf den Glauben aus. Kritik und Diskurs sind nur bedingt möglich. Eben weil der Kern des Glaubens nicht zur Disposition steht. Feen gibt es wirklich. Basta.

Wissenschaftliches Denken hingegen ist kritisches Denken. Dazu muss man sich aus der Deckung einer Glaubenshaltung hervorwagen. Aus der Anwendung der Methode des kritischen Denkens ergeben sich ganz praktische Konsequenzen. Nach der Lektüre dieses Kapitels werden Sie einschätzen können, wann es überhaupt sinnvoll ist, sich mit einem Gegenüber kritisch auszutauschen. Denn nicht jede Person ist zu einem kritisch-aufklärerischen Diskurs willens oder fähig. Darüber hinaus werden Sie die Schwachstellen in den Begründungen erkennen, mit denen Dogmatiker,

Identitäre, Träger von Aluhüten und selbstverliebte Kreuzritter Sie zu bekehren versuchen.

Irrtum und Fakt

Peter Strohschneider, der ehemalige Präsident der Deutschen Forschungsgemeinschaft, sagte: „[Das Bekenntnis], *ich glaube an Wissenschaft,* ist übrigens paradox. Die modernen empirischen Naturwissenschaften waren ja gerade mit dem Anspruch angetreten, dem Glauben-Müssen ein Wissen-Können entgegenzusetzen."[1] Der weitverbreitete Irrtum lautet, dass Wissenschaft und wissenschaftliches Denken auf Glauben basieren würden. Oder gar, dass Wissenschaft selbst ein Glaubenssystem wäre, wie beispielsweise eine Religion. Fakt ist, dass Wissenschaft und wissenschaftliches Denken auf den Prinzipien der Angreifbarkeit, der Kritik und der Überwindbarkeit beruhen – all dies ist Vertretern eines Glaubenssystems in der Regel fremd. Wer dies bezweifelt, beginne mal eine Diskussion mit amerikanischen Evangelikalen oder fundamentalen Islamisten über deren jeweilige Religion. Toleranz sucht man hier vergeblich.

Bei dem Anschlag auf die Redaktion der französischen Satirezeitschrift *Charlie Hebdo* ermordeten Islamisten zehn Mitglieder des Redaktionsteams, einen Personenschützer und zwei Polizisten. Der Grund waren Karikaturen über Mohammed. Das geschah nicht im Mittelalter. Sondern 2015 in einem Land der Aufklärung und Freiheit. Mir ist noch nie zu Ohren gekommen, dass auf Personen tödliche Anschläge verübt worden wären, weil sie sich über

---

[1] Im Interview mit der Frankfurter Allgemeine, 22.12.2020, https://www.faz.net/aktuell/politik/inland/wissenschaft-beraet-politik-ein-spannungsvolles-verhaeltnis-17113426.html, abgerufen am 22.12.20.

die Wissenschaft lustig gemacht hätten. Verfolgung, Folter und Morde von „Ungläubigen", ja ganze Kriege im Namen des Glaubens füllen allerdings die Geschichtsbücher.

Die Methodik der naturwissenschaftlichen Erkenntnis ist eine Methode der Angreifbarkeit. Im wissenschaftlichen Diskurs haben subjektive Glaubenshaltungen keinen Platz. Theoretische Annahmen und empirische Befunde müssen intersubjektiv überprüfbar und angreifbar sein. Die Methoden zur Generierung und Bewertung von Evidenz, die Forschungsmethoden, die Statistik, ja selbst die dahinterstehenden Systeme wie die Logik und die Mathematik können prinzipiell zum Gegenstand der Kritik werden. „Es steht Ihnen frei, das System der Logik anzuzweifeln. Nur sind Sie dann in der Bringschuld, ein besseres zu erfinden." Diese Sätze sprach Hans Albert, Soziologe und Erkenntnistheoretiker, in der ersten Stunde seiner Vorlesung über Logik zu uns Studenten an der Universität Mannheim im Wintersemester 1987. Und nicht besser lässt sich das Prinzip des kritischen Denkens in seinem radikalsten Anspruch formulieren. Wissenschaftliches Denken ist immer kritisches Denken. Dies fußt wiederum auf einer Methode. Bevor wir darauf zu sprechen kommen, wird es zuerst um die Voraussetzungen gehen, diese Methoden anzuwenden. Es benötigt nämlich ein gewisses Maß an Fähigkeit und eine bestimmte Motivation, damit ein kritisch-aufklärerischer Dialog überhaupt geführt werden kann.

Beirrbarkeit als Grundvoraussetzung kritischen Denkens

Es war einmal ein Mann, dem der Teufel alles nahm, außer dessen Leben. Dieser Mann erlitt so viel Leid, körperlich und seelisch, dass es denen, die noch um ihn

4 Die einen glauben an Gott und die anderen ...

waren, die Sprache verschlug[2]. Aber unerschütterlich war sein Glaube an Gott, dessen gerechten Plan und Fürsorge. Seine Frau zweifelte darob an seinem Verstand. Aber er ließ sich nicht beirren. Der Name des Mannes war Hiob. Er wurde zum unglückseligen Objekt einer Wette. Zwischen Gott und Satan. Gott setzte auf Hiobs Glauben. Der Satan auf die Wirklichkeitswahrnehmung eines vernunftbegabten Wesens. Wenn Gott der allmächtige Vater des Menschen ist, gerecht in der Verteilung von Lohn und Strafe, dann darf es Gott nicht zulassen, dass ein unbescholtener Mann mehr Leid erdulden muss als jeder Verbrecher. Aber Gott gewann die Wette. Denn Hiobs Glaube hatte Bestand. Keine Veränderung der Realität konnte ihn in seinem Glauben erschüttern.

Wenn die Überzeugung einer Person dazu führt, dass die Realität in einer „veränderten Bedeutung erfahren wird, wobei weder bisherige Erfahrungen noch zwingende Gegenargumente die Bedeutungsgewissheit erschüttern können", erfüllt dies nach den Manualen klinisch-psychologischer Diagnostik das zentrale Kriterium eines Wahnzustandes.[3] Dieser Definition fehlt jedoch eine wichtige Einflussgröße. Bei der Abgrenzung des Wahns von der Wirklichkeit hat das soziale Umfeld eine gewichtige Stimme. Eine christliche Glaubensgemeinschaft wird sich gegenseitig versichern, dass Hiob keinem Wahn verfallen war. Sondern eine göttliche Prüfung durch Beharrlichkeit bestand. Denn schließlich wurde er zuletzt für seinen Glauben durch Wohlstand und langes Leben belohnt. Wobei diese Begründung wiederum verlangt, dass man die

---

[2] Die Bibel, 2. Hiob 11–13.
[3] Dorsch, Lexikon der Psychologie, Stichwort „Wahn":
https://dorsch.hogrefe.com/stichwort/wahn#search=fca20dd0fc834b3af6458e25f2aa47ef&offset=0, abgerufen am 28.5.2021.

Inhalte des Alten Testamentes für wahr befindet. Heiden hingegen würden wohl Hiobs Frau beipflichten, die am Verstande ihres Mannes zweifelte.

Zwischen ostdeutschen und westdeutschen Bundesländern herrscht ein Frömmigkeitsgefälle. Im Vergleich zum Westen Deutschlands verzeichnet der Osten deutlich weniger Mitgliedschaften in Kirchen, was wohl der sozialistischen Sozialisation auf dem Gebiet der ehemaligen DDR geschuldet ist. Als meine Tochter Paula in Thüringen auf die Grundschule ging, war einmal das Thema Noah und Arche dran. Die Nachbarstochter und Klassenkameradin Lina war zu Besuch. Und die Kinder malten zusammen Tiere, die sich auf ein dickes Schiff zubewegten. Lina meinte versonnen, die Geschichte kenne sie irgendwoher, aus einem Buch oder einem Film. Die stehe in der Bibel, meinte Paula. Darauf Lisa: „Stimmt, so ein Märchenbuch haben wir zu Hause auch." Als zugezogener Westdeutscher, der im pietistischen Süden Deutschlands aufgewachsen war, musste ich erst mal schlucken. Die Bibel als Märchenbuch. Es kommt eben auch auf das soziale Umfeld an, was als Wahn oder Wahrheit durchgeht.

Unbeirrbarkeit im Glauben ist der Kirche ein hohes Gut. Wer fest im Glauben ist, widersteht der Versuchung, sich beirren zu lassen. Und damit wird ein kardinaler Unterschied zwischen Wissenschaft und einer Religion klar. Für die Wissenschaft wäre Unbeirrbarkeit angesichts widersprechender Fakten keine Tugend, sondern ein Übel. Angesichts der Vorläufigkeit jeder Erkenntnis verbietet sich jede Tendenz zur Unbeirrbarkeit. Wir irren ständig. Der Prozess wissenschaftlicher Erkenntnis besteht darin, Irrtümer aufzudecken und zu besseren Theorien zu kommen. Insofern sind unsere Erkenntnisse immer offen für Kritik. Denn sie sind eben nicht über die beobachtbare Welt erhaben. Wenn Beobachtungen wiederholt und zuverlässig einer Annahme widersprechen, dann müssen wir uns davon beirren lassen. Mit jemandem, der unbeirrbar in seinem Glauben ist, der jeden Verweis auf die Fakten, auf empirische Evidenz negiert, wird ein kritisch-aufklärerischer Dialog wohl unmöglich.

Eine Scheinlösung: Es gibt doch mehrere Wahrheiten!

Nun sind nicht alle gläubigen Menschen wissenschaftsfeindlich. Nidhal Guessoum lehrt Astrophysik an der American University of Sharjah in den Vereinigten Arabischen Emiraten. Einer seiner Fachartikel zur Elektronen-Positronen-Annihilation in der Galaxie wurde bereits mehrere Hundert Mal in wissenschaftlichen Publikationen zitiert.[4] Er ist ohne Zweifel ein renommierter Naturwissenschaftler. Aber Nidhal Guessoum bekennt sich auch als überzeugter Muslim. In einem Buch, mit dem er sich an junge Muslime wendet, propagiert er die Vereinigung von moderner Wissenschaft und Islam.[5] Er beschreibt die Wissenschaft als eine Methode zur Erklärung und Vorhersage physischer Vorgänge. Wissenschaft könne jedoch Gottes Existenz nicht fassen. Gottes Existenz ließe sich nur im Glauben erschließen. Der Koran eröffne über mystische Erzählungen den Weg zu spirituellem Denken und damit zu Gott.

---

[4] Knödlseder, J., Jean, P. Lonjou, V., Weidenspointner, G., Guessoum, N. et al. (2005). The all-sky distribution of 511 keV electron-positron annihilation emission. *Astronomy & Astrophysics, 441* (2), 513-532. Zitationshäufigkeit laut *Google Schoolar*, abgerufen am 26.4.21.

[5] Guessoum, N. (2021). *The young muslim's guide to modern science*. Manchester: Beacon Books.

In den unterschiedlichsten Religionen schaffen es Menschen immer wieder, eine solche Abtrennung zu bewerkstelligen. Ich kenne Wissenschaftler, die empirisch forschen und an Ostern im Chor der Augustinergemeinde zu Erfurt die Matthäuspassion singen. Aus erkenntnistheoretischer Sicht führt eine solche Abtrennung aber zu einigen Problemen. Darauf kommen wir im nächsten Abschnitt zurück. Manchen mag eine „Vereinbarung" zwischen Frömmigkeit und wissenschaftlicher Orientierung erstrebenswert erscheinen. Vielleicht ist dies ja die Voraussetzung für Toleranz in einer Gesellschaft, die offen für individuelle Entfaltung sein möchte. Im Mai 2021 befand sich Deutschland im dritten Lockdown während der Covid-19-Pandemie. Impfen und der Zugang zu Impfstoffen waren ein großes Thema. Ich hatte ein Gespräch mit einer Lehrerin, die ein Impfangebot erhalten hatte, aber es wahrzunehmen ablehnte. Ihre Begründung lautete, dass für sie keine Notwendigkeit für eine Impfung bestünde. Weil sie niemals an Corona erkranken würde. Warum sie sich da so sicher sei, fragte ich sie. Als Anthroposophin, erklärte sie mir, hätte sie einen anderen Blick auf Gesundheit und Krankheit. Erkrankungen hätten weniger mit der Physis als mit dem Geistigen zu tun. Sie habe sich auf geistiger Ebene aktiv gegen die Krankheit entschieden. Das Virus hätte deshalb keine Macht über sie. Ich meinte darauf, dass selbst Rudolf Steiner (1861–1925), der Begründer der Anthroposophie, sich seinerzeit gegen die Pocken impfen ließ.[6] Damit hätte sie kein Problem. Die Anthroposophie

---

[6]Vgl. dazu aber seine relativierenden und esoterisch gefärbten Interpretationen medizinischer Erkenntnisse: Steiner, R. (2011). *Physiologisch-Therapeutisches auf Grundlage der Geisteswissenschaft.* (Band 314 der R.S. Gesamtausgabe). Basel: Rudolf Steiner Verlag AG.

4 Die einen glauben an Gott und die anderen ...

sei ja überhaupt nicht wissenschaftsfeindlich. *Nur gäbe es mehrere Wahrheiten.* Für sie gelte, dass das Virus keine Bedrohung darstellen würde. Ihre Freundin hingegen würde sich vor einer Ansteckung fürchten, lehne aber Impfen generell ab, was ja ebenfalls in Ordnung sei. Und wenn jemand an wissenschaftliche Erkenntnisse glaube und sich deshalb impfen lasse, wäre das genauso okay.

In der Vorstellung dieser Anthroposophin gelten für verschiedene Menschen verschiedene Wahrheiten. Die amerikanische Entwicklungspsychologin Deanna Kuhn bezeichnet eine solche Haltung als *multiplistisch*.[7] In dieser Stufe des epistemologischen Verständnisses koexistieren widersprechende Meinungen und Erkenntnisse. Wunder sind da nicht verwunderlich. Herr Newton sagt, dass ein Apfel aus einem Baum immer hinunter, in Richtung des Erdbodens falle, denn dies sei ein Naturgesetz. Herr Dumbledore hingegen ist überzeugt, dass Äpfel auch in den Himmel steigen können, da er die Magie der Levitation beherrsche. Da der Multiplist die Wahrheit im Individuum sieht, können beide Herren recht haben.

Nach Deanna Kuhn überwinden jedoch die meisten Kinder diese Stufe. Nach der Grundschule beginnt sich eine sogenannte *evaluatistische* Denkweise zu verfestigen. Hier wird Wahrheit relativiert. Das Ausmaß, in dem eine Position richtig sein könnte, hängt von Argumenten und von Belegen ab. Die Kriterien der Bewertung werden auf alle Positionen angewandt und sind nicht mehr allein von der subjektiven Überzeugung der jeweiligen

---

[7] Kuhn, D., Cheney, R., & Weinstock, M. (2000). The development of epistemological understanding,
Cognitive Development, 15 (3), 309–328. https://doi.org/10.1016/S0885-2014(00)00030-7.

Person bestimmt. Demnach widerspricht es sich, dass Gravitation ein allgemeines Naturgesetz ist und gleichzeitig Levitation möglich sei. Zudem sehen wir jeden Tag, dass Dinge auf den Boden fallen anstatt in den Himmel zu steigen (außer sie sind mit Flügeln oder Antriebsdüsen ausgestattet). So wird wohl eher Herr Newton recht haben und Dumbledore irren. Nicht alle Menschen erreichen diese Stufe. Eine *multiplistische* Denkweise führt zwar zu höchster Toleranz, erschwert jedoch einen argument- und evidenzbasierten Dialog. Wahrheit ist ja eine persönliche Angelegenheit. Für einen Multiplisten sind deshalb kritische Diskussionen eher eine müßige und langweilige Angelegenheit. Wozu sollte man auch andere Positionen kritisch hinterfragen, wenn doch jeder auf seine Weise recht hat.

Fähigkeit und Motivation: Wann es wohl vergeblich ist, einen kritisch-aufklärerischen Dialog zu beginnen

Ein kritisch-aufklärerischer Dialog setzt bei den Beteiligten die Fähigkeit zu einem Realitätskonsens voraus. Ich spreche dezidiert von Fähigkeit, insbesondere von Kompetenzen des Denkens und Urteilens. Wie beispielsweise der Kompetenz zu konsistent logischem Schlussfolgern. Das nannten die Philosophen früher einmal Vernunft oder Rationalität. Vernunft folgt Regeln. Entgegen der Meinung radikaler Konstruktivisten funktioniert der Realitätskonsens unter regelbasiertem Denken erstaunlich gut. Sonst wären weder analytische noch empirisch basierte Übereinkünfte so effektiv möglich. Wir können uns beispielsweise darauf einigen,

4 Die einen glauben an Gott und die anderen ...

dass Ziffern als symbolische Repräsentationen für Zahlwerte gelten sollen. Zwei ist „2", und vier ist „4". Wir können auch die Regel der Addition intersubjektiv kommunizieren und anderen Menschen tradieren. Demnach ergibt 2 plus 2 eben 4. Das reicht aber für einen vernünftigen Dialog noch nicht aus. Angenommen in der Bilanz des Unternehmens Mayer stünde $2+2=40$. Nun müssen wir auch einen Konsens darüber erreichen, dass dies falsch ist. Wenn ich mich allerdings zu der Meinung verstiege, dass beides richtig sei, dass für das Unternehmen Mayer eben eine andere Realität gelte, in der $2+2$ die Summe 40 ergäbe, dann wäre es zwecklos, mit mir weiter darüber zu diskutieren.

Selbiges gilt für wissenschaftliche Befunde. In der Virologie besteht ein Realitätskonsens darüber, dass es Krankheitserreger gibt, die bestimmte messbare Eigenschaften in ihrer Struktur und ihrer Wirkung auf den Organismus haben. Aufgrund dieses Konsenses können Erreger auch intersubjektiv verlässlich bestimmt werden. Wie beispielsweise der Corona-Erreger SARS-CoV-2 und dessen Mutationen. Dieser Realitätskonsens erlaubt auch, dass Forscher unabhängig voneinander an unterschiedlichen Orten Technologien zur erfolgreichen Bekämpfung des Virus erfinden können (Vakzine) und diese in einem kollektiven Unternehmen auf Effizienz bewerten (Impfstudien). Alle Befunde der virologischen Forschung zeigen, dass die Wahrscheinlichkeit der Infektion bei einer Ersterkrankung steigt, je mehr aktive Viren mit der Atemluft als Aerosolpartikel aufgenommen werden[8]. Wenn ich diese Befunde akzeptiere, kann ich nicht gleichzeitig annehmen, dass für meinen Organismus dieses Prinzip außer Kraft

---

[8] https://www.rki.de/DE/Content/InfAZ/N/Neuartiges_Coronavirus/Steckbrief.html, abgerufen am 16.5.21.

gesetzt ist (sofern ich die Krankheit noch nicht hatte und noch nicht geimpft bin). Auch gibt es in der Virologie keine Evidenz dafür, dass Ansteckung durch pure mentale Aktivität verhindert werden könnte. Wenn die Viren auf mich einstürmen, kann ich nicht einfach entscheiden: *Hey, ihr habt keine Macht über mich!* Es stimmt zwar, dass sich positive mentale Haltungen auch förderlich auf das Immunsystem auswirken. Trotzdem lässt sich das Infektionsgeschehen nicht einfach ausschalten. Wenn ich einen akut infizierten Corona-Patienten Mund zu Mund beatme, wird das die Wahrscheinlichkeit erhöhen, dass ich mich anstecke. Egal was ich mir so einbilde. Wie bei dem Beispiel der Addition sprenge ich den Realitätskonsens, wenn ich die Ergebnisse der Virologie einerseits akzeptiere, andererseits glaube, dass mein Organismus den bei anderen Menschen gefundenen Gesetzmäßigkeiten nicht unterläge.

Realitätskonsens kann auch durch individuelle Bedürfnisse, Wünsche und Motive verhindert werden. Die Ergebnisse der Virologie wurden während der Covid-19-Pandemie häufig von Personen in Zweifel gezogen, die diese Disziplin als Teil einer Verschwörung sahen. Verschwörungserzählungen und Behauptungen über scheinbare Fakten können Teil einer politischen Agenda sein. In Deutschland widmet sich Götz Kubitschek der Verbreitung neuen rechten Gedankenguts. Sein Verlag Antaios publiziert Neuauflagen „klassischer" faschistischer Schriften, aber auch Pamphlete aus eigener Feder. Ein Büchlein trägt den Titel „Provokation". Darin spezifiziert Kubitschek, wie „Rechte Strategien" für einen politischen Umsturz aussehen müssten. Das Ziel bestünde darin, Krisen herbeizuführen. Ein probates Mittel dafür ist die Provokation. Diese umfasst Aktionen und eine Propaganda, die absichtlich diffamiert und Falschinformationen streut, „denn ihr Ziel ist es, eine

4 Die einen glauben an Gott und die anderen …

Reaktion (und sei es nur die Verblüffung) hervorzurufen"[9]. Wenn Neofaschisten wie der Ex-Lifestyle-Koch Attila Hildmann Virologie als eine Märchenwissenschaft und die Covid-19-Pandemie als eine weltjüdische Verschwörung[10] bezeichnen, dann bedienen sie sich genau dieser Taktik der Provokation. Es wäre völlig unsinnig, mit solchen Menschen einen inhaltlichen Diskurs über deren Behauptungen führen zu wollen. Denen geht es ja nicht um Erkenntnis oder gar um kritische Überprüfung ihrer Annahmen. Geleitet werden sie von ihrer Ambition nach politischem Umsturz. Die falschen Behauptungen dienen als Provokation, um Aufmerksamkeit zu erregen, Spaltungsprozesse in Gang zu setzen und gesellschaftliche Gruppen gegeneinander aufzuhetzen. Anstatt mit Kubitschek, Hildmann und Konsorten über die Inhalte ihrer Falschbehauptungen zu diskutieren, ist es in solchen Fällen eher ratsam, die Taktik hinter der Lügenverbreitung und deren Agenda zu enthüllen.[11]

In einer Reihe eigener Studien haben sich meine Mitarbeiter und ich mit Menschen beschäftigt, die paranormale Überzeugungen hegen. Für Anhänger dieser Gruppe hält die esoterische Szene ein bunt gemischtes Angebot feil. Im Internet, im Buchhandel und auf esoterischen Messen werden sie über Medien mit Engeln kommunizieren, Fernheilung erhalten oder erlernen, ihre Chakren sortieren, ihre Zukunft enthüllen oder herausfinden, wer oder was sie in einem vorherigen Leben

---

[9] Kubitschek, G. (2019). *Provokation*. Schnellroda: Antaios, S. 23.
[10] Seine antisemitischen Einlassungen brachten ihm Anklagen wegen Volksverhetzung und einen Haftbefehl ein. https://www.tagesschau.de/investigativ/wdr/ermittlungen-hildmann-107.html, abgerufen 12.8.2021.
[11] Vgl. dazu am Beispiel von Wissenschaftsleugnung Schmid, P., & Betsch, C. (2019). Effective strategies for rebutting science denialism in public discussions. *Nature Human Behaviour, 3*, 931–939. https://doi.org/10.1038/s41562-019-0632-.

waren. Magie aller Couleur, Management kosmischer Energie, Geisterabwehr in allen Ecken des Hauses, die Liste ist lang, aber modebedingt doch recht uniform, wenn man die Inhalte auf verschiedenen Portalen und Foren vergleicht. Überall gibt es etwas Reiki, eine Portion Channeling, selbstverständlich Astrologie und eine Heerschar von geistigen Wesen und Energiequellen in verschiedenen Dimensionen, die nur darauf warten, Menschen (vorzugsweise in der Midlife-Crisis) behilflich zu sein. Und das meine ich gar nicht despektierlich. Paranormale Überzeugungen (wie Religionen ebenso) erzählen gute Geschichten. Diese Geschichten bieten Antworten auf Fragen, die mit der eigenen Existenz zu tun haben. Sie reichen über die Gegenwart hinaus und geben dem Individuum eine Perspektive für die Zukunft.[12] Im Unterschied zu Religionen allerdings sind paranormale Glaubenssysteme nicht institutionell verankert. Man kann sie sich selbst zusammenstellen. In dieses Patchwork webt die Person nur solche Konzepte hinein, mit denen sie selbst im Einklang ist. Unliebsames und Irritierendes, wie beispielsweise die Idee von Erbsünde und Hölle, werden aussortiert. Und selbst wenn die paranormalen Erfahrungen nicht nur positiv sind, wie im Falle von Kontakten mit Geistern, so sind die resultierenden Geschichten höchst bedeutsam, was die eigene Biografie und weitere Selbstkonzeption betrifft.

In den Interviews, die wir durchführten, zeigte sich, dass paranormale Überzeugungen zentrale Motive bedienen. Eines nennen die Sozialpsychologen *Beherrschung der Situation* (*mastery of the situation*). Wir müssen bis zu einem gewissen Grad unsere Umwelt

---

[12] Nach Jerome Bruner sind das Kriterien guter Geschichten. Bruner, J. S. (1990). *Acts of meaning*. Cambridge: Harvard University Press.

kontrollieren können, um unsere Ziele zu erreichen, Bedrohungen abzuwenden und mit Belastungen erfolgreich umzugehen. Dies erfordert, dass wir verstehen, wie die Dinge miteinander zusammenhängen, welche Regeln gelten und was wir für die Zukunft erwarten können. Zudem streben Menschen danach, einen positiven Selbstwert zu erreichen und diesen zu erhalten. In all den ausführlichen Berichten über paranormale Erlebnisse und deren Deutungen offenbarte sich, dass diese den Betroffenen halfen, ihr Leben besser zu bewältigen, mit Ängsten umzugehen und sich wertzuschätzen. In anderen Worten, paranormale Überzeugungen können einen indirekten adaptiven Vorteil haben. Nämlich die Resilienz gegenüber den Herausforderungen des Lebens zu erhöhen. Insofern erfüllen paranormale Überzeugungen ähnliche Funktionen wie religiöse. Ich möchte noch einmal betonen, dass es niemandem zusteht, sich über solche Glaubenshaltungen zu erheben oder sich anzumaßen, sie Menschen austreiben zu wollen. Anders ausgedrückt, es kann gar nicht das Ziel sein, über die Inhalte solcher Glaubenshaltungen in einen kritisch-aufklärerischen Dialog zu treten. Und das hätte auch wahrscheinlich gar keine Aussicht auf Erfolg. Weil die Motivation der Person dagegen steht. Wenn Glaubenshaltungen, religiöse oder paranormale Überzeugungen fundamentale Bedürfnisse bedienen, dann wäre es aus Sicht der Person kontraproduktiv, von diesen abzulassen.

Zusammengefasst, es macht wenig bis gar keinen Sinn, einen kritisch-aufklärerischen Dialog zu beginnen, wenn die Fähigkeiten und Motivationen des Gegenübers dem entgegenstehen. Jetzt könnte ich dieses Kapitel beschließen. Soll doch jeder nach seiner Fasson selig werden. Ich habe aber schon eingangs angedeutet, wohin die Reise geht. Denn irgendwann werden die Fraktionen aufeinanderprallen. Weil eine Person oder eine Gruppe andere Menschen zu Verhalten oder Einstellungen zwingen will und dies mit ihrem Glauben oder ihren subjektiven Gewissheiten begründet. Und nun sind wir da, wo der Hund begraben liegt, beim Problem der Begründung.

Das Problem der Begründung und der Baron Münchhausen

In vernünftigen Diskussionen zählen Argumente. Geht es um Gültigkeit oder Richtigkeit, läuft Argumentation in der Regel auf Begründung hinaus. Zwei und zwei ergibt vier, *weil* eben die Regel der Addition dies verlangt. Umgekehrt folgen aus der Anwendung der Regeln der Arithmetik bestimmte Ergebnisse. Beim Begründen verfolgen wir eine Kette logischer Folgerungen zurück. Und damit ergibt sich ein Problem. *Wie weit schreiten wir zurück und wohin führt uns das?*

In der Erkenntnistheorie galt lange, dass wir so weit zurückgehen müssen, bis wir eine sogenannte *zureichende* Begründung gefunden haben. Eine letzte Wahrheit, die nicht mehr begründet werden muss und aus der sich über eine Kette logischer Folgerungen das ergibt, was wir gerade beurteilen. Das Ergebnis einer Rechnung oder die Gültigkeit einer Annahme. So überzeugend die Forderung nach zureichender Begründung klingen mag, als Methode des Denkens eröffnet sie ein *Trilemma*. Sie stellt uns vor drei Alternativen, die gleichermaßen unbefriedigend sind. Die uns in einem antiaufklärerischen Sumpf versinken lassen. Aus dem wir nur entrännen, wenn wir uns am eigenen Schopfe herausziehen könnten wie weiland der Baron Münchhausen. In Analogie dazu nannte und beschrieb Hans Albert das Problem der zureichenden

Begründung als *Münchhausen-Trilemma*. Und dies sind die Sümpfe des Denkens, zu denen die Suche nach der letzten wahren Begründung führt:[13] 1) Verloren in der Unendlichkeit, 2) die Katze beißt sich in den Schwanz, 3) Erstarren im Dogma.

Verloren in der Unendlichkeit

Wenn jede Begründung ihrerseits eine Begründung verlangt, hat dieses Spiel kein natürliches Ende. „Verloren in der Unendlichkeit" klingt nach einem dramatischen Weltraumabenteuer, ist aber eher ein trostloses Hinabsteigen in einen bodenlosen Schacht. Warum sind Menschen manchmal hilfsbereit? Weil es die soziale Norm verlangt. Warum folgen sie der sozialen Norm? Weil sie sich dafür entscheiden. Warum entscheiden sie sich dafür? Weil sie erwarten, dass es ihnen nützt – wenn ich heute dem Hans helfe, wird er mir morgen helfen. Warum erwarten sie das? Weil sie entsprechende Erfahrungen erworben haben. Warum erinnern sie sich daran? Weil es im Gehirn gespeichert ist. Was ist das Gehirn und wie wird da etwas gespeichert? Das Gehirn ist ein Netzwerk aus Nervenzellen und Speicherung erfolgt durch dauerhafte Veränderung der Verbindungsstärke bestimmter Zellgruppen. Wie funktioniert das? Über Veränderungen der elektrochemischen Leitfähigkeit. Was ist dafür verantwortlich? Die Konzentration von Ionen innerhalb und außerhalb der Zellwände. Was sind Ionen? Es sind elektrisch geladene Atome oder Verbindungen

---

[13] Albert, H. (1980). *Traktat über kritische Vernunft*. Tübingen: J.C.B. Mohr. S. 13. Hier lauten die Bezeichnungen der Alternativen: 1) infiniter Regress, 2) logischer Zirkel, 3) willkürlicher Abbruch.

von Atomen (Moleküle). Wo kommen die Atome her? Die entstanden durch physikalische Prozesse nach dem Urknall. Was war vor dem Urknall? … Das war gerade eine kurze Illustration des Reduktionismus, in welchem die Begründung immer eine Ebene tiefer verlagert wird. Am Beispiel von Soziologie (Norm), Psychologie (Entscheidung, Kognition und Gedächtnis), Neurowissenschaft (neuronales Netzwerk), Biologie (Zellen), Chemie (Ionen), Physik (Urknall). Natürlich mit Hunderten von Auslassungen. Dieses endlose Zurückgehen, dieser *infinite Regress*, wie es Hans Albert nennt, ist offensichtlich keine befriedigende Lösung.

Die Katze beißt sich in den Schwanz und tritt damit im Zirkus auf

Zirkelschlüsse oder Tautologien haben wir bereits kennengelernt. Sie gaukeln Erkenntnis vor. Warum sind Menschen aggressiv? Weil es einen Aggressionstrieb gibt. Woher wissen wir, dass es einen Aggressionstrieb gibt? Weil Menschen aggressiv sind. So offensichtlich werden uns Zirkelschlüsse aber selten verkauft. Ihre Autoren verbergen sie gern hinter einer Erzählung, deren Semantik Erkenntnis suggeriert. Solche Erzählungen können zum Fundament ganzer Denkschulen werden. Und wenn dann Millionen Follower in den Foren diese Geschichten mit Likes versehen, dann muss doch an der Sache etwas dran sein.

I'jaz 'Ilmiy[14] ist eine aktuell sehr einflussreiche muslimische Bewegung, die beansprucht, Glauben und

---

[14] „Das wissenschaftliche Wunder" des Koran und der Sunna.

4 Die einen glauben an Gott und die anderen ...

Wissenschaft zu integrieren.[15] Die Suren des Koran enthielten demnach verschlüsselte Botschaften und Prophezeiungen auch über zukünftige wissenschaftliche Erkenntnisse. Da diese zu Mohammeds Zeit noch unbekannt waren, offenbare sich darin die Allmacht und die wunderhafte Voraussicht Gottes.

Kosmologische Theorien, wie das Big-Bang-Modell, nehmen an, dass Galaxien entstanden, indem Gas-Partikel-Wolken unter ihrer eigenen Gravitationskraft kollabierten.[16] Im Koran findet sich eine Passage, in der beschrieben wird, wie Gott die Himmelskörper aus einer Staubwolke erschafft (41:11): „Hierauf richtete er sich zum Himmel auf, der (damals noch) aus (formlosem) Rauch bestand, und sagte zu ihm und zur Erde: Kommt her, freiwillig oder widerwillig!"[17] Diese Passage ist kompatibel mit der Annahme des Big-Bang-Modells, demnach Sonnensysteme vor ihrer Geburt noch nicht als feste Körper existierten. Die Schule des I'jaz 'Ilmiy, die versucht, Glauben und Wissenschaft zu integrieren, bedient sich nun eines Zirkelschlusses der Begründung. Annahmen zukünftiger wissenschaftlicher Modelle wurden schon im Koran beschrieben und vorhergesagt. Somit sind die Naturgesetze durch Gott begründet. Es gibt sie, und sie sind wahr, *weil* sie Teil der göttlichen Offenbarung sind. Umgekehrt liefert dann beispielsweise das Big-Bang-Modell einen Beleg für die Existenz Gottes.

Es verdient einige Worte, wie solche und ähnliche Nachweise geführt werden, dass der Koran, die Bibel

---

[15] Guessoum, N. (2021). *The young muslim's guide to modern science*. Manchester: Beacon Books. (p. 102 ff.)

[16] Schramm, D.N. & Turner, M.S. (1998). Big-bang nucleosynthesis enters the precision era. *Reviews of Modern Physics 70*(1),303–318. https://doi.org/10.1103/RevModPhys.70.303.

[17] Paret, R. (Übersetzer) (1983). Der Koran. Stuttgart: W. Kohlhammer.

und andere Schriften, auf die sich Religionen berufen, mit wissenschaftlichen Erklärungen kompatibel seien. Phineas Taylor Barnum (1810–1891) war ein begnadeter Impresario der Spektakel, Kuriositäten und Wunder. In Ausstellungen, Shows und in seinem Wanderzirkus brachte er Menschen in den Vereinigten Staaten zum Staunen. Er präsentierte seinem Publikum Meerjungfrauen, Riesen, Uralte (wie die Amme von George Washington), Kopflose, Kannibalen und so weiter. Mit der Wahrheit allerdings nahm er es nicht so genau. Aber das Publikum verfiel seiner Suggestion. Nach ihm wurde in der Psychologie der *Barnum-Effekt* benannt, eine „Täuschung durch persönliche Validierung"[18]. Ein Beispiel. Ich sage Ihnen jetzt mal Ihre Zukunft vorher: *Im nächsten Monat werden einige Herausforderungen auf Sie zukommen. Da wird Licht und Schatten sein. Beides jedoch wird Sie zu persönlichen Entwicklungen und vielleicht sogar zu neuen wichtigen Erkenntnissen führen.* Sie werden feststellen, dass meine Prophezeiung eintreffen wird! Sie müssen deshalb aber nicht gleich an Astrologie glauben. Denn meine Vorhersage kann kaum falsifiziert werden. Aber sie bietet sehr viel Raum für Ihre persönliche Interpretation. Jede Alltagsbelastung, sei es die stressreiche Vorbereitung eines Festes oder der Ärger mit dem Partner, lässt sich als Herausforderung interpretieren. Aber es wird natürlich auch Momente geben, die Sie als positiv empfinden. Und jeder Umgang damit kann auch in Termini eines Lern- und Reifungsprozesses gedeutet werden. Ganz besonders wichtig dabei ist, dass meine Vorhersage Sie *aufmerksam* auf bestimmte Dinge macht.

---

[18] Dorsch – Lexikon der Psychologie, https://dorsch.hogrefe.com/suchergebnisse?tx_datamintssearch_pi1[search][query]=Barnum-Effekt, abgerufen am 11.5.21.

4 Die einen glauben an Gott und die anderen ...

So wird Ihre Informationsverarbeitung ausgerichtet und bereit für Bestätigung. Wenn Sie erwarten, dass Licht und Schatten auf Sie zukommen, dann werden Sie auch im nächsten Monat etwas dazu Passendes finden.

Übertragen wir den Barnum-Effekt auf die Suche nach Prophezeiungen wissenschaftlicher Erkenntnisse in den heiligen Schriften. Zuerst benötigen wir etwas, was unsere Suche ausrichtet. Wir müssen bestimmte wissenschaftliche Erkenntnisse kennen und auswählen, damit wir überhaupt passende Stellen im Text suchen können.[19] Darüber hinaus muss der Text eine gewisse Offenheit und Reichhaltigkeit bieten, damit wir auch finden können, was wir suchen. Nun enthalten sowohl Bibel als auch der Koran keine Textstellen, die analog einem wissenschaftlichen Beitrag formuliert sind. Wir werden dort die Formeln moderner physikalischer Theorien vergeblich suchen. Aber in Bibel und Koran findet sich fast jedes literarische Genre. Poetische Passagen, Metaphern, Gleichnisse, Erzählungen, Moritaten und so weiter. Die Texte sind derart *reichhaltig,* dass sie genügend Raum für Deutungen eröffnen. In diesem Supermarkt der Informationen können wir leicht etwas finden, was sich im Sinne unserer Erwartungen interpretieren lässt.

Damit sind alle Bedingungen für das Auftreten eines Barnum-Effekts gegeben. Mit etwas gutem Willen werden wir jede Erwartung irgendwo im Text bestätigt finden. Wie dies auch bei gut geschriebenen Horoskopen passiert. Auf einmal fällt es uns wie Schuppen von den Augen! Ja, genau, da steht es doch! Und wir erleben ein Gefühl der Gewissheit und des tiefen Verstehens. Nur ist das Ganze

---

[19] Hier ist es schon interessant, welche Theorien und Befunde aus den Hunderttausenden wissenschaftlichen Publikationen ausgewählt werden und welche nicht.

fabriziert. Ein Produkt unserer eigenen kreativen Denkfabrik. Darin sind Menschen unglaublich gut: Sinnhaftigkeit herzustellen. Diesen Effekt darf man nicht unterschätzen. Der Zirkel der Begründung flicht nur den Kranz, der dann reichhaltig geschmückt wird. Mit unseren eigenen Assoziationen, Gedanken und Wünschen. Und die Lichter, die auf diesem Kranz brennen, mögen uns das Herz erwärmen. Aber eine hinreichende Begründung liefern sie nicht.

Erstarren im Dogma

Folgender Vorfall hat sich höchstwahrscheinlich nie ereignet. „Hast du die Empanadas gemopst?", frug Regina Maria Bergoglio an einem Nachmittag im März 1943 in Buenos Aires ihren Sohn Jorge.[20] Der darauf, noch kauend, entgegnete: „Nö, Mama, da waren doch gar keine mehr da!" „Ich bin mir sicher", entgegnete Regina mit drohender Stimme, „dass noch zwei in der roten Schüssel waren!" Darauf der sechsjährige Frechdachs: „Da irrst du dich, liebe Mama. Und du weißt, *ich habe immer recht.*" Unter den Erziehungsstandards der damaligen Zeit hätte es passieren können, dass sich der kleine Jorge eine Watsche eingefangen hätte. Zumindest aber, da bin ich mir fast sicher, obwohl ich Jorges Mutter natürlich nicht persönlich kannte, wäre sie mit seinem umfassenden Anspruch auf Wahrheit gar nicht einverstanden gewesen.

Siebzig Jahre später wendete sich das Blatt. Fortan führte Jorge Mario Bergoglio den Namen Franziskus.

---

[20] Frau Bergoglio stammte aus Italien. Aber es ist nicht ausgeschlossen, dass sie sich auch für bestimmte Gerichte aus der südamerikanischen Küche erwärmen konnte.

4 Die einen glauben an Gott und die anderen ...

Im Konklave 2013 wurde er zum 266. Bischof von Rom und damit zum Oberhaupt der römisch-katholischen Kirche gewählt. Ab diesem Moment war dieser Mensch unfehlbar. Vielleicht nicht in Sachen Empanadas und anderen unbedeutenden Alltagsangelegenheiten. Wohl aber was die normativen Glaubenssätze, die Dogmen der katholischen Kirche und ihrer 1,3 Mrd. Mitglieder betrifft. Von diesem Anspruch machen Päpste fast nie Gebrauch. Pius XII., der 1950 die *leibliche* (!) Himmelfahrt Mariens als unumstößliche Wahrheit verkündete, war da eine Ausnahme. Das ändert aber nichts daran, dass in der katholischen Kirche der Abbruch der Begründung und der absolute letzte Wahrheitsanspruch institutionell begründet sind. Es ändert auch nichts daran, dass noch im 21. Jahrhundert 1,3 Mrd. Menschen glauben müssen, dass es Wahrheiten gibt, die von Menschen gesetzt werden. Denn zweifellos urteilen und entscheiden hier immer noch Menschen. Auch wenn diese behaupten, sie täten dies im Auftrage und nach dem Willen einer höheren Instanz. Hier ist eine ganze Institution im Dogma erstarrt. Der Abbruch der Begründung wird durch letzte, nicht zu hinterfragende Gewissheit begründet. *Gott ist.* Dieser Glaubensanspruch immunisiert gegen jedwede Kritik. Schlimmer noch. Kritik, die sich gegen Inhalte richtet (menschliche Leiber können doch nicht in den Himmel aufsteigen!), stellt eine Verletzung der Glaubenslehre dar. Im institutionellen Rahmen einer Kirche wird der Kritiker damit automatisch zum Gotteslästerer und im extremsten Fall zum Häretiker, dessen öffentlich geäußerte Zweifel seine Auslöschung begründen. Dafür müssen keine Scheiterhaufen mehr brennen. Mit dem Entzug der Lehrbefugnis an einer katholischen Fakultät oder der Entfernung aus dem Klerikerstand lassen sich ebenfalls Existenzen vernichten.

Mit der Entwicklung der Naturwissenschaften kollidierten immer mehr dogmatisierte Wahrheiten mit empirischen Befunden. Jungfräuliche Empfängnis und Wunder widersprechen den Naturgesetzen. Dies führt zwangsläufig zu Dissonanz. Zur Unvereinbarkeit der wissenschaftlichen Aussagen mit Glaubensinhalten. Infolgedessen kam es innerhalb der monotheistischen Religionen zu Strömungen, die eine alternative Lesart der heiligen Schriften vorschlugen. Demnach hat die Inkompatibilität zwischen der Schrift und unserem heutigen Weltwissen ihren Ursprung in einem Fehler der Interpretation. Wenn wir fälschlicherweise die heiligen Schriften als objektive Berichte über die beobachtbare Welt interpretierten, dann müssten wir in der Tat unseren Verstand für den Glauben opfern.[21] Die heiligen Schriften seien aber nicht wie Zeitungsartikel oder eine wissenschaftliche Abhandlung zu lesen. Sie bedienten sich vielmehr einer mythologischen Erzählweise. Sie erzählten nicht über die beobachtbare Welt, sondern die spirituelle Wahrheit dahinter. Erst in ihrer Tiefenstruktur offenbare sich die Unbegreiflichkeit Gottes und ergebe sich ein Verständnis der menschlichen Existenz.[22] Wenn wir von Himmel und Hölle, von Teufeln und Engeln, von Wundern und Plagen lesen, dann sind dies Mythen, die keinen Anspruch auf Wahrheit im wissenschaftlichen Sinne hätten, sondern eine tiefere, andere, vielleicht die eigentliche Wahrheit vermitteln sollen. Salopp gesagt, wir sollen Gottes Wort nicht wörtlich nehmen. Vielmehr als menschlichen Versuch (die Verfasser der

---

[21] Die katholische Kirche spricht von einem *sacrificium intellectus,* der Unterordnung eigener erkenntnisbezogener Schlüsse unter das kirchliche Dogma.

[22] Bultmann, R. (1952). Neues Testament und Mythologie. Das Problem der Entmythologisierung der neutestamentlichen Verkündigung. In H.W. *Bartsch* (Hrsg.), *Kerygma und Mythos II* (179–208). Herbert Reich/Evangelischer Verlag: Hamburg.

4 Die einen glauben an Gott und die anderen …

Schriften waren ja Menschen), sich dem Unsagbaren anzunähern. Solche Rettungsversuche finden sich sowohl im Christentum als auch im Islam. Das Programm der Entmythologisierung des evangelischen Theologen Rudolf Karl Bultmann (1884–1976) und die Interpretation des Koran durch Nidhal Guessoum gründen beide auf der Annahme zweier Realitäten. Eine objektivierbare, empirische Realität der Welt, die Gegenstand naturwissenschaftlicher Beschreibung, Erklärung und Vorhersage ist. Und eine tiefere Realität, zu der nur der Glauben die Tür öffnet. Dahinter offenbare sich die Welt in einem umfassenden Verständnis unserer Existenz. Über den Glauben fänden wir zu Gott und der eigentlichen Wahrheit. Letzte Gewissheit begründe sich damit einzig und allein durch den Glauben.

Im Prinzip der zwei Realitäten spiegelt sich auch der Unterschied zwischen naturwissenschaftlicher und hermeneutischer Erkenntnismethode. Empirische Validierung und Vorhersage mit wissenschaftlichen Theorien auf der einen Seite und das Gefühl und individuelle Gewissheit eines umfassenden Verstehens auf der anderen. Heureka, könnte man jetzt rufen. Damit ist doch das Problem der Begründung gelöst! Wir verschieben es einfach in eine andere Realität. Die letzte Begründung existiert gar nicht in der diesseitigen, sondern in der jenseitigen Realität. Und da hat sie auch Rudolf Bultmann verortet: *Gott ist*. Dies ist die letzte Wahrheit. Welche im lutherischen Sinne nur durch Glauben zu erlangen ist. Und ihre Begründung wiederum liegt im Glauben. Leider löst dies das Problem der Begründung in keiner Weise. Denn beide Realitäten sind Teile ein und derselben Welt. Der finale Abbruch der Begründung durch Glauben ist damit innerhalb der Welt verortet, in der wir leben. Immer noch herrscht Dogmatismus. Ein letzter Wahrheitsanspruch begründet durch die subjektive Gewissheit:

Gott ist. Diese Gewissheit ist intersubjektiv nicht mehr verhandelbar. An ihr bricht sich jede Kritik. So unterscheidet sich ein evangelischer Theologe, der nicht mehr an Wunder oder die jungfräuliche Geburt glaubt, nur graduell von einem Papst, der gerade wieder jemanden aufgrund gewirkter Wunder heiligspricht. Denn beide sind im Dogma verfangen. Beide stellen ihre letzte Wahrheit nicht zur Disposition. Die Wahrheit findet sich lediglich auf unterschiedlichen Stufen. Während der eine alles aufgegeben hat, außer dem Glauben, dass Gott existiert, so orientiert sich das päpstliche Dogma auf einer Ebene, die sich textnah auf die Heilige Schrift beruft.

Dogmatismus ist die extremste und zugleich die gesellschaftlich einflussreichste Form der Begründung. Mit Gott wurden und werden der Entzug von Menschenrechten, Mord und Krieg begründet. Religiös fundierte Glaubenshaltungen üben nach wie vor einen korrumpierenden Einfluss auf Bereiche aus, in denen wissenschaftliche Erkenntnisse dem Dogma widersprechen. Im Bildungsbereich, zum Beispiel, reüssieren in christlichen wie in muslimischen Ländern die Kreationisten, die Erzählungen über göttliche Schöpfung entgegen aller Evidenz als Alternative zur Evolutionstheorie an Schulen und Universitäten gelehrt wissen wollen.[23] Ein weiteres Beispiel, wo das Dogma noch viel schlimmere Konsequenzen hat, ist der Bereich der Normierung von Sexualität. Homosexualität und Transgeschlechtlichkeit werden unter anderem mit Referenz auf kirchliche Lehrmeinungen abgelehnt. Erst 1994 wurde in Deutschland der Paragraf 175 aus dem Strafgesetzbuch entfernt, der Schwule, Lesben

---

[23] Die Bewegung der Kreationisten breitet sich zunehmend auch in deutschen Schulen aus, vor allem in evangelikal geprägten Bekenntnisschulen, vgl. z. B. https://www1.wdr.de/nachrichten/landespolitik/Evangelikale-Bekenntnisschulen-NRW-100.html, abgerufen am 12.8.2021.

4 Die einen glauben an Gott und die anderen ...

und Transsexuelle kriminalisierte. Die moralische Doktrin beherrschte lange Zeit die wissenschaftliche Praxis in Medizin und Psychotherapie. Homosexualität und Transgeschlechtlichkeit sind aber keine Krankheiten und keine psychischen Störungen. Die Behandlung mit sogenannten Konversionstherapien birgt hingegen große Risiken. Betroffene entwickeln Depressionen, Angststörungen bis hin zum Suizid.[24] Nach allen wissenschaftlichen Erkenntnissen ist es völlig normal, dass Menschen unterschiedliche geschlechtliche Orientierungen haben können. Es spricht vieles dafür, dass diese genetisch determiniert sind. Trotz dieser Erkenntnisse dauerte es bis 1991, als endlich die WHO Homosexualität aus ihrer Klassifikation psychischer Störungen entfernte. Aber nach wie vor werden Konversionstherapien durchgeführt.[25] Häufig unter dem unseligen Einfluss religiöser Überzeugungen.

Eine modische Form der Dogmatisierung: Identität und Abbruch der Begründung

Dogmatisierung ist nicht allein das Geschäft von Religionen. In den letzten Jahren entwickelte sie sich im linksliberalen Milieu in den USA und Westeuropa zu einem Volkssport. Die französische Menschenrechtsaktivistin, Autorin und Regisseurin Caroline Fourest

---

[24] https://www.bptk.de/homosexualitaet-und-transgeschlechtlichkeit-sind-keine-krankheiten/, abgerufen am 15.5.2021.
[25] In Deutschland verabschiedete der Bundestag 2020 ein Gesetz, das Konversionstherapien bei Menschen unter 18 Jahren verbietet. Aber die Nachfrage existiert: https://www.growthinktank.org/de/die-konversionstherapien-weltweit-eine-wenig-bekannte-foltermethode/, abgerufen am 16.5.21.

betitelte dies mit „Generation beleidigt"[26]. Sie selbst wurde unter anderem als „weiß und islamfeindlich" angegriffen, weil sie sich mit der Einschränkung der Rechte von Frauen in einigen arabischen Ländern auseinandersetzte. Auf die bekannten Beispiele wie kulturelle Aneignung oder Blackfacing in Opernaufführungen möchte ich gar nicht eingehen. Denn es geht mir hier nicht um die Inhalte identitätsbegründeter Diskurse. Sondern um die Art ihrer Begründung.

In meinem Studium musste ich zur Prüfungsvorbereitung das „Lehrbuch der Sozialpsychologie" von Martin Irle (1927–2013) lesen. Dessen Lektüre war bei den Studierenden gefürchtet. Unter Verzicht auf lustige Abbildungen, Comics und Hochglanzaufmachung (eine solche Aufhübschung brachten erst die amerikanischen Lehrbücher) mutete es den Lesern harte wissenschaftliche Kost auf eng bedruckten Seiten zu. Zudem war es schon damals, Ende der 1980er-Jahre, etwas betagt – Erscheinungsjahr 1975. Jedoch, die Lektüre dieses Buches bewog mich schließlich, in der Psychologie zu bleiben. Ich verwende das Buch noch heute. Klassische Theorien der Psychologie werden darin in einer Weise dargestellt, die hinsichtlich Präzision und Durchdringung ihresgleichen sucht. Neben aktuellen Forschungsberichten empfahl ich einmal in einem Seminar auch die Lektüre eines Abschnittes aus diesem Lehrbuch. Eine kurze Darstellung fundamentaler Prozesse der Kategorisierung.[27]

---

[26] Fourest, C. (2020). *Generation beleidigt – Von der Sprachpolizei zur Gedankenpolizei – Über den wachsenden Einfluss linker Identitärer.* Berlin: Verlag Klaus Bittermann – Edition Tiamat.

[27] Für Insider: Es handelt sich um Henri Tajfels Arbeiten zur Akzentuierung, die fundamentale Prozesse der Enkodierung beschreiben und die Grundlage von Theorien zur sozialen Identität bilden. Nirgendwo besser beschrieben als in Irle, M. (1975). *Lehrbuch der Sozialpsychologie.* Göttingen: Hogrefe. S. 97–105.

4 Die einen glauben an Gott und die anderen …

Zwei Studierende besuchten daraufhin meine Sprechstunde. Um sich zu beschweren. Sie hielten es für eine Zumutung, dass ich ihnen einen Textabschnitt aus diesem Buch aufgegeben hätte. Meine erste Befürchtung war, dass sie den Text für zu schwierig hielten. Aber sie hatten ihn gar nicht gelesen. Sie weigerten sich, ihn zu lesen. Weil ihnen zu Ohren gekommen wäre, dass es sich bei diesem Lehrbuch um einen rassistischen Text handeln würde. Zuerst fiel ich aus allen Wolken. Martin Irle ein Rassist? Eine völlig abwegige Idee. Es war Martin Irle zu verdanken, dass jüdische Forscher, die vor den Nazis in die USA geflüchtet waren, wieder ihren Fuß auf deutschen Boden setzten. Gerade als Sozialpsychologe war er darum bemüht, wissenschaftliche Erkenntnisse zum Kampf gegen Diskriminierung einzusetzen. Martin Irle hatte sich in Schriften und öffentlichen Diskussionen für die Aufarbeitung der Gräueltaten der Deutschen an den Herero und Nama der damaligen Kolonie Deutsch-Südwestafrika eingesetzt.[28] Was damals auf alles andere als offene Ohren stieß.

Ich fragte die Studierenden, wie sie zu dieser Anschuldigung kämen. Die Studierenden gaben an, dass Martin Irle in seinem Lehrbuch Afroamerikaner als *Neger* bezeichnete. Dies ginge gar nicht. Persönlich würde es sie abstoßen. Sie könnten und wollten sich auch deshalb nicht mehr mit dem Werk eines Autors auseinandersetzen, der sich einer rassistischen Sprache bediente. Zudem empfänden sie es als ihre moralische Pflicht, andere Kommilitonen zu schützen, die sich durch diese Sprache abgewertet und ausgegrenzt fühlen könnten.

---

[28] Erst am 27. Mai 2021 erkannte die deutsche Bundesregierung offiziell die Massaker aus den Jahren 1904–1908 als Völkermord an.

Der Vorwurf betraf gar nicht die von mir ausgewählte Textstelle. Aber ich erinnerte mich, dass in einem Kapitel über Vorurteile eine Studie besprochen wurde, die sich mit der Diskriminierung von Afroamerikanern auseinandersetzte. Ich wollte dann das Lehrbuch aus dem Regal holen, um die fragliche Textstelle mit den Studierenden zu besprechen.[29] Um zu zeigen, dass es sich hier um Gruppenbezeichnungen handelte, die in den 60er-Jahren in den USA üblich waren und von Irle aus den Originalpublikationen übernommen wurden. Dieses Ansinnen wehrten die Studierenden vehement ab. Sie warfen mir vor, Rassismus relativieren zu wollen. Sie verließen darauf mein Büro, um sich mit diesem Vorfall an die Fachschaft und das Dekanat zu wenden.

Die Unangemessenheit meines Verhaltens, die Auswahl eines vermeintlich „rassistischen" Buches, begründete sich für die beiden ausschließlich in ihrer individuellen Gefühlslage. Diese stand für sie als Gewissheit fest. Denn ihre persönlichen Gefühle des Abgestoßenseins und der Empörung waren ja real. Gefühle und Emotionen verlangen keine Begründung mehr. Statt durch Glauben wird die Begründung mit Rekurs auf das eigene Erleben abgebrochen. Dieses darf durch andere weder bewertet noch hinterfragt werden. Der subjektiven Wertung wird der Stellenwert einer absoluten Gewissheit zugemessen. Jeder weitere Diskurs, jede Diskussion über Gründe und Argumente oder gar die Haltungen anderer werden als Angriff auf die eigene Person, die eigene oder die zu schützende Gruppe betrachtet. Bei identitätsbegründeten

---

[29] Irle (S. 389, a. a. O.) diskutiert die Ergebnisse einer US-amerikanischen Studie, die Ende der 60er-Jahre durchgeführt wurde und die Begriffe „Whites" und „Negroes" verwendete: Wilson, W. (1970). Rank order of discrimination and its relevance to civil rights priorities. *Journal of Personality and Social Psychology*, *15*(2), 118–124. https://doi.org/10.1037/h0029194.

4 Die einen glauben an Gott und die anderen ...

Diskursen wird Gott durch das Individuum und dessen inneren Erlebenszustand ersetzt. Jedes Individuum wird damit ermächtigt, sich zum Polizisten über die Gedankenwelt anderer zu erheben. Was prompt in die Falle des Dogmas führt. George Orwells Dystopie von „1984" lässt grüßen.

Dogmatische Anmaßung lässt sich nicht durch moralischen Anspruch heilen. Auch hier rechtfertigt das Ziel nicht die Mittel. Sie führen ins genaue Gegenteil. Zu Ausgrenzung und Auslöschung *(cancelling)*. Opfer der moralischen Gedankenpolizei wurde im Jahr 2021 der ehemalige Präsident des Deutschen Bundestages Wolfgang Thierse. Im Zusammenhang mit linker Identitätspolitik schrieb er in einem Gastbeitrag für die Frankfurter Allgemeine Zeitung: „[...] seit der Aufklärung [gilt]: Es sind Vernunftgründe, die entscheiden sollen, und nicht Herkunft und soziale Stellung. Die eigene Betroffenheit, das subjektive Erleben sollen und dürfen nicht das begründete Argument ersetzen."[30] Daraufhin wurde Wolfgang Thierse von der Spitze seiner sozialdemokratischen Partei an den Pranger gestellt. In den Medien wurde kolportiert, „viele in der Partei schämten sich" für diesen „weißen alten Mann" mit seinem „neurechten Sprech".[31] So schnell kann ein altgedienter Vorzeigedemokrat und Bürgerrechtler zum Paria seiner Partei werden. Weil er die Stirn gehabt hätte, die Gefühle und Emotionen von Minderheiten anzugreifen. Dabei hatte er das an keiner Stelle in seinem Artikel getan! Thierse arbeitete lediglich die Struktur einer identitätsbegründeten Argumentation heraus. Und warnte

---

[30] „Wieviel Identität verträgt unsere Gesellschaft", FAZ 22.2.2021, https://www.faz.net/aktuell/feuilleton/debatten/wolfgang-thierse-wie-viel-identitaet-vertraegt-die-gesellschaft-17209407.html, abgerufen am 22.2.2021.
[31] https://www.dw.com/de/wolfgang-thierse-und-die-debatten-kultur/a-56784510, abgerufen am 28.5.2021.

davor, dass diese Form der Begründung den Dialog in der Gesellschaft erschwere. Die, die danach auf ihn einschlugen, realisierten nicht, dass sie sich exakt in der Weise verhielten, die Thierse als Konsequenz identitärimmunisierter Auseinandersetzungen beschrieben hatte: Der Streit um die wahre Gesinnung verhindert den argumentbasierten Diskurs.

Die Methode der kritischen Prüfung: Überwindung des Problems der zureichenden Begründung

Wissenschaftliches Denken lässt keinen Raum für Dogmatisierung. Das Dogma zementiert einen willkürlichen Abbruch der Begründung. Dessen Rechtfertigung liegt in einem nicht überprüfbaren Akt der Gewissheitsfindung innerhalb der Person. Auch wenn diese behauptet, ihre Gewissheit durch Einwirkung äußerer Kräfte erlangt zu haben. Die Akzeptanz einer individuellen Gewissheitsfindung verlangt Glauben. Der Glauben führt zu Immunisierung. Zur finalen Abschottung gegen jedwede Kritik.

Glauben ist aber nicht die eigentliche Ursache für Immunisierung. Tatsächlich stammt das Problem aus der Suche nach einer zureichenden Begründung. Das erscheint erst einmal paradox. Ist Begründung nicht die programmatische Bestrebung der Aufklärung? Die fundamentale Forderung an jeden wissenschaftlichen Diskurs? Richtig ist, dass mit der Aufklärung Argumente den Glauben ersetzten. Während Glauben aus dem Individuum entstammt, liegt die Quelle des Wissens in der Natur, die wir durch möglichst objektive Beobachtung studieren. Die Richtung der Begründung wurde aus der Subjektivität hin zu objektivierbaren empirischen Befunden verlagert. Objektivierbar, weil Objektivität ebenfalls ein Ideal ist, dem wir uns nur annähern können. Das gelingt aber recht gut, wie die Praxis der Forschung zeigt, die regelmäßig zu einem Realitätskonsens gelangt. Das löst aber das Kernproblem der Begründung nicht. Wann gilt eine Vorstellung über die Realität als wahr? Von der Suche nach Wahrheit hatte sich die Wissenschaft in ihrer Jugend noch nicht emanzipiert. Der Induktivismus strebte nach dem Beweis letzter Wahrheiten. Das tun Religionen auch. Und beide stehen damit vor demselben Problem. Das Hans Albert als Münchhausen-Trilemma bezeichnete. Ein Problem, das keine befriedigende Lösung kennt. Nur drei schlechte Alternativen offeriert. Und wenn man nicht infiniten Regress *(verloren in der Unendlichkeit)* oder Zirkelschluss *(die Katze beißt sich in den Schwanz)* akzeptiert, dann muss irgendwann die Begründung willkürlich abgebrochen werden. Und spätestens dann wäre auch die Wissenschaft dort gefangen, wo bereits Gläubige und Identitäre feststecken. Im Dogma.

Bescheidung
Wie können wir das Münchhausen-Trilemma umgehen? Damit uns der Weg der Erkenntnissuche nicht in die Münchhausen-Sümpfe führt, müssen wir uns zuerst bescheiden. Wir haben zu akzeptieren, dass Wissenschaft nie letztgültige Wahrheiten beweisen oder zureichend begründen kann. Im letzten Kapitel haben wir gesehen, dass es logisch unmöglich ist, universale Theorien über Gesetzmäßigkeiten empirisch zu verifizieren. Weil dies unendlich viele Beobachtungen erfordern würde. Damit sind wissenschaftliche Erkenntnisse vorläufig. Auch wenn es letzte Wahrheiten gäbe, wir Menschen können uns ihnen nur annähern. Diese demütige Einsicht, diese

Bescheidung des Erkenntnisziels ist der erste Schritt zur Lösung des Problems.

Offenheit für Kritik
Der zweite Schritt verlangt uns noch mehr ab. Wir müssen den Erkenntnisprozess vorbehaltlos der Kritik ausliefern. Dieser Anspruch ist umfassend. Nichts, auch gar nichts in der Wissenschaft darf gegen Kritik immunisiert werden. Jeder Versuch der Immunisierung, ein Verweis auf persönlichen Glauben, persönliche Überzeugungen und so weiter ist nicht zulässig. Zumindest nicht, was das wissenschaftliche Denken betrifft. Forschungsbefunde, Theorien und Methoden der Forschung dürfen und müssen kritisierbar sein. Kritik ist der Motor des Fortschritts der Erkenntnis. Selbst die Systeme hinter den Methoden, die analytischen Systeme der Logik und der Mathematik sind nicht sakrosankt. Vielleicht wird die Menschheit in ferner Zukunft über substanziell veränderte analytische und strukturelle Systeme verfügen. Das können wir nicht wissen. Und verbieten, darüber nachzudenken, steht uns nicht zu.

Kriterien kritischer Prüfung
Drittens benötigen wir konsistente Kriterien der kritischen Prüfung. Diese sind zum einen Teil endogen. Das heißt, sie liegen innerhalb des Gesamtsystems unseres Denkens. Wenn beispielsweise die Aussagen einer Theorie den Sätzen der Logik zuwiderlaufen, ist das ein Anlass für Kritik. Jetzt muss entweder die Theorie abgelehnt oder die Logik modifiziert werden. Beides ist prinzipiell möglich. Wobei Letzteres eher unwahrscheinlich ist. Weil es leichter fällt, eine neue oder modifizierte Theorie aufzustellen, als die gesamte Logik zu verändern. Wissenschaftliche Theorien müssen auch immer einer strukturell-inhaltlichen Prüfung unterzogen werden. Ist die Theorie so

beschaffen, dass sie überhaupt angreifbar ist? Kann sie prinzipiell scheitern? Oder ist sie so formuliert, dass sie für Vorhersagen praktisch nutzlos wird? Zudem kann eine wissenschaftliche Theorie nicht einfach etwas behaupten, was im Widerspruch zu allen anderen Erkenntnissen steht. Eine neue Theorie muss zwar einen neuen Erklärungsbeitrag leisten. Sie kann aber für diese eine Erklärung nicht alles außer Kraft setzen, was wir sonst an Erkenntnissen haben.[32] Logische und inhaltliche Prüfung von Theorien können allein auf Basis unserer bisherigen Erkenntnisse und methodischen Regelwerke erfolgen. Sie liegen deshalb innerhalb des Wissens über formale Regeln, Inhalte und Methoden, die die Erkenntnis betreffen. Kritische Prüfung darf nicht nach Gutdünken erfolgen. Eine skeptische Einstellung allein reicht hier nicht aus. Denn kritische Prüfung verlangt profundes Wissen. Es ist erstaunlich, dass viele Menschen dies in einem bestimmten Bereich akzeptieren, aber, wenn es um Wissenschaft geht, auf einmal meinen, sie könnten bar jeden Fachwissens auskommen. Mein Nachbar klebte zu Zeiten der ersten Fridays-for-Future-Demonstrationen[33] einen Sticker mit der Aufschrift „Fuck you Greta" auf sein Auto.[34] Er bezweifelte energisch die Erkenntnisse der Klimawissenschaftler. Wenn es aber um sein Auto ging, da vertraute

---

[32] Beispielsweise „erklärt" die homöopathische Theorie die Wirkung hochpotenzierter Arzneien mit einem „Gedächtnis des Wassers", das die Wirkkräfte der Arznei speichert, deren Moleküle selbst in der Lösung nicht mehr nachweisbar sind. Das widerspricht aber den Erkenntnissen der Physik und Chemie. Wir werden darauf in den nächsten Kapiteln zurückkommen.

[33] https://fridaysforfuture.de/, abgerufen am 28.5.2021.

[34] Eine Form der *hate speech*. In diesem Fall zielt diese auf die damals 17-jährige Greta Thunberg und ihren Einsatz für den Klimaschutz. Bei Amazon und auf eBay wurden im Jahr 2020 Tausende dieser Sticker verkauft. Bemerkenswert dabei: Die Aktivistin berief sich dezidiert auf wissenschaftliche Erkenntnisse.

er dem Urteil des Kraftfahrzeugmechanikers, der die Inspektion durchführte. Denn der hätte sein Handwerk ja schließlich gelernt. Und die Klimawissenschaftler? Die sind wohl dann allesamt Ignoranten. Wenn doch schon mein Nachbar, der Steuerberater, mehr vom Klima versteht.

Deduktive Prüfung und empirische Evidenz
Der vierte und wichtigste Schritt im Prozess der Kritik ist die empirische Prüfung. Theorien, Annahmen über Kausalzusammenhänge, werden anhand empirischer Evidenz bewertet. Empirische Evidenz resultiert aus systematischen Beobachtungen, die nach methodischen Kriterien der Forschung erlangt wurden. Sie entscheiden letztlich, was wir (vorläufig) akzeptieren und was wir zurückweisen. Dies geschieht nach einer Methode, die wir schon im letzten Kapitel kennengelernt haben. Es handelt sich dabei um den Gegenentwurf zum Induktivismus. Deduktive Prüfung und Bewährung. Induktivismus beginnt bei den Beobachtungen und leitet daraus Theorien ab, mit dem Ziel, letztgültige, wahre Erkenntnis zu erlangen. Hier vollzieht sich Erkenntnisprozess von unten nach oben, von der Beobachtungsebene hin zu Modellen und Theorien. Erkenntnis gewinnen wir (vermeintlich) in dem Moment, in dem von einer möglichst großen Menge einzelner Beobachtungen auf eine allgemeine Gesetzmäßigkeit geschlossen werden kann. Die Methode der deduktiven Prüfung hingegen arbeitet von oben nach unten. Von der Ebene unserer Annahmen, unserer Modelle und Theorien hinab auf die Ebene der Beobachtungen. Dabei lässt dieses Prinzip offen, wie wir zu unseren Annahmen gekommen waren. Wir müssen sie gar nicht begründen! Die Idee für eine Theorie kann uns draußen in der Natur gekommen sein. Oder auch in der Badewanne. Wenn die Theorie den Kriterien einer guten

Theorie genügt, wenn sie also so formuliert ist, dass sie an der Realität scheitern kann, dann können wir sie kritisch überprüfen statt zu begründen. Mit einer schlechten Theorie funktioniert das nicht. „Wenn der Hahn kräht auf dem Mist, dann ändert sich das Wetter oder es bleibt, wie es ist." Diese Theorie ist schlecht, weil sie immer wahr ist. Es gibt keinen Zustand der Welt, den sie verbietet. Deshalb ist sie ohne Information. Es ist müßig, sie aufgrund empirischer Fakten kritisieren zu wollen. Wenn wir aber unsere Ideen zu einer starken Theorie formen, die wirklich etwas vorhersagt, dann kann diese Theorie kritisch durch Beobachtung überprüft werden. Wir können aus ihren Annahmen und den gegebenen Anfangsbedingungen eine Hypothese ableiten. Die Ableitung vollzieht sich nach den logischen Regeln des deduktiven Schließens. Das Kriterium der Kritik ist damit der empirische Befund. Kritisch ist die Prüfung deshalb, weil die Hypothese scheitern kann. Weil Falsifikation möglich ist. Weil es möglich ist, dass wir feststellen können: „Oho, hier widerspricht ein Befund meiner Theorie!" Andererseits, wenn das erwartete Ergebnis eintraf, dann ist das gut für die Theorie. Vorläufig, zumindest. Denn kein Befund vermag zu beweisen, dass eine Theorie wahr ist! Keine einzelne Beobachtung alleine ist ein hinreichendes Kriterium zur abschließenden Bewertung der Theorie, die Aussagen über allgemeine Gesetzmäßigkeiten trifft. Auch tausend oder eine Million Beobachtungen reichen nicht hin. Denn nie werden wir die Theorie letztendlich beweisen können. Aber aus den wiederholten kritischen Prüfungen lernen wir etwas Entscheidendes. Nämlich, wie gut sich die Theorie bewährt. Wie häufig sie korrekte Vorhersagen macht und wie häufig sie danebenliegt. Und irgendwann wird die Forschung eine neue Theorie hervorbringen. Die sich besser bewährt als all ihre Vorgänger.

Dieser deduktive Prozess, in dem die wissenschaftlichen Erkenntnisse fortwährend in Konkurrenz stehen und fortwährend kritischer Prüfung unterzogen werden, kommt *ohne* zureichende Begründung aus. Wir müssen nicht mehr begründen, warum eine Theorie eine bestimmte Annahme enthält. Der Erkenntniswert dieser Annahmen steckt nicht in einem Rekurs auf letzte Wahrheiten, sondern in der Genauigkeit der Vorhersagen, die diese Theorie erlaubt. Und die wiederum bestimmen wir anhand empirischer Befunde. Auf diese Weise umgeht das Prinzip der kritischen Prüfung das Münchhausen-Problem. Es kommt deshalb auch ohne Glauben aus.

Wissenschaft kommt ohne Glauben aus
Wissenschaftliches Denken ist im Kern kritisches Denken. Es verbannt selbstfabrizierte Gewissheiten aus dem Erkenntnisprozess. Die Aufklärung emanzipierte die Wissenschaft vom Glauben. Evidenz ersetzte das Dogma. „Ich kann jetzt Jiu-Jitsu", sagt Neo zu Morpheus in dem Film *Matrix*. Darauf Morpheus: „Zeig's mir!" Das ist der Kern wissenschaftlichen Denkens: „Zeig's mir!" Wenn jemand etwas behauptet, dann ist diese Person in der Bringschuld, zu zeigen, dass da was dran ist. Und das Kriterium der Prüfung kann nicht in ihr selbst liegen. In ihren Gefühlen, Intuitionen, Überzeugungen und Glaubenshaltungen. Behauptungen müssen außerhalb des Individuums nachprüfbar sein. Zentrale Kriterien sind nicht subjektive Begründungen, sondern empirische Fakten. Die Beobachtungen, die Befundlagen, über die wir einen Realitätskonsens erreichen können.

Sie dürfen glauben, was Sie wollen. Ein Urteil über Ihren persönlichen Glauben zu fällen, steht weder mir noch anderen zu. Es gibt auch gute Gründe, warum Menschen an Prozesse und Entitäten glauben, die nicht von dieser Welt sind. Weil Glauben menschliche Bedürfnisse bedient. Und zudem gute Geschichten schreibt. Geschichten, in denen wir uns verorten können. Die uns Orientierung geben. Ein solches System der Gewissheit läuft jedoch stetig Gefahr, durch die Wissenschaft, ihre Denkweise und ihre Erkenntnisse, herausgefordert zu werden. Wissenschaft einfach als ein anderes Glaubenssystem abzutun offenbart nicht nur Ignoranz gegenüber der wissenschaftlichen Methode, sondern hilft auch nicht weiter. Denn in dem Moment, in dem außerhalb des privaten Raumes eine Behauptung oder eine Verhaltenserwartung durch den Glauben begründet wird, ist die Sache nicht mehr privat. Dann muss man sich dem Diskurs stellen. Und der wird in vielen Fällen auf die Wissenschaft treffen. Und damit auf Kritik. Auf eine Methode des Denkens und des Umgangs mit Erkenntnis, die sich nicht der persönlichen Befindlichkeit oder dem subjektiven Anspruch auf Deutungshoheit unterordnet. Wissenschaft ist keine Religion.

5

Wahrscheinlichkeit ist Unwissen *oder* das Schicksal würfelt nicht

> „Argumente, die sich auf Wahrscheinlichkeiten gründen, sind Schwindel."
>
> *Simmias an Sokrates* In Übersetzung zitiert nach Mlodinow, L. (2008). *The drunkard's walk* – How randomness rules our lives. New York: Random House – Vintagebooks (S. 28)

Die griechischen Götter hab ich noch nie gemocht. Sie verfügen allesamt über eine ausgeprägte Neigung zu Niedertracht und Heimtücke. Auf der Treppe der Widerlinge steht Apoll recht weit oben. Ich will gar nicht davon anfangen, dass er einen Musiker eigenhändig und bei lebendigem Leibe häutete. Nur weil der sich erdreistet hatte, das Spiel der Doppelflöte besser zu beherrschen als der Gott.[1] Das rachsüchtige Verhalten könnte man noch

---

[1] Es handelt sich um den Satyr Marsyas. Die Musen, die als Schiedsrichter fungierten, fanden das Flötenspiel des Satyrs besser als die Kithara-Aufführung des Gottes. Aber in puncto Gesang übertraf dann Apollon seinen Herausforderer.

© Der/die Autor(en), exklusiv lizenziert an Springer-Verlag GmbH, DE, ein Teil von Springer Nature 2022
T. Betsch, *Science matters!*,
https://doi.org/10.1007/978-3-662-65422-4_5

dem Affekt oder der narzisstischen Persönlichkeit des eingebildeten Zeussohnes zuschreiben. Er war eben gekränkt. Für eine andere Tat lassen sich jedoch keine mildernden Umstände im Sinne eines modernen Strafgesetzbuches anführen. Diese Tat war minutiös und kühl geplant. Dadurch wurde ein armer Kerl schuldlos schuldig. Durch das Orakel tat ihm der heimtückische Schönling des Olymps kund, dass er einst Geschlechtsverkehr mit seiner eigenen Mutter haben werde. Ödipus setzte alle Hebel in Bewegung, damit er dieser Todsünde nie schuldig werden würde. Aber das Schicksal beziehungsweise der göttliche Wille ließ ihm keine Kontrolle über sein Leben. Die Frau, mit der er später das Bett teilte, vermochte er nicht als seine Mutter zu erkennen und sie ihn nicht als ihren Sohn. Denn sie kannten sich nicht, weil sie schon früh voneinander getrennt worden waren. Das hatte Apoll geschickt eingefädelt.[2] Was zu seinem Beinamen Lykos passt. Der wölfische, der heimtückische Gott. Schuldlos, also ohne eigene Absicht, schuldig zu werden. Dieses Schicksal brockte ein Gott dem Menschen ein. Und gleichzeitig sorgte der Fiesling über sein Orakel mit dafür, dass die armen alten Griechen nichts über Wahrscheinlichkeit lernen konnten. Denn die existierte in ihrer Vorstellung nicht. Wie auch. Alles hatte ja einen Grund. Eine Vorbestimmung. War von göttlicher Hand ins Schicksal hineingewoben.

Die alten Griechen brachten hoch entwickelte formale Systeme hervor, wie die euklidische Geometrie. Aber von Wahrscheinlichkeit wussten sie nichts. Ihre Vorstellung von Schicksal und Vorherbestimmung schloss es aus, dass man die Chance *berechnen* könne, auf welche Seite der

---

[2] Wie der Seher Teiresias, von Ödipus bedrängt, ihm kundtat: „Es ist auch nicht dein Los, durch mich zu fallen, denn Apollon ist genug, dem daran liegt, dies auszuführen." Sophokles (2019). *König Ödipus*. Ditzingen: Reclam. S. 39.

knöcherne Astragal[3] in wiederholten Würfen fallen würde. Von Sokrates wird berichtet, dass er einem Mathematiker jeden Wert und jede Wertschätzung absprach, sollte dieser sich dazu versteigen, über Wahrscheinlichkeit zu sprechen.[4]

In diesem Kapitel möchte ich eine Lanze für die Nützlichkeit des Konzepts der Wahrscheinlichkeit brechen. Denn wissenschaftliches Denken bedeutet, in Relationen zu denken, deren relatives Gewicht auf der Verteilung vieler Beobachtungen beruht. Die einfache Dichotomie, sicher versus unsicher, wird der Welt nicht gerecht. Mit dem Konzept der Wahrscheinlichkeit lassen sich Unterschiede in dem weiten Raum dazwischen annähern und manchmal sogar exakt bestimmen. Dies erlaubt uns, dass wir Ereignisse oder vermutete Zusammenhänge auf einer Skala ordnen können. Beispielsweise ob deren Eintreffen mit geringer, mittlerer oder hoher Wahrscheinlichkeit zu erwarten ist. In diesem Moment hilft uns Wahrscheinlichkeit, Wichtiges von weniger Wichtigem zu unterscheiden. Der Wissenschaft ist das Denken in Relationen und Priorisierungen inhärent. Es wiegt eben nicht alles gleich stark. Dies zu erkennen macht im Wesentlichen Entscheidungsfähigkeit aus. Nicht nur was den Prozess der Erkenntnis selbst, sondern auch was den Umgang mit Risiken unseres alltäglichen Lebens angeht.

Irrtum und Fakt

Den alten Griechen galt Wahrscheinlichkeit als Ausdruck der Unwissenheit und in letzter Konsequenz sogar als Blasphemie, weil es das Schicksal, den Willen der Götter,

---

[3] Ein sechsseitiger Würfel, der aber aufgrund seiner natürlichen Form nur auf vier Seiten stabil landen konnte.
[4] Mlodinow, L. (2008). *The drunkard's walk – How randomness rules our lives.* New York: Random House – Vintagebooks (S. 28).

infrage stellte. Auch ohne den Glauben an Schicksal und Vorbestimmtheit verursacht Unsicherheit in der Regel schlechte Gefühle. Wir wünschen uns, die Regeln und Gesetzmäßigkeiten zu kennen, denen wir selbst und unsere Umwelt unterliegen. Kennen wir die Regeln, dann vermögen wir uns danach zu richten. Unter Unsicherheit hingegen scheint alles beliebig. Von der Wissenschaft erwartet man gemeinhin, dass sie Unsicherheit reduziert. Das ist eine durchaus berechtigte Erwartung. Der Irrtum besteht aber darin, dass Unsicherheit nur durch ihr Gegenteil überwunden werden könnte. Durch sicheres Wissen. Wenn nur Sicherheit im Erkenntnisprozess gelten dürfte, dann ignorierten wir den Raum, der zwischen Sicherheit und Unsicherheit liegt.

Fakt ist aber, dass dieser Raum das Gros unserer Erkenntnisse beherbergt. Und aus diesem Faktum folgt die Einsicht, dass die meisten Vorgänge in uns und in der uns umgebenden Welt weder gänzlich sicher noch gänzlich unsicher sind, sondern mit einer größeren oder kleineren Wahrscheinlichkeit auftreten. Wir werden sehen, dass uns der Umgang mit Wahrscheinlichkeit zugleich leicht- und schwerfällt. Einerseits verfügen wir über die angeborene Fähigkeit, in probabilistischen Umwelten zu lernen. Das bedeutet in Umwelten, in denen Ereignisse mit bestimmten Wahrscheinlichkeiten auftreten. Diese Fähigkeit teilen wir nicht nur mit allen anderen Säugetieren. Auch einfachere Organismen, wie beispielsweise Bienen, sind dazu in der Lage.[5] Aber gleichzeitig sind uns Wahrscheinlichkeiten suspekt. Vor allem dann, wenn sie nicht mit unserer eigenen Erfahrung korrespondieren. Wenn sie

---

[5] MaBouDi, HaDi, Marshall, J. A. R., & Barron A. B. (2020). Honeybees solve a multi-comparison ranking task by probability matching. *Proceedings of the Royal Society B., 287*, 20201525. http://doi.org/10.1098/rspb.2020.1525.

nur beschrieben oder, noch schlimmer, aus Formeln hergeleitet werden. Da merken wir, dass dieser Umgang mit Wahrscheinlichkeit, der beschreibende und formale, noch nicht in Fleisch und Blut übergegangen ist. Denn die Theorie über Wahrscheinlichkeit wurde erst in der Neuzeit erfunden.

Natürlicher Umgang mit Wahrscheinlichkeit – Tiere und Menschen lernen mühelos relative Häufigkeiten

Schon vor über 120 Jahren begannen Psychologen systematisch zu untersuchen, wie Tiere Verhaltensweisen erwarben.[6] In klassischen Untersuchungsanordnungen beobachteten die Forscher, wie Katzen, Ratten oder Tauben lernten, eine Taste oder einen Hebel im richtigen Moment zu drücken, sodass in eine Schale Futter fiel. Oder das Tier explorierte Gänge in einem Labyrinth, an dessen Ende im günstigen Falle Futter auf es wartete. Stellen wir uns eine einfache Umwelt vor. In der gibt es zwei Alternativen. Sagen wir, zwei Öffnungen in einer Wand. Auf der linken und der rechten Seite. Dahinter erstreckt sich jeweils ein Gang. An jedem Ende ist ein kleiner Trog. In dem kann sich Futter befinden oder eben auch nicht. Wir setzen eine hungrige Ratte vor diese Wand. Von ihrem Startpunkt aus vermag sie weder durch ihren Geruchssinn noch visuell zu erschließen, welcher Gang zum Futter führt. Da hilft nichts anderes als ausprobieren. Dafür ist sie motiviert, denn sie

---

[6] Im zweiten Kapitel haben wir bereits die Untersuchungen an Katzen zum Verstärkungslernen von Edward Thorndike kennengelernt, einem Begründer des Behaviorismus.

ist hungrig. Nach jedem Lauf setzen wir sie wieder vor die Wand. Diese Prozedur wiederholen wir einige Male. Die Futterkörnchen verteilen wir aber nach einem festen Prinzip. In, sagen wir, 8 von 10 Fällen platzieren wir das Futter im Trog am Ende des linken Ganges; in den restlichen zwei Fällen am Ende des rechten. Das bedeutet, die Wahrscheinlichkeit, dass die Ratte nach ihrer Wahl Futter findet, ist 80 % für die linke und 20 % für die rechte Alternative. Was wird das Ergebnis dieser Untersuchung sein? Ja, Sie ahnen es schon. Die Ratte lernt, die linke Alternative der rechten vorzuziehen. Wir hegen diese Erwartung, weil Belohnungslernen eben ein alltäglicher Vorgang ist. Die Belohnung für die Wahl des linken Ganges tritt zwar nicht immer (also mit Sicherheit) ein, aber verlässlich mit einer Wahrscheinlichkeit von 80 %. Es fällt Organismen leicht, eine solche Wahrscheinlichkeit in der Umwelt zu bemerken, zu lernen und das eigene Verhalten danach auszurichten.

Die geschilderte Anordnung wurde in vielen Studien und unter allerlei Variationen untersucht. Dabei zeigt sich aber noch ein weiteres spannendes Ergebnis: Die Ratte lernt nach einigen Durchgängen nicht nur, die linke Alternative häufiger als die rechte zu wählen. Über einige Wiederholungen hinweg wird sich ein Verhaltensmuster zeigen, welches die Wahrscheinlichkeiten der Belohnung in den Verhaltensraten abbildet. So wird die Ratte nicht immer in den linken Gang aufsuchen, sondern, mit einigen Schwankungen, in etwa 2/3 der Durchgänge sich für die linke und in etwa 1/3 der Durchgänge sich für die rechte Alternative entscheiden. Dieses Phänomen der Passung zwischen Verhaltensraten und Belohnungswahrscheinlichkeit ist ein sehr gut dokumentierter

Befund.[7] Das in der Fachliteratur als *„probability matching"* bezeichnete Phänomen zeigen nicht nur Tiere, sondern auch Menschen in ihrem Verhalten. Und was wurden vor allem wir Menschen dafür geschmäht! Denn es wäre viel vernünftiger, immer und ausschließlich die bessere Alternative zu präferieren. Also grundsätzlich die Alternative mit der höchsten Belohnungswahrscheinlichkeit zu wählen. Was schlussendlich den persönlichen Nutzen maximiert. Allerdings hat *probability matching* auch Vorteile. Dadurch können beispielsweise etwaige Veränderungen der Verstärkungsraten leichter erkannt werden.[8]

Dessen ungeachtet zeigt das Phänomen des *probability matching*, dass Organismen äußerst sensitiv für relative Häufigkeiten sind. Nun ja, würden einige meiner Kollegen einwenden, Sensitivität für Wahrscheinlichkeiten ist dabei gar nicht notwendig. Eine einfache Heuristik würde zum selben Ergebnis führen. Angenommen der Organismus bleibt so lange bei einer Verhaltensweise, wie sie erfolgreich ist. Sobald der Erfolg ausbleibt, wechselt er sein Verhalten.[9] Diese simple Regel erfordert weder eine lange Gedächtnisspanne, noch müssen relative Häufigkeiten oder Wahrscheinlichkeiten gespeichert werden. Mit dieser Heuristik wird auch der einfachste Organismus meistens die bessere und seltener die schlechtere Alternative wählen.

Es gibt jedoch überwältigende Belege dafür, dass Organismen tatsächlich relative Häufigkeiten leicht lernen. Das Gehirn vieler Spezies ist in ganz außerordentlicher

---

[7] Herrnstein, R.J. (1961). Relative and absolute strength of responses as a function of frequency of reinforcement. *Journal of the Experimental Analysis of Behaviour, 4*, 267–72. https://doi.org/10.1901/jeab.1961.4-267.

[8] Gaissmaier, W.; Schooler, L.J. (2008). The smart potential behind probability matching. *Cognition, 109*, 416–422. https://dx.doi.org/10.1016/j.cognition.2008.09.007.

[9] „Win-stay, lose-shift" heißt diese Heuristik.

Weise in der Lage, Auftretenshäufigkeiten von Ereignissen zu registrieren. Und zwar ohne merklichen Aufwand und bewussten Entschluss. Dafür sprechen Hunderte von Untersuchungen aus verschiedensten Feldern der Psychologie.[10] Ein Standardverfahren, dies an Menschen zu untersuchen, schaut folgendermaßen aus. Wir setzen Probanden vor einen Computer und weisen sie an, alles laut vorzulesen, was am Bildschirm erscheint. Dann erscheinen Wörter am Bildschirm, in der Regel Vornamen. Mehrere Hundert. Das dauert ganz schön lange und ist für die Probanden fürchterlich langweilig. Aber durch die Überflutung mit Informationen werden bewusste Prozesse, wie das Zählen, unmöglich. Denn die Namen in der Liste werden mit unterschiedlicher Häufigkeit wiederholt. So kommt beispielsweise „Eva" dreimal, „Anna" fünfmal und „Luise" neunmal darin vor. Egal wie man diese Untersuchung variiert, ob man zusätzliche Ablenkungen einbaut, bekannte oder unbekannte Namen nimmt, mit hoher Zuverlässigkeit stellt sich derselbe Befund ein. Die Probanden können in ihren Urteilen die relative Häufigkeit der Namen abbilden. Wohlgemerkt die *relative*, nicht die absolute Häufigkeit. Wenn man sie später fragt, wie oft Eva, Anna und Luise präsentiert wurden, so wissen sie, dass Luise häufiger erschien als Anna und Anna häufiger als Eva. Zwar gibt es auch hier Versuche, diese Fähigkeit auf einfache Heuristiken zu schieben, aber die Befundlage ist eindeutig: Das Gedächtnis von Menschen und Tieren vermag automatisch relative Häufigkeiten von Ereignissen zu

---

[10] Sedlmeier, P., Betsch, T., & Renkewitz, F. (2002). Frequency processing and cognition: Introduction and overview. In P. Sedlmeier & T. Betsch (Eds.), *Etc. – Frequency processing and cognition* (pp. 1–17). Oxford: Oxford University Press.

speichern.[11] Damit sind wir natürlich geborene Meister der Verarbeitung von Wahrscheinlichkeit. Denn Wahrscheinlichkeiten bilden ja nichts anderes ab als relative Häufigkeiten.[12]

Probleme im Umgang mit Wahrscheinlichkeit – Wahrnehmung von Risiko wird von Gefühlen beeinflusst

Ohne Risiko kein Gewinn. Ein Mammut mit Speer und Keule zu erlegen war ein sehr gefährliches Unterfangen. Aber hungrige Mäuler wollten gestopft werden. Und so begab sich der jungsteinzeitliche Mensch mit seinen Gefährten auf die riskante Jagd. Heutzutage ist der Zugang zu Fleisch als Nahrungsmittel für die überwiegende Mehrzahl der Erdenbürger deutlich weniger riskant. Und überhaupt birgt unser Alltag viel weniger lebensbedrohliche Risiken als dazumal, was der Anstieg der mittleren Lebenserwartung belegt. Das globale Risiko, durch Nahrungssuche oder Krieg zu Tode zu kommen, sinkt beständig. Zum ersten Mal in der Menschheitsgeschichte übersteigt die Zahl der Todesfälle, die auf zu

---

[11] Z. B. die Verfügbarkeitsheuristik, die wir schon kennengelernt haben. Aber mit dieser allein lässt sich die Befundlage nicht erklären: vgl. z. B. Betsch, T., Siebler, F., Marz, P., Hormuth, S., & Dickenberger, D. (1999). The moderating role of category salience and category focus in judgments of set size and frequency of occurrence. *Personality and Social Psychology Bulletin, 25,* 463–481. https://doi.org/10.1177/0146167299025004006.

[12] Dahinter steckt das sogenannte frequentistische Wahrscheinlichkeitskonzept, das auch der mathematischen Wahrscheinlichkeitstheorie zugrunde liegt. Es existieren noch andere Konzeptionen, auf die ich hier nicht eingehen werde, vgl. Baron. J. (2000) *Thinking and deciding.* Cambridge: Cambridge University Press, S. 93 ff.

kalorienreiche Kost zurückgehen, die Zahl der Hungertoten.[13] Handlungen mit sehr hohem Risiko für Leib und Leben, die heutzutage Menschen eingehen, werden immer häufiger durch andere als die fundamentalen Bedürfnisse motiviert. Personen, die Menschen mit hochansteckenden Krankheiten pflegen, in einem totalitären Staat für Menschenrechte demonstrieren, sich für einen zukünftigen Flug zum Mars ausbilden lassen oder auf schwarzen Pisten snowboarden, setzen sich freiwillig hohen Risiken aus. Ihre Motive sind sehr unterschiedlich. Sei es aus dem Bestreben, anderen zu helfen, sich für bessere Lebensbedingungen einzusetzen, aus Gründen des Erkenntnisgewinns oder der Sehnsucht nach dem Adrenalinkick – all dies können Gründe sein, ein objektiv hohes Risiko einzugehen. Solche individuellen Unterschiede in der Risikobereitschaft sind beileibe nicht irrational. Sie rechtfertigen sich aus der Wichtigkeit individueller Ziele. Und die können andere als die Erfüllung primärer Bedürfnisse sein. Nur beobachten wir immer wieder seltsame Unterschiede in der Wahrnehmung von Risiken bei ein und derselben Person.

Folgende Anekdote geht auf einen Kollegen aus Israel zurück. Er berichtete auf einer Konferenz, dass ein Mann, der sich für einen Besuch bei Verwandten nach Jerusalem begab, sich dort weigerte, mit dem Bus zu fahren. Im Fernsehen, so argumentierte der Mann, wäre jüngst über einen Anschlag auf einen Jerusalemer Bus berichtet worden, der viele Menschenleben forderte. Deshalb hielt er es für allzu riskant, in dieser Stadt in einen Bus zu steigen. Der Mann stammte aus Tel Aviv. Dort fuhr er jedoch regelmäßig mit

---

[13] Das war allerdings bevor Russland im Jahr 2022 die Ukraine überfiel und deren Weizenexporte in die Dritte Welt blockierte. Für eine sehr lehrreiche Darstellung über die langfristige Veränderung von Risiken vgl. das erste Kapitel in Harari, Y. N. (2017). *Homo deus. Eine Geschichte von Morgen.* München: C.H. Beck.

dem Bus, denn er war der Meinung, dass Busfahren in Tel Aviv sicher sei. Ihm wäre ja dort noch nie etwas passiert. Tatsächlich waren in dem betreffenden und den zwei vorausgehenden Jahren mehr Anschläge mit Todesopfern in Tel Aviv als in Jerusalem zu beklagen. Legt man die relative Häufigkeit der Vorfälle zugrunde, war das objektive Risiko, in Jerusalem einem Anschlag in einem Bus zum Opfer zu fallen, geringer als in Tel Aviv.

Bei dem Kollegen, dem ich diese Anekdote zuschreibe, handelt es sich um Ido Erev, einen Entscheidungsforscher aus Israel.[14] Er und seine Kollegen arbeiteten in ihren Forschungen die fundamentalen Unterschiede heraus, die dieser Divergenz in der Beurteilung von Wahrscheinlichkeiten (Risiken) zugrunde liegen. Erfahrung versus Beschreibung.[15] Es macht einen großen Unterschied, ob wir Wahrscheinlichkeit als relative Häufigkeiten von Ereignissen selbst erfahren oder nur aus zweiter Hand. Dabei kann die Information aus zweiter Hand unterschiedliche Wirkung haben. Je nachdem, ob sie in Form von Zahlen oder als bildhafte, emotionale Geschichte präsentiert wird.

Wie bereits gesagt, ist unser Gehirn in der Lage, relative Häufigkeiten von Ereignissen sehr gut zu lernen. Aber unsere eigenen Erfahrungsstichproben haben auch ihre Tücken. Davon mehr im übernächsten Kapitel. Aber schon hier sei auf eine Falle hingewiesen: Kleine Wahrscheinlichkeiten lassen sich in Erfahrungsstichproben

---

[14] Ich bin mir nicht mehr ganz sicher, aber ich meine mich zu erinnern, dass Ido Erev diese Geschichte beim Kaffee am Rande der SPUDM-Konferenz in Warschau, 2007, zum Besten gab.

[15] Barron, G., & Erev, I. (2003). Small feedback-based decisions and their limited correspondence to description-based decisions. *Journal of Behavioral Decision Making, 16*, 215–233. https://doi.org/10.1002/bdm.443; Hertwig, R., Barron, G., Weber. E.U., & Erev, I. (2004). Decisions from experience and the effects of rare events in risky choice. *Psychological Science, 15*, 534–539. https://doi.org/10.1111/j.0956-7976.2004.00715.x.

meist schwer entdecken. Eben weil das kritische Ereignis selten den Weg in die eigene Erfahrungsstichprobe findet. Obwohl in Israel zwischen 1968 und 2016 über 250 Menschen bei Anschlägen den Tod fanden,[16] war das objektive Risiko eines Israeli, in diesem Zeitraum Opfer eines Terroranschlags zu werden, viel geringer als beispielsweise einen Herzinfarkt zu erleiden. Es liegt damit in der Natur der Sache, dass kleine Wahrscheinlichkeiten durch Erfahrung nur schlecht gelernt werden können. Glücklicherweise werden die meisten Menschen selbst weder Zeuge noch Opfer eines Terroranschlags. Auch im eigenen Familien- und Freundeskreis ist die Anzahl derer, die solche Erfahrungen berichten können, in der Regel sehr gering. Der Mann, der in Tel Aviv Bus fuhr, hatte selbst noch keinen Anschlag erlebt – glücklicherweise. Dies führt jedoch zur *Unterschätzung* des Risikos, Opfer eines Attentats zu werden.[17] Natürlich wird der Mann auch über Anschläge in Tel Aviv informiert gewesen sein. Aber diesen Berichten stand seine eigene Erfahrung gegenüber. Und die vermittelte ihm ein Gefühl der Sicherheit. Was hingegen Busfahren in Jerusalem betraf, da mangelte es ihm an direkter, eigener Erfahrung. Zur Beurteilung des Risikos war er auf Informationen aus zweiter Hand angewiesen.

Medien versorgen uns regelmäßig mit Informationen aus zweiter Hand, beispielsweise in Form von Statistiken. Spätestens seit der letzten Pandemie tauchen sie in jeder Zeitung und in jedem anderen Nachrichtenmedium täglich auf. Statistiken liefern Informationen, die Dritte zusammengefasst haben. Zum einen beruhen sie meist auf

---

[16] https://de.wikipedia.org/wiki/Liste_von_Terroranschl%C3%A4gen_in_Israel, abgerufen am 9.7.2021.

[17] Unterschätzung in Relation zu einem vergleichbaren Risiko in Jerusalem.

5 Wahrscheinlichkeit ist Unwissen *oder* ...

viel größeren Stichproben, als wir sie selbst jemals ziehen könnten. Aus psychologischer Sicht gibt es weitere bedeutsame Unterschiede. Die Statistiken stammen in der Regel nicht aus eigener, sondern aus fremder Erfahrung. Zudem handelt es sich um zusammengefasste Information, die Merkmale von Verteilungen beschreibt. Wenn wir Wahrscheinlichkeiten in natürlichen Formaten, also über relative Häufigkeiten, lernen, treten schrittweise einzelne Ereignisse in unser Erleben und unser Gehirn kann deren relative Häufigkeit abspeichern. Wenn wir dann Wahrscheinlichkeiten aufgrund unserer Erfahrung einschätzen, können wir uns auf dieses Wissen verlassen, welches wir häppchenweise in Form konkreter Ereignisse über die Zeit erworben haben. Statistische Information und Beschreibung von Wahrscheinlichkeiten kommen hingegen als kalte Zahlen daher. Deren Wahrnehmung unterliegt selbst wieder gewissen Regelmäßigkeiten. Kleine Wahrscheinlichkeiten werden hier eher überschätzt, während große Wahrscheinlichkeiten eher unterschätzt werden.[18] Die Wahrscheinlichkeit, in einer Lotterie mit 49 Kugeln zwei Richtige zu tippen, beträgt 0,085 %. Die Wahrscheinlichkeit für einen „Sechser" hat schon so viele Nullen nach dem Komma, dass ich sie hier gar nicht aufschreiben möchte. Trotzdem spielen viele Menschen in der Lotterie. Beim Autofahren kann man tödlich verunglücken. Die Wahrscheinlichkeit, nach einer Masern-Mumps-Röteln-(MMR-)Impfung zu sterben, hingegen geht gegen null. Als schwerste Komplikation dieser Impfung sind allergische Reaktionen dokumentiert. Deren Wahrscheinlichkeit ist kleiner

---

[18] Kahneman, D., & Tversky, A. (1979). Prospect theory: An analysis of decision under risk. Econometrica, 47, 263–291. https://doi.org/10.2307/1914185.

0,000001 %.[19] Trotzdem gibt es nicht wenige Menschen, die mehr Angst vor einer MMR-Impfung haben als das ganze Jahr über mit einem Auto zu fahren. Und da zeigt sich wieder der fundamentale Fehler zwischen Erfahrung und Beschreibung. Wenn seltene Ereignisse, wie z. B. ein schwerer Autounfall, nicht in der eigenen Erfahrungsstichprobe vorkommen, mag die Wahrnehmung dieses Risikos eher gering ausfallen. Wenn aber keine eigene Erfahrungsstichprobe vorliegt und man auf die Beschreibung von Wahrscheinlichkeit angewiesen ist, werden selbst äußerst geringe Wahrscheinlichkeiten in der Regel überschätzt.

Überschätzungen kleiner Wahrscheinlichkeiten können aber auch eine andere, mächtige Ursache haben. Medien liefern uns nicht nur statistische Information. Sondern in erster Linie anschauliche Darstellungen einzelner Vorfälle. Bilder der Verwüstung nach einem Terroranschlag. Die Story in einer Illustrierten über eine alleinerziehende Mutter, die im Lotto spielte und zur Millionärin wurde. Der emotionale Bericht eines Elternpaars in einem Forum im Internet, das über vermeintliche Spätfolgen des Impfens bei seinem Kind berichtet. Der Mann aus Tel Aviv im obigen Beispiel hatte vor seiner Reise auch einen Bericht im Fernsehen gesehen. Dieser Bericht lieferte emotionale Bilder über ein Busattentat in Jerusalem. Allein die *Möglichkeit* eines schrecklichen Ereignisses kann die Wahrnehmung eines Risikos dramatisch verändern. Und zwar über die Gefühle, die affektiven Reaktionen, die die Vorstellung des Ereignisses in uns hervorruft. Je anschaulicher über ein Ereignis berichtet wird, umso eher aktiviert dies in uns Gefühle. Die Gefühle können dann als Grundlage der subjektiven Einschätzung einer Wahrscheinlichkeit dienen. Diesen Mechanismus

---

[19] Kuhrt, N., Oude-Aost, J., & Betsch, C. (2021). *Fakten-Check Impfen – Pro und Contra auf den Grund gegangen*. München: Gräfe und Unzer (S. 58–66).

nannte der Psychologe George Loewenstein „Risiko als Gefühl"[20]. Gerade dann, wenn wir über keine eigenen Erfahrungen verfügen, laufen wir Gefahr, in Möglichkeiten statt in Wahrscheinlichkeiten zu denken.[21] Darauf werde ich später in diesem Kapitel zurückkommen – mit einem kleinen, scharfen Beispiel.

Erkenntnis und Wahrscheinlichkeit

Was ist Platons größter Hit? Google sagt: sein Höhlengleichnis.[22] Der griechische Philosoph (ca. 428–347 v. Chr.) versuchte damit unter anderem, die Existenzberechtigung seiner Zunft im Staate zu begründen.[23] Nur das Denken, insbesondere jenes des gebildeten Philosophen, ebne den Weg zur Sonne, also zu allem Guten und Wahren. Wir Menschen, wir armen Würmlein, wären wie in einer Höhle gefangen. Darin versperrt uns eine hohe Mauer den Weg zum Ausgang. Die Höhle wird durch das schwache Licht einer fernen Feuerstelle erhellt. Vor dem Licht dieses Feuers bewegen sich Wesen und Objekte und Stimmen werden laut. Wir Menschen hinter der Mauer sehen aber nur deren Schattenwurf an der Höhlenwand, die auch die Echos der Stimmen zurückwirft. Will heißen: Die dem Menschen durch seine Sinne

---

[20] Loewenstein, G. F., Weber, E. U., Hsee, C. K., & Welch, N. (2001). Risk as feelings. *Psychological Bulletin, 127,* 267–286. https://doi.org/10.1037/0033-2909.127.2.267.

[21] Was nicht heißen soll, dass das Denken in Möglichkeiten in vertrauten Domänen niemals eine Rolle spielen könnte. Wenn wir eine Person, die regelmäßig mit hoher Geschwindigkeit Auto fährt, dazu bringen, sich intensiv die Folgen eines schweren eigenen Unfalles auszumalen, könnte dies ihre Risikowahrnehmung verändern.

[22] 2,2 Mio. Treffer für „Allegory of the cave" im Juli 2021.

[23] Platon (2011). *Der Staat.* Stuttgart: Kröner (S. 238–245).

zugängliche Wirklichkeit ist nur ein verarmtes Abbild der wahren Welt. Die liegt nicht nur hinter einer Mauer verborgen. Um das Licht der Sonne zu schauen, muss auch der Weg aus der Höhle gefunden werden. Wenn wir uns nur auf unsere Sinneseindrücke verlassen würden, blieben wir in der dunklen Tiefe der Unwissenheit gefangen. So weit der Philosoph.

Das Höhlengleichnis kann man auch auf die Wissenschaft selbst anwenden. Es disqualifiziert jede Erkenntnis, die nicht die eigentliche Wahrheit aufdeckt (vgl. Kap. 2). Die das enthüllt, was sich wirklich hinter der Mauer und in der Welt des Lichts darüber abspielt. Denn nur dort offenbart sich der Mechanismus, dem die Bilder und Echos entstammen. Es soll Physiker gegeben haben, die die Atomtheorie ablehnten, mit der Begründung, sie hätten noch kein Atom gesehen. Mit einem solchen Wissenschaftsverständnis würden wir den Blick hinter die Mauer als *notwendige* Bedingung echter Erkenntnis einfordern. Die verborgenen Determinanten müssen offenbar werden. Dahinter steckt eine mechanistische Konzeption der Welt. Von Maschinen, die wie komplexe Uhrwerke gebaut sind. Wenn wir den Uhrkasten öffnen (hinter die Mauer schauen), wird sich offenbaren, wie das Räderwerk funktioniert. Eine solche Konzeption wissenschaftlicher Erkenntnis kennt keine Wahrscheinlichkeit. Und wie bereits gesagt, galt ja den alten Griechen Wahrscheinlichkeit als Ausdruck der Unwissenheit.

Deterministische Umwelten

Moderne empirische Wissenschaften jedoch sind auf das Konzept der Wahrscheinlichkeit angewiesen. Sie versetzt uns in den Stand, Ereignisse vorherzusagen, ohne den eigentlichen Mechanismus zu kennen. Auch die Schemen an der Wand der Höhle und die Echos, die diese zurückwirft, sind Ausdruck der wirklichen Welt. Denn sowohl vor als auch hinter der Wand und sogar außerhalb der Höhle gelten dieselben Gesetze. Insofern manifestiert sich die eigentliche Welt sehr wohl in dem kleinen Ausschnitt der beobachtbaren Wirklichkeit. Natürlich streben wir danach, allgemeine Gesetzmäßigkeiten, also Mechanismen, zu erkennen. Der Glaube, dass dies aber ausschließlich möglich sei, indem wir hinter die Mauer schauen oder den Uhrkasten aufbrächen, ist ein Trugschluss.

Lassen Sie uns einmal verborgene Mechanismen näher betrachten. Wir übernehmen dabei die Rolle der Konstrukteure, der Wesen hinter der Mauer. Unser erster Apparat funktioniert ähnlich wie ein Geldautomat. In Abb. 5.1 ist er geöffnet, sodass Sie den Mechanis-

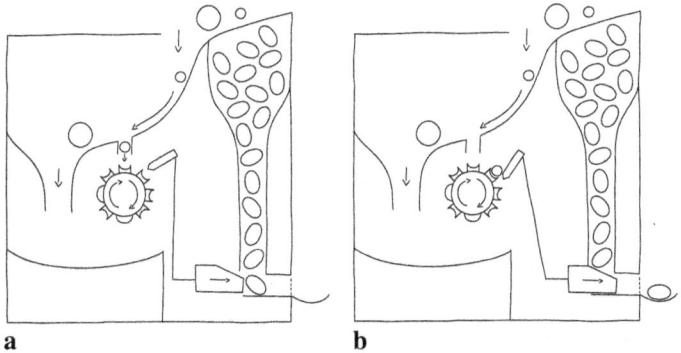

Abb. 5.1 Ein deterministischer Apparat. Oben können kleine oder große Münzen eingeworfen werden. Ein Rad in der Mitte des Kastens dreht sich im Uhrzeigersinn. Fällt eine kleine Münze in eine Vertiefung auf dem Rad (**a**), so wird sie mitgenommen und löst den Schieber aus (**b**). Der transportiert ein Ei aus dem Kasten. Große Münzen hingegen können den Mechanismus nie auslösen, denn sie passen nicht in den Schlitz über dem Rad und rollen über die Rampe hinweg

mus sehen können. Unseren Versuchspersonen jedoch, den Gefangenen in der Höhle, bleibt der direkte Zugang zu den Mechanismen verwehrt. Sie sitzen vor dem verschlossenen Kasten und vermögen nur die Ergebnisse zu betrachten. Die Schattenwürfe an der Wand.

Wenn man eine passende Münze hineinwirft, dann spuckt der Apparat etwas aus. An die Versuchspersonen verteilen wir zwei Arten von Münzen. Kleine und große. Zwischen diesen beiden Alternativen müssen die Versuchspersonen in jedem Durchgang wählen. Der Mechanismus in unserem Apparat reagiert aber nur auf kleine Münzen. Die großen schluckt er ohne Reaktion. Innen drin ist unter der Rampe, über die die Münzen rollen, ein Schlitz. Da passen aber nur die kleinen Münzen hindurch. Sie fallen dann auf ein achtkantiges Rad. An sechs der acht Kanten befinden sich Münzfänger (Vertiefungen). Wenn die Münze gefangen wird, setzt diese einen Hebel in Gang, der dazu führt, dass der Apparat ein Schokoei ausspuckt. Trifft die Münze allerdings auf eine Kante ohne Fänger – dann passiert nichts. Das Rad sitzt auf einer Welle. Ein Uhrwerk treibt die Welle an. Alle drei Sekunden dreht sich das Rad um eine Stellung weiter. Die Verteilung von Fängern und Leerstellen ist fest verankert. Insofern wiederholen sich die Zyklen, wann ein Fänger und wann eine Leerstelle kommt. Unser kleiner Apparat funktioniert also nach einem deterministischen Mechanismus. Wenn der Apparat in einem gläsernen Kasten stecken würde, wüsste man genau, was zu tun sei. Man wartet, bis auf der oberen Kante des Rades ein Fänger steht, und wirft dann schnell eine kleine Münze ein. Die rollt die Rampe hinunter, fällt durch den Schlitz, wird gefangen, bei der nächsten Drehung des Rades mitgenommen und betätigt den Hebel. So würde man mit Sicherheit ein Schokoei erhalten.

Unsere Versuchspersonen, allesamt Liebhaber von Schokoeiern, sitzen aber vor einer schwarzen Kiste. Sie können den Mechanismus nicht sehen. Angesichts der Ergebnisse vieler Lernuntersuchungen mit Tieren und Menschen sind wir aber zuversichtlich, dass unsere Versuchspersonen schnell über Versuch und Irrtum lernen werden. Sie werden bald merken, dass der Einwurf einer großen Münze niemals zum Erfolg führt. Mit kleinen Münzen hingegen kann man ein Schokoei gewinnen. Nicht immer, aber doch recht häufig. Und sicherlich werden unsere Versuchspersonen über einige Tests hinweg eine recht gute Vorstellung der relativen Häufigkeit haben, mit der der Einwurf einer kleinen Münze mit einem Schokoei belohnt wird. Sie mögen sich vielleicht sehr unterschiedliche Vorstellungen darüber machen, was in dem Kasten passiert. Dass sich dort ein achtkantiges Rad befindet, wird vielleicht nicht jedem sofort in den Sinn kommen. Aber das ist auch nicht nötig. Wir müssen den Mechanismus nicht kennen, um uns angepasst und zielführend zu verhalten. Und selbst ein deterministischer Mechanismus, und einem solchen folgt ja unserer Apparat, kann an der Oberfläche dazu führen, dass wir nicht mit Sicherheit vorhersagen können, was passieren wird.[24] Weil ja nicht auf jede kleine Münze ein Schokoei folgt. Trotzdem folgt die Verteilung einer Systematik. Diese lässt sich einfach beschreiben. Nämlich als relative

---

[24] In diesem Fall wäre das im Prinzip irgendwann möglich. Wir bräuchten dazu sehr viele systematische Beobachtungen zusammen mit einer Zeitmessung. Dann könnten wir die zeitlich determinierte Abfolge von positiven Ereignissen exakt bestimmen und vorhersagen. Aber diese genauen Messungen und Protokolle sind nicht nötig. Auch mit einem probabilistischen Zugang, also nur mit Wissen um die relative Häufigkeit, mit der das Schokoei ausgespuckt wird, lassen sich gute Vorhersagen machen.

Häufigkeit von Ereignissen. Im Beispiel führt der Einwurf einer kleinen Münze auf lange Sicht in 6 von 8 Fällen zu einem Schokoei. Bilden wir den Bruch, haben wir die Wahrscheinlichkeit 75 % oder p = .75.[25] Spannend ist hier, dass uns die Wahrscheinlichkeit bei der Vorhersage hilft, auch wenn uns der kausale Mechanismus verborgen bleibt und wir seine deterministische Natur nicht direkt beobachten können (Abb. 5.1).

Probabilistische Umwelten

Nun sind in der Natur die wenigsten Systeme so aufgebaut wie unser kleiner Apparat. Meist sind sie viel komplexer. Ob es sich hierbei beispielsweise um Ökosysteme oder menschliches Denken handelt – viele Faktoren wirken gemeinsam und in wechselseitiger Abhängigkeit. Manchmal ist auch Sand im Getriebe. Und es kommt zu Fehlern. Des Weiteren sind viele Mechanismen nicht deterministisch, auch wenn sie kausalen Gesetzmäßigkeiten unterliegen. Denn Prozesse folgen oftmals selbst einer wahrscheinlichkeitsbasierten, also einer probabilistischen Regel.

Um eine einfache probabilistische Umwelt zu konstruieren, bauen wir einen neuen Apparat. Wiederum wird der durch den Einwurf einer Münze in Gang gesetzt. Und heraus kommt manchmal ein Schokoei. Nur ersetzen wir den *deterministischen* Mechanismus durch einen *probabilistischen*. Also durch einen, der selbst den Gesetzen der Wahrscheinlichkeit unterliegt. In unseren Apparat stellen wir zwei Urnen. In den Urnen befinden sich Schokoeier und Kugeln aus Plastik (Nieten). Jede Urne enthält 100 Objekte. Die Urnen unterscheiden sich jedoch hinsichtlich der relativen Anzahl von Schoko-

---

[25] „p" steht für „probability", also den englischen Begriff für Wahrscheinlichkeit.

eiern. Die erste enthält 70 Schokoeier und 30 Nieten. Die zweite 30 Schokoeier und 70 Nieten. Die Art der Münze, die eingeworfen wird, entscheidet darüber, aus welcher Urne eine Ziehung erfolgt. Wird die kleine Münze eingeworfen, erfolgt die Ziehung aus der ersten Urne. Beim Einwurf einer großen Münze wird aus der zweiten Urne gezogen. Auf lange Sicht ist damit die Wahrscheinlichkeit, mit kleiner Münze ein Schokoei zu bekommen, $p=.70$. Für die große Münze hingegen ist $p=.30$. Damit die Ziehung zufällig ist und dabei die Wahrscheinlichkeiten erhalten bleiben, füllen wir die Urnen vor jedem Münzeinwurf nach und rühren gut um. Unseren Versuchspersonen ist der Mechanismus wiederum verborgen. Aber nach einigem Ausprobieren werden sie eine gute Vorstellung davon gewinnen, dass sich die Münzen bezüglich ihrer Erfolgswahrscheinlichkeit unterscheiden. Nach einigen Durchgängen werden sie wohl die kleine Münze häufiger verwenden. So erlaubt auch ein probabilistischer Mechanismus, dass wir nur aufgrund seiner Ergebnisse lernen und unser Verhalten darauf einstellen können. Wie gut, dass wir Menschen, wie andere Organismen auch, Wahrscheinlichkeiten über relative Häufigkeiten erlernen können.

Platon würde vielleicht einwenden, dass dies eine unbefriedigende Bescheidung des Geistes sei. Denn Einblick in die Mechanismen, wahre Erkenntnis also, hätten wir damit noch nicht erreicht. Zugegeben, es wäre vielleicht spannend zu sehen, wie dieser Urnenapparat im Innern aufgebaut ist. Sie könnten sich ja mal selbst einen Mechanismus ausdenken. Gegen die Neugier, die Mauer zu überwinden und in die lichte Welt emporzusteigen, ist überhaupt nichts einzuwenden. Selbst wenn wir jedoch die Gelegenheit dazu haben, erfüllt uns dies nicht immer mit Wohlgefallen. Weil die lichte Welt außerhalb der Höhle meist fürchterlich komplex ist und dabei gleichzeitig recht öde sein kann. Der Blick aus der Ferne ist da oft viel spannender. Denn erst aus der Distanz offenbaren sich Muster und Regelhaftigkeiten.

Regelhaftigkeit aus der Distanz erkennen – Das Galtonbrett

Stellen wir uns einmal vor, wir ließen eine Kugel auf eine andere prallen. Wie beim Billard. Wenn die Kugeln sauber verarbeitet sind, wir den Spin, die Geschwindigkeit und die Richtung einer geschossenen Kugel genau kennen, dann können wir die resultierenden Kräfte nach dem Aufprall genau bestimmen. Hier herrscht also Determinismus. Wir sind in der Lage, vorherzusagen, wohin die beiden Kugeln nach dem Aufprall rollen werden. Stellen wir uns nun aber vor, wir hätten, sagen wir, 3000 Kugeln. Und die lassen wir über ein Gitter aus festgeklebten Kugeln rollen, die auf der Fläche eines Dreiecks angeordnet sind. Abb. 5.2a zeigt diese Anordnung. Trifft eine Kugel auf eine fest installierte, dann kann sie rechts oder links abgelenkt werden.

Sie fällt dann auf eine Kugel darunter. Wieder wird sie ihren Weg entweder in linker oder rechter Richtung fortsetzen. Betrachteten wir jede Kugel unter einem Elektronenmikroskop, dann würden sich an ihrer Oberflächenstruktur sicherlich Unregelmäßigkeiten ergeben. Wenn wir alle Oberflächen genau vermessen könnten und die Anfangsbewegung einer Kugel ebenfalls exakt bestimmt hätten, ja dann könnten wir vielleicht genau vorhersagen, in welche Richtung sie von einem Hindernis abprallt und wo sie schließlich landet. Stellen Sie sich einmal vor, Sie hätten alle Messgeräte zur Verfügung und stünden nun vor der Aufgabe, den Weg jeder der 3000 Kugeln zu berechnen. Das wäre wirklich eine Strafe. Eine Stimme, die Ihnen ins Ohr flüstert *„Das ist der Weg zum Licht"*, würde in Ihnen wohl eher Groll erwecken statt Sie

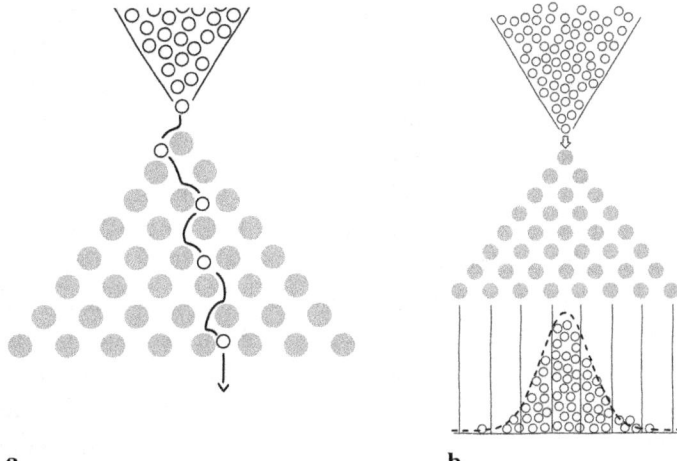

a b

Abb. 5.2 Galtonbrett

zur Leistung zu beflügeln. Dabei gibt es einen viel einfacheren Weg zur Erkenntnis. Wir verfügen über eine Erfindung, die uns erlaubt vorherzusagen, nach welchem *Muster* sich die 3000 Kugeln beim Fallen verteilen werden. Bei der Erfindung handelt es sich um die Theorie der Wahrscheinlichkeit, beziehungsweise die Regeln, nach denen wir die Eintrittswahrscheinlichkeiten von Ereignissen berechnen können.

In einem handwerklich sauber gefertigten Gitter ist die Wahrscheinlichkeit, dass eine Kugel an einem kreisförmigen Hindernis rechts oder links abgelenkt wird, jeweils p = .50. Mit den Regeln der Kombinatorik lässt sich dann die Wahrscheinlichkeit bestimmen, mit der eine Kugel einen bestimmten Weg nimmt. Daraus wiederum folgt die Vorhersage einer Verteilung.[26] Ordnet

---

[26] Ich erspare mir und Ihnen die formale Darstellung. Eine gute Darstellung findet sich tatsächlich auf Wikipedia: https://de.wikipedia.org/wiki/Galtonbrett, abgerufen am 2.8.2021.

man nun Schächte unter dem Gitter der Hindernisse an, dann werden die meisten Kugeln in den mittleren Schächten landen. Je weiter ein Schacht rechts oder links von der Mitte liegt, desto weniger Kugeln werden ihn letztlich füllen. Die Verteilung ist exemplarisch in Abb. 5.2b dargestellt. Die gesamte Anordnung wird auch als Galtonbrett bezeichnet, nach dem englischen Universalgelehrten Francis Galton (1822–1911). Man kann es kaufen oder selbst basteln (Anleitungen finden sich im Internet). Und dann Dutzende Male die Kugeln hindurchlaufen lassen. Und jedes Mal aufs Neue verblüfft sein, dass sich immer wieder ein sehr ähnliches Muster einstellt. Na gut, irgendwann wird auch dies langweilig. Weil eben die Verteilungsform der Kugeln so verlässlich auftritt. Diese Verteilung hat die Form einer Glocke und füllt die Bücher der Mathematik und Naturwissenschaften. Es handelt sich um die sogenannte Normalverteilung.[27]

Das Galtonbrett demonstriert in idealer Weise den Nutzen des Konzepts der Wahrscheinlichkeit. Wir vermögen nicht mit Sicherheit zu sagen, in welchem Schacht eine bestimmte Kugel landen wird. Aber wenn viele Kugeln durch das Gitter laufen, lässt sich deren Verteilung sehr verlässlich vorhersagen. Natürlich wird es immer kleinere Variationen geben. Aber die Form der Verteilung bleibt im Wesentlichen die gleiche. Dieses Wissen erlaubt uns, Vorhersagen zu treffen. Wir können Ereignisse mit geringerer Wahrscheinlichkeit (Kugel landet im äußersten Schacht) von Ereignissen mit hoher Wahrscheinlichkeit (Kugel landet in mittlerem Schacht) trennen. Bedenken

---

[27] Auch Gauß'sche Verteilung, benannt nach dem deutschen Mathematiker Carl Friedrich Gauß (1777–1855). Genauer gesagt produziert das Galtonbrett eine Binomial-Verteilung, die im Grenzfall mit der Normalverteilung konvergiert.

Sie dabei, Einsicht in den Mechanismus auf der kleinsten Auflösungsebene ist keine notwendige Voraussetzung, um das Muster zu bestimmen. Insofern ist es erhellender, sich zurückzulehnen und die Sache aus der Distanz zu beschauen.

Wahrscheinlichkeit und kluge Entscheidungen

Die Fähigkeit zur Priorisierung ist eine und vielleicht die wichtigste Voraussetzung für kluge Entscheidungen. Kompetente Akteure verfügen über die Fähigkeit, Bewertungskriterien sinnvoll zu ordnen. Formal ausgedrückt, sie können Merkmale der Handlungsalternativen so gewichten, dass relevante Aspekte einen stärkeren Einfluss auf die Entscheidung haben als weniger relevante.

Wahrscheinlichkeiten liefern Gewichte, um die relative Relevanz möglicher Konsequenzen von Alternativen zu bestimmen. Wenn eine Konsequenz sehr unwahrscheinlich ist, sollte sie ein kleineres Gewicht erhalten als eine Konsequenz, die mit sehr hoher Wahrscheinlichkeit zu erwarten ist. Moment, werden Sie jetzt sagen, eine Entscheidung kann doch nicht nur von Wahrscheinlichkeiten abhängen! Richtig. Denn natürlich muss eine gute Entscheidung auch den Wert der Konsequenzen berücksichtigen. Wie hoch ein möglicher Gewinn oder Verlust ausfällt. Aber erst die gemeinsame Berücksichtigung beider Größen, der Wert einer Konsequenz und deren Wahrscheinlichkeit, führt zu guten Entscheidungen.

Stellen wir uns folgendes Glücksspiel vor. Alternative A besteht in einem Münzwurf. Sie können 12 € gewinnen, wenn die Münze auf „Kopf" fällt. Bei Alternative B wird ein Würfel geworfen. Wieder können Sie 12 € gewinnen. Nämlich dann, wenn der Würfel die Augenzahl 6 zeigt. Die Konsequenz beider Alternativen hat denselben Wert. Sie können bei A und B jeweils 12 € gewinnen. Aber die Wahrscheinlichkeit der Konsequenzen unterscheidet sich. Bei A ist die Wahrscheinlichkeit $p = .5$ oder anders ausgedrückt 1/2, bei B nur 1/6 ($p = .167$). Wenn wir die Wahrscheinlichkeiten nun als Gewichte der Werte der Konsequenzen verwenden wollen, müssen wir beide Größen multiplizieren:

A) 12 € × 1/2 = 6 €
B) 12 € × 1/6 = 2 €

Damit ist der sogenannte *erwartete Wert* der Alternative A dreimal so hoch (6 €) wie der erwartete Wert der Alternative B (2 €). Die Entscheidung liegt auf der Hand. Sie sollten die Alternative A wählen. Ich habe Ihnen gerade die Wert-Erwartungs-Regel der klassischen Entscheidungstheorie vorgestellt. Die verlangt, dass bei einer Entscheidung Wahrscheinlichkeiten als Gewichte der Werte verwendet werden müssen. Es wäre demnach irrational, wenn jemand sagen würde: *Beide Alternativen sind gleich gut. Ich kann ja in beiden Fällen 12 € gewinnen!* Bei einer solchen Vernachlässigung der Wahrscheinlichkeit wüsste man auch gar nicht, welche Alternative man wählen sollte. Eben weil eine Priorisierung allein aufgrund des Wertes nicht möglich ist. Und vielleicht wählt man danach sogar die schlechtere Alternative. Weil man irrelevante Gründe berücksichtigt wie: *Ich mag Würfel mehr als Münzen.*

So einleuchtend die Idee von Wahrscheinlichkeiten als Gewichten auch erscheinen mag, so schwer fällt es uns, diese Regel konsistent anzuwenden. Der Grund liegt in Prozessen unseres Denkens, die meist spontan und sogar unbewusst ablaufen. Als kompetenter Entscheider müssen wir sie kennen und bewusst dagegensteuern.

Verzerrungen durch Gefühle

Einen dieser Prozesse haben wir schon kennengelernt: Risiko als Gefühl. Dabei kann einerseits Wahrscheinlichkeit ganz vernachlässigt werden. Ebenso aber kann es dadurch zu einer Verletzung der Unabhängigkeit beider Größen kommen. Das bedeutet, die Wahrscheinlichkeit wird durch das Gefühl verändert, das eine mögliche Konsequenz in uns auslöst. Wenn wir zu einer bestimmten Fußballmannschaft halten, ein echter Fan sind, dann löst die Vorstellung, dass unsere Mannschaft die Meisterschaft gewinnt, positive Gefühle aus. Diese Gefühle wiederum könnten nun unsere Erwartungen verändern. Wir könnten es für wahrscheinlicher halten, dass unsere Mannschaft den Titel holt. Umgekehrt trifft dieses Prinzip auch auf negative Gefühle zu. So kann die Wahrscheinlichkeit, Opfer eines Verbrechens zu werden, durch die vorgestellte Schwere der negativen Konsequenzen subjektiv höher eingeschätzt werden, als dies objektiv der Fall ist.

Ich werde dies jetzt an einem Beispiel verdeutlichen. Aber Vorsicht, das hier ist nichts für schwache Nerven. Sollten Sie bei der Vorstellung von Verletzungen dazu neigen, zu kollabieren, überspringen Sie bitte den nächsten Abschnitt.

Ich habe da mal einen neuen Apparat konstruiert. Der hat zwei Löcher. Wenn Sie einwilligen mitzumachen, dann dürfen Sie sich entscheiden, in welches Sie einen Ihrer kleinen Finger hineinstecken. Hinter einem der beiden Löcher verbirgt sich eine Taste. Wenn Ihr Finger diese berührt, wird automatisch ein Überweisungsvorgang ausgelöst. Auf ein Konto Ihrer Wahl wird Ihnen unmittelbar ein Betrag von 500.000 € überwiesen! Hinter dem anderen Loch jedoch verbirgt sich eine Mini-Guillotine. Klein, aber durchaus funktionstüchtig. Versehen mit einem rasiermesserscharfen Fallbeil, dessen Zuschlag auch noch pneumatisch verstärkt wird. Das Beil würde Ihnen mühelos die Kuppe Ihres kleinen Fingers abtrennen. Direkt hinter dem Nagel. Aber die Guillotine wird nicht zwangsläufig ausgelöst. Zuerst wird ein Zufallsgenerator in Gang gesetzt. Es kommt also zu einer Lotterie. Die Wahrscheinlichkeit, dass Sie in dieser Lotterie das schlechte Los ziehen, also das Los für die Guillotine, ist lediglich 1 %.

Würden Sie dieses Spiel eingehen? Stellen Sie sich das mal bildlich vor. Die abgetrennte Kuppe Ihres kleinen Fingers – oder 500 Mille auf dem Konto. Die Vorstellung der abgetrennten Fingerkuppe, das Blut, der Schmerz, all dies erweckt wohl in den meisten sehr negative Gefühle. Vielleicht kribbelt es Ihnen jetzt sogar in Ihrem kleinen Finger. Bei der Wahrscheinlichkeit hingegen kribbelt einem gar nichts. Dabei ist die sehr gering. Die Wahrscheinlichkeit, dass hinter einem Loch die Guillotine wartet, ist 50 %, also $p=.5$. Dann aber ist noch gar nicht sicher, dass das Beil der Guillotine fällt. Denn nur in einem von hundert Fällen wird die Guillotine auch in Gang gesetzt ($p=.01$). Es müssen also *zwei ungünstige Ereignisse zusammenkommen,* damit Sie Ihre Fingerkuppe verlieren. Sie müssen das falsche Loch wählen und das ungünstige Los erwischen. Die Wahrscheinlichkeit, dass diese beiden Ereignisse gemeinsam auftreten, ist lediglich $p=.005$. Also nur in 5 von 1000 Fällen[28] würde es wirklich zum Schlimmsten kommen.

---

[28] Das lässt sich folgendermaßen veranschaulichen: Bei 1000 zufälligen Wahlen wird 500 Mal die schlechte Alternative gewählt ($p=.5$). Die bedingte Wahrscheinlichkeit, dass dann auch die Guillotine aktiviert wird, ist $p=.01$. Das bedeutet, in 1 % der Fälle, also bei 5 aus 500 Wahlen, passiert dies. Damit ist die verbundene Wahrscheinlichkeit von schlechter Wahl und aktivierter Guillotine 5 aus 1000, also $p=.005$. Formal kommt hier der Multiplikationssatz der Wahrscheinlichkeitstheorie nach Umformung aus der Regel zur Berechnung der bedingten Wahrscheinlichkeit zum Einsatz: $p(A \cap B) = p(A|B) * p(B)$, wobei A = Guillotine fällt, B = Wahl des Loches mit der Guillotine. In Zahlen $.005 = .01 * .5$.

Die beiden Alternativen in diesem Spiel lassen sich wie folgt beschreiben:

A) 500.000 € × .50
B) Wert [abgetrennte Fingerkuppe] × .005

Der Erwartungswert der ersten Alternative ist 250.000 €, weil der Wert mit der Eintrittswahrscheinlichkeit gewichtet, also multipliziert werden muss. Um den Erwartungswert der zweiten Alternative zu bestimmen, müssten Sie sich zuerst darüber klar werden, wie schlimm es für Sie wäre, die Kuppe eines Ihrer kleinen Finger zu verlieren. Nehmen wir einmal den extremen Fall an, dass dieser subjektive negative Wert für Sie persönlich unendlich groß wäre. Dann und nur in diesem Fall könnten Sie die Wahrscheinlichkeiten getrost vernachlässigen. Denn unendlich große Kosten bleiben unendlich groß, egal mit welcher Zahl (größer null) sie gewichtet werden.

Aber jetzt mal ehrlich. Brauchen Sie wirklich beide Kuppen Ihrer kleinen Finger? Oder könnten Sie nicht auch mit einer weniger auskommen? Sie dürfen sich sogar den Finger aussuchen. So könnten Sie im schlimmsten Fall noch ein Instrument spielen oder in der Nase bohren. Was geht jetzt in Ihnen vor? Na ich könnte mir vorstellen, dass Sie langsam davon genug haben, über dieses Spiel nachzudenken. Denn die unangenehmen Vorstellungen über abgetrennte Körperteile beschäftigen Sie. Die damit verbundenen Gefühle werden dominant und überlagern andere Gedanken. Und so kann es dazu kommen, dass Sie entweder die Wahrscheinlichkeiten völlig ignorieren. Oder Ihre negativen Gefühle verändern Ihre Wahrnehmung der Wahrscheinlichkeit. Folglich könnten Sie das Risiko überschätzen, dass Sie in meinem Spiel zu Schaden kommen.

Und alle diejenigen, die jetzt sagen *„Ich hätte sofort eingewilligt, das Spiel zu spielen",* die sollen sich jetzt mal nicht überlegen fühlen. Ihre scheinbar kühl kalkulierte Entscheidung mag einfach darauf zurückgehen, dass Ihr Gefühlssystem abgekühlt ist. Wie bei einem Mitglied einer Yakuza-Organisation[29] vermag Sie eine solche Kleinigkeit wie der Schnitt durch eine Fingerkuppe nicht schrecken. Sie spekulieren dagegen auf den Gewinn und sind hart genug, dafür etwas zu riskieren. Das heißt aber lediglich, dass der negative Wert der zweiten Alternative für Sie persönlich zu gering ist. Die Vorstellung von Schmerz verursacht Ihnen keine Probleme. Vielleicht zieht Sie einfach nur die Möglichkeit eines Gewinns von 500.000 € extrem stark an.

Die rationale Heldentat bestünde nun darin, mein Spiel zu spielen, obwohl Sie die Vorstellung, Ihren kleinen Finger zu verlieren, wirklich abschreckt.[30] Aber Sie haben es geschafft, diesen schlimmen Ausgang mit seiner objektiv kleinen Wahrscheinlichkeit zu gewichten. Darin liegt der Kern des Denkens in Wahrscheinlichkeiten begründet. Sie erkennen die Möglichkeit eines Ereignisses. Sie sind sich über den Wert bewusst und blicken gegebenenfalls dem Schrecken ins Auge. Aber Sie erstarren dabei nicht wie beim Anblick einer Sphinx, sondern Sie gewichten den Wert, den Gewinn oder den Verlust, mit seiner jeweiligen Wahrscheinlichkeit.

---

[29] Eine Form organisierten Verbrechens in Japan. Gemäß dem Stereotyp muss ein japanischer Mafioso bereit sein, ggf. seine Fingerkuppen für die Wiederherstellung der Ehre zu opfern.

[30] Und natürlich gibt es noch eine Einschränkung. Wenn Ihnen Geld völlig egal ist oder Ihr Wohlstand es erlaubt, auf 500.000 € zu verzichten, dann wäre es wirklich unsinnig, dieses Spiel zu spielen. Ein Jeff Bezos wäre hier natürlich raus.

Die daraus sich ergebende Ordnung der Relevanz von Kriterien sollte unsere Entscheidungen lenken. In vielen Situationen ergeben sich recht eindeutige Ordnungen. Ein bestimmter Aspekt ist sehr wichtig, wobei andere von marginaler Bedeutung sind. Wenn, sagen wir, ein IT-Unternehmen einen Software-Ingenieur mit außergewöhnlicher Kompetenz sucht, dann sollten dessen bisherige nachgewiesene Leistungen auf diesem Gebiet bei der Personalauswahl ausschlaggebend sein. Geschlecht, Nationalität, persönliche Erscheinung sollten hier keine Rolle spielen. Menschen haben aber immer wieder Schwierigkeiten, bei ihren Entscheidungen relevante Aspekte gegen irrelevante abzuschirmen. So kommt es im Rahmen der Personalauswahl regelmäßig dazu, dass persönlicher Eindruck, Intuition, Bauchgefühl und die scheinbaren Erfahrungen der Personen, die das Bewerbungsgespräch leiten, zu systematischen Fehlern führen.[31] Eben weil irrelevante Aspekte in den Entscheidungsprozess eingehen. Hier spricht man von Intrusion irrelevanter Information.

Intrusion irrelevanter Information

Die Störung durch irrelevante Information ist eine bedeutsame Fehlerquelle auch beim Umgang mit Wahrscheinlichkeiten. Hierzu möchte ich Ihnen ein Beispiel aus der Forschung meines Teams vorstellen. Es beschäftigt sich im Kern mit der Entwicklung von Entscheidungskompetenz. Und zwar in solchen Umwelten, in denen

---

[31] Kanning, U.P. (2021). Wenn Erfahrung nicht vor Torheit schützt – Urteilsfehler in der Personalauswahl. *Skeptiker, 34 (2)*, 64–71. https://www.gwup.org/133-wurzel/2263-zeitschrift-skeptiker-2-2021.

wir zuerst selbst Informationen suchen müssen. Fehlt uns das nötige Wissen, können wir im Alltag andere um Rat fragen. Unsere Partner, Familienangehörige, Freunde, oder wir befragen unseren Arzt oder Apotheker. Und natürlich steht ein Heer von potenziellen Ratgebern in den Medien und im Netz bereit. Die Experten. Nun unterscheiden sich Experten in ihrer Expertise. Manche machen Vorhersagen, die recht verlässlich eintreffen. Andere liegen auch mal daneben. Sie unterscheiden sich also in der *Wahrscheinlichkeit,* mit der ihre Vorhersagen korrekt sind. Wir bewegen uns alltäglich in einer hochkomplexen Umwelt, in der es von Informationen unterschiedlich verlässlicher Quellen nur so wimmelt. Wir müssen uns darin zurechtfinden und die Verlässlichkeit dieser Quellen differenzieren. Diese Kompetenz ist uns nicht angeboren. Sie muss erlernt werden. Um diesen Lernprozess über die Entwicklung hin zu untersuchen, benötigen wir eine Versuchsanordnung, die wir schon im Kindesalter einsetzen können.

Im Jahr 2009 stiftete ich meine drei Töchter an, mit mir ein Spiel zu erfinden. Zwei besuchten die Schule und die jüngste den Kindergarten. Wir dachten uns gemeinsam ein Spiel aus, mit dem Entscheidungen untersucht werden können, bei denen Ratgeber eine zentrale Rolle spielen. Da Kinder, wen wundert es, beim Spiel Spaß haben wollen, war das eine knifflige Aufgabe. Denn wie sollte man beispielsweise Vorschulkindern verklickern, dass sich Ratgeber in der *Wahrscheinlichkeit* unterscheiden, mit der sie richtige Vorhersagen machen? Also musste ein Spiel draus werden, dessen Ablauf auch kleine Kinder verstehen. Heraus kamen das Schatzsuchespiel und ein Forschungsprojekt, in dessen Verlauf mein Team über 4000 Vorschulkinder, Grundschüler und Erwachsene in unser Labor an der Universität Erfurt einlud, um Schätze zu finden.

Das Spiel geht so: Auf dem Spielbrett befinden sich zwei Häuser. In einem verbirgt sich ein Schatz. Im anderen wartet eine Spinne. Die Spieler dürfen sich für eines der Häuser entscheiden. Sie können dafür das Türchen des linken oder des rechten Hauses öffnen. Bei ihrer Entscheidung helfen ihnen drei Tiere. Die Tiere machen Vorhersagen, in welchem Haus sich der Schatz befände. Die Tiere sind die Ratgeber, die Quellen der Information. Nur haben die Tiere nicht immer recht. Sie unterscheiden sich in der Verlässlichkeit ihrer Vorhersagen; also in der Wahrscheinlichkeit, mit der ihre Vorhersagen eintreffen. *Vor* der eigentlichen Schatzsuche lernen die Spieler, wie verlässlich die tierischen Ratgeber sind. Abb. 5.3 zeigt einen solchen Lerndurchgang.

Auf dem Computerbildschirm erscheinen Tiere, ein Haus und verdeckte Kästchen (Abb. 5.3a). In den Kästchen verbergen sich die Vorhersagen der Tiere. Der Spieler öffnet ein Kästchen durch Berührung des Touchscreens. Dann erscheint die Vorhersage. In Abb. 5.3b wurde das Kästchen neben dem Elefanten geöffnet. Der Elefant sagt vorher, dass sich im Haus oben ein Schatz befände. Jetzt tippt der Spieler auf das Häuschen darüber. Es erscheint der Inhalt. Im Beispiel ebenfalls ein Schatz (Abb. 5.3c). Der Elefant hat also eine korrekte Vorhersage abgegeben. Dafür zeichnet der Spieler dem Elefanten einen „Schlaupunkt" in der Zeile links ein. Für jedes Tier gibt es genau sechs Lerndurchgänge. Bei drei Tieren also insgesamt 18 Durchgänge. Danach unterscheiden sich die Tiere in der Anzahl der erworbenen Schlaupunkte.

Auch kleine Kinder lernen mühelos, dass sich die Tiere in der Verlässlichkeit ihrer Vorhersagen unterscheiden. Selbst 5-Jährige können nach den Lerndurchgängen die Tiere nach ihrer „Schlauheit" ordnen. Sie haben jetzt natürlich begriffen, was der Kniff ist. Die Tiere unterscheiden sich in der relativen Häufigkeit, mit der ihre Vorhersagen eintreffen. Dieses Wissen setzt keinen formalen Wahrscheinlichkeitsbegriff voraus. Formal gesprochen

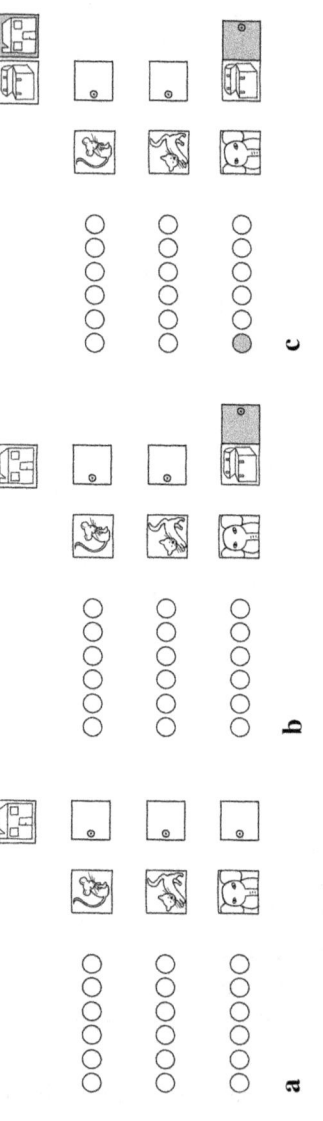

Abb. 5.3 Schatzsuchespiel – Lerndurchgang

Abb. 5.4 Schatzsuchespiel – Entscheidungsdurchgang

unterscheiden sich die Tiere in der Wahrscheinlichkeit korrekter Vorhersagen, und zwar p = .83 (Elefant 5 richtige aus 6 richtigen Vorhersagen), p = .66 (Katze) und p = .5 (Maus).

Nach der Lernphase beginnt das eigentliche Spiel. Der Spielplan enthält jetzt zwei Häuser. Die Spieler können nun die Vorhersagen der Tiere aufdecken und sich danach entscheiden, welches Haus sie wählen. Enthält das Haus einen Schatz, bekommen sie einen Punkt. Sie spielen mehrere Durchgänge. Ihre erspielten Punkte werden danach in Preise getauscht.

Abb. 5.4 zeigt einen Durchgang des Schatzsuchespiels. Zu Beginn sind die Vorhersagen der Tiere verdeckt. Die Spieler dürfen so viele Vorhersagen anschauen, wie sie wollen. Sie entscheiden sich, indem sie eines der beiden Häuser öffnen. Der Spieler hat hier alle Vorhersagen der Tiere aufgedeckt. Die Maus und die Katze sagen, dass der Schatz im linken Haus wäre. Das wird dadurch angezeigt, dass ein Schatzsymbol in der Zeile dieser Tiere unter dem linken Haus steht. Nur der Elefant ist anderer Meinung. Er sagt in diesem Durchgang vorher, dass sich der Schatz im rechten Haus verberge. Überlegen Sie nun einmal: *Welches Haus würden Sie bei diesen Vorhersagen wählen?*

Die Kinder und Erwachsenen, die an unseren Untersuchungen teilnahmen, spielten zwischen 18 und 80 Durchgänge. Die Muster der Vorhersagen der Tiere wurden dabei variiert. Auch die Anzahl und Art von Tieren und Häusern. Das Vorhersagemuster der Tiere aus Abb. 5.4 ist eines der kritischen. Hier widersprechen die Vorhersagen von zwei weniger schlauen Tieren der Vorhersage des schlausten Tieres. Die Mehrheit widerspricht also der Minderheit. In unseren Untersuchungen finden wir, dass 80 % der Kinder, die jünger als 7 Jahre sind, der Vorhersage der Mehrheit folgen. Also in diesem Beispiel aus Abb. 5.4 das linke Haus wählen. Es dauert bis zum 10. Lebensjahr, bis zwischen 30 und 50 % der Kinder dem Tier folgen, das die höchste Trefferwahrscheinlichkeit hat, hier dem Elefanten. Also sich in dem Beispiel für das rechte Haus entscheiden. Bei den Erwachsenen sind es dann im Schnitt 70–80 %, die systematisch dem Tier mit der höchsten Trefferwahrscheinlichkeit folgen. Was tatsächlich korrekt ist. Wenn man bei allen Durchgängen des Spiels, völlig unabhängig vom Muster der Vorhersagen, immer und ausschließlich den Vorhersagen des schlausten Tieres folgt, findet man am häufigsten den Schatz.

Warum ist es rational, diese Priorisierung vorzunehmen? Wenn Wahrscheinlichkeiten die Funktion von Gewichten haben, dann ergibt sich erstens eine klare Reihenfolge für die Verlässlichkeit der Ratgeber. Der Elefant hat die höchste Trefferwahrscheinlichkeit. Die Maus hat die geringste und die Katze rangiert dazwischen. Damit sollte die Vorhersage des Elefanten den stärksten Einfluss oder das stärkste Gewicht in der Entscheidung haben. Nun hat die Maus eine Trefferwahrscheinlichkeit von lediglich 50 %. Bei nur zwei Alternativen (linkes und rechtes Haus) liegt die Wahrscheinlichkeit damit auf Zufallsniveau. Damit sind die Vorhersagen der Maus in dieser Umwelt völlig irrelevant. Sie sollten ignoriert

5 Wahrscheinlichkeit ist Unwissen *oder* ...

werden. Bleibt nur noch die Katze, die aber schlechter als der Elefant ist. Ergo ist es in dieser Umwelt[32] rational, immer und ausschließlich den Vorhersagen des Elefanten zu folgen.

Würden Sie das auch so machen? Vielleicht haben auch Sie gezögert und wollten der Mehrheitsmeinung der Ratgeber folgen. Tatsächlich finden wir, dass auch Erwachsene hier Fehler begehen. Dabei wäre es so einfach, in diesem Spiel die maximale Punktzahl einzuheimsen. Aus den Wahrscheinlichkeiten ergibt sich die einfache Regel: Folge immer dem schlausten Tier.[33] Aber warum verwenden nicht alle Erwachsenen diese Regel konsistent? Vielleicht haben die erwachsenen Teilnehmer das Spiel einfach nicht ernst genommen. Dieses Kinderspiel mit Elefanten und Mäusen. Und vielleicht sind auch nicht alle Erwachsenen so firm im Umgang mit Wahrscheinlichkeit.

Um diesen Einwänden zu begegnen, haben wir das Spiel leicht verändert. Die Bilder von Tieren ersetzten wir durch Fotos von Menschen. Als Probanden suchten wir eine besonders gebildete Gruppe auf. Nämlich Personen, die gerade ihre Doktorarbeit anfertigten. Und vor allem haben wir Geld in die Hand genommen. Mit einer halben Stunde Zeitaufwand hätten unsere Teilnehmer jeweils 40 €

---

[32] Man nennt dies im Fachjargon eine *non-kompensatorische* Umwelt. Eine kompensatorische Umwelt hingegen wäre gegeben, wenn z. B. die Maus eine ebenso hohe Trefferwahrscheinlichkeit wie die Katze hätte (.66). In diesem Fall würden deren gemeinsame Vorhersagen eine abweichende Vorhersage des Elefanten kompensieren. In einer solchen Umwelt wäre es gerechtfertigt, bei dem Vorhersagemuster aus Abb. 5.4 die Alternative zu wählen, in der Maus und Katze gemeinsam den Schatz vermuten.

[33] Die Regel folgt der sogenannten Take-The-Best Heuristic. Sie führt in solchen non-kompensatorischen Umwelten meist zu optimalen Ergebnissen. Gigerenzer, G., & Goldstein, D. G. (1999). Betting on one good reason: The take the best heuristic. In G. Gigerenzer, P.M. Todd and the ABC Research Group (Eds.), *Simple heuristics that make us smart* (pp. 75–95). Oxford: Oxford University Press.

verdienen können, wenn sie immer den Vorhersagen des besten Ratgebers gefolgt wären.[34] Tatsächlich schnitt diese hochgebildete und nach ihrer Leistung bezahlte Gruppe etwas besser ab als der Durchschnitt unserer bisherigen erwachsenen Probanden. Aber bei solchen Mustern von Vorhersagen wie in Abb. 5.4, da wich auch diese Gruppe häufig vom rechten Weg ab. Wiederum erlagen die Teilnehmenden der Versuchung, der Mehrheit der Ratgeber zu folgen statt dem einen, dessen Vorhersagen mit der höchsten Wahrscheinlichkeit eintrafen. Damit erspielten sie substanziell weniger Geld.[35] Anders ausgedrückt, Wahrscheinlichkeit als Gewicht zur Priorisierung wurde hier vernachlässigt. Stattdessen ließen sich die Teilnehmenden von der Meinung der Mehrheit der Ratgeber beeinflussen. In dieser speziellen Umwelt war diese Information aber irrelevant. Weil die Vorhersagen der zwei schlechteren Ratgeber aufgrund ihrer geringen Zuverlässigkeit niemals die Vorhersage des besten Ratgebers kompensieren konnten.

Auch andere Studien weisen nach, dass sich Menschen schwertun, irrelevante Informationen bei ihren Entscheidungen auszublenden.[36] Konsequente Priorisierung erfordert kontrolliertes und diszipliniertes Denken. Wahrscheinlichkeiten spielen dabei eine zentrale Rolle. Sie helfen uns, Quellen von Information zu bewerten. Auf

---

[34] Das entsprach zur Erhebungszeit dem doppelten durchschnittlichen Einkommen pro Stunde für diese Gruppe von Personen.

[35] Aßmann, L., Betsch, T., Lang, A., & Lindow, S. (2022). When even the smartest fail to prioritize: Overuse of information can decrease decision accuracy. *Journal of Cognitive Psychology*, https://doi.org/10.1080/20445911.2022.2055560.

[36] Söllner, A., Bröder, A., Glöckner, A. & Betsch, T. (2014). Single-process versus multiple-strategy models of decision making: Evidence from an information intrusion paradigm. *Acta Psychologica, 146*, 84–96. http://www.sciencedirect.com/science/article/pii/S0001691813002692).

eine Informationsquelle, deren Verlässlichkeit das Zufallsniveau nicht überschreitet, auf eine solche Quelle dürfen wir uns nicht verlassen. Übersteigen Wahrscheinlichkeiten das Zufallsniveau, dann sollten wir sie berücksichtigen. Aber immer in Relation zueinander. Ist eine Sache wahrscheinlicher als eine andere, müssen wir sie auch stärker in unseren Urteilen und Entscheidungen berücksichtigen. Sie muss mehr Gewicht erhalten. Und zwar unabhängig von anderen Variablen, die uns Wichtigkeit nur vorgaukeln und die Bedeutung von Chancen und Risiken verzerren.

Wissenschaftliches Denken gründet auf Wahrscheinlichkeit

In der Forschung orientieren wir uns ständig an Wahrscheinlichkeiten. Die Werkzeuge der schließenden Statistik bauen allesamt auf Prinzipien der Wahrscheinlichkeitstheorie. Sie werden routinemäßig verwendet, um Forschungsbefunde zu bewerten. Können wir auf einen Befund vertrauen oder handelt es sich bei unserem Ergebnis nur um ein Produkt des Zufalls? Eine solche Frage lässt sich nie mit Sicherheit beantworten. Aber wir können, beispielsweise mit einem Test auf Signifikanz, die Wahrscheinlichkeit für Zufall oder Systematik bestimmen. Darauf kommen wir im letzten Kapitel zurück. Neben der Bewertung einzelner Befunde sind Wahrscheinlichkeiten von fundamentaler Bedeutung, wenn wir auf Basis wissenschaftlicher Erkenntnisse Vorhersagen über die Zukunft machen. Ein Lehrstück dafür ist die Diskussion um den Klimawandel und vor allem über seine Ursachen. Um es gleich vorwegzunehmen: Es gibt keinen abschließenden Beweis dafür, dass die globale Erwärmung durch die Reduktion des Ausstoßes von Treibhausgasen gebremst werden könnte. Aber die Wahrscheinlichkeit dafür ist äußerst hoch. Was eine gute Nachricht ist. So liegt es noch in unseren Händen, die drohende Katastrophe aufzuhalten.

Spannend ist dabei, wie die Wissenschaft zu dieser Erkenntnis gelangte. Es gibt hier nicht die eine schlüssige Studie. Der Klimawandel lässt sich nicht experimentell im Labor untersuchen. Da ist kein Apparat, den wir aufschrauben können, um den Mechanismus im Innern zu enthüllen. Die Puzzleteile der Erkenntnis lagen weit verstreut. Hunderte Wissenschaftler unterschiedlicher Disziplinen arbeiteten hier zusammen. Aufwendige Messverfahren, riesige Datenmengen, eine Vielzahl von Einzelbefunden mündeten in komplexen Modellrechnungen. Die Puzzlesteine ergeben gemeinsam ein eindeutiges Bild. Die aktuelle Klimaerwärmung ist mit höchster Wahrscheinlichkeit das Produkt menschlicher Aktivität. Betrachten wir jedoch einen Puzzlestein alleine, dann lassen sich alternative Erklärungen nicht ausschließen. Denn einige Bausteine des Puzzles sind die Ergebnisse *korrelativer* Studien. Eine korrelative Studie allein erlaubt noch keinen Schluss auf Kausalität. Deshalb müssen wir zuerst verstehen, was eine Korrelation ist, bevor wir uns dem Klimawandel wieder zuwenden.

Korrelation – die Schwester der Wahrscheinlichkeit

Korrelation bezeichnet den statistischen Zusammenhang zwischen Variablen, beziehungsweise deren Ausprägungen. Sie ist eine notwendige, aber keine hinreichende Bedingung für Kausalität. Es verbietet sich damit, eine Korrelation im Sinne eines Ursache-Wirkungs-Zusammenhangs zu interpretieren. Auch wenn eine Kausalrichtung plausibel erscheint. Beispiel: Viele korrelative Studien weisen einen statistischen Zusammenhang zwischen dem Konsum aggressiver Medieninhalte und der Tendenz zu aggressivem Verhalten nach.[37] Das passt zu unserer Erwartung, dass aggressive Medien aggressiv machen. Aber es könnte auch sein, dass gewaltbereite Menschen besonders gerne aggressive Medien konsumieren. Weder die eine noch die andere Kausalrichtung ergibt sich zwingend aus der Korrelation. Denn die Variablen Medienkonsum und aggressives Verhalten könnten auch in gar keiner Kausalbeziehung stehen, sondern gemeinsam durch eine dritte Variable bedingt worden sein, wie beispielsweise das soziale Umfeld.

Wenn eine Korrelation unseren Erwartungen über Kausalität widerspricht, dann sind wir rasch dabei, nach alternativen Erklärungen zu suchen. Der folgende Befund ist ein alter Hut und ein Klassiker in jeder Statistikvorlesung. Zwischen 1970 und 1985 sank die Anzahl der Störche und mit ihr die Geburtenrate in Niedersachsen.[38] Da lassen die Zahlen keinen Zweifel aufkommen. Die beiden Variablen, die Anzahl der Störche und die Anzahl der Geburten, nahmen gemeinsam über diesen Zeitraum ab. Niemand würde angesichts dieser Korrelation (die objektiv besteht!) auf die Idee kommen, dass der Rückgang der Störche *die Ursache* dafür war, dass weniger Kinder auf die Welt kamen. Offensichtlich waren hier andere Faktoren (Drittvariablen) am Werke, die Reproduktion von Mensch und Tier gemeinsam beeinflussten. Das Wirtschaftswachstum in Deutschland

---

[37] Wood, W., Wong, F. Y., & Chachere, J. G. (1991). Effects of media violence on viewers' aggression in unconstrained social interaction. *Psychological Bulletin, 109*(3), 371–383. https://doi.org/10.1037/0033-2909.109.3.371.
[38] Höfer, T., Przyrembel, H., & Verleger, S. (2004). New evidence for the theory of the stork. *Paediatric and Perinatal Epidemiology, 18*, 88–92. https://doi.org/10.1111/j.1365-3016.2003.00534.x.

führte über die Jahre zu immer größerem Flächenverbrauch und zu Umweltschäden, die die Lebensgrundlage von Störchen zerstörten. Dies ist eine plausible Ursache für den Rückgang der Storchpopulation. Gleichzeitig hatte das Wirtschaftswachstum aber noch einen anderen Effekt. Die wachsende Wirtschaft eröffnete Frauen einen besseren Zugang zu Bildung und eigener Erwerbsarbeit. Zusammen mit der Verbreitung von Verhütungsmitteln („die Pille") führte dies dazu, dass weniger Kinder zur Welt gebracht wurden. Insofern war letztendlich das Wirtschaftswachstum für den Rückgang der Störche und der menschlichen Geburten verantwortlich.

Jetzt muss ich aber endlich das Konzept der Korrelation erklären. Dazu betrachten wir ihre große Schwester, die Wahrscheinlichkeit. Wahrscheinlichkeit, wie wir gesehen haben, basiert auf relativen Häufigkeiten. Im Schatzsuchespiel (Abb. 5.3 und 5.4) unterschieden sich die Tiere in der Wahrscheinlichkeit, den Inhalt eines Hauses (Schatz oder Spinne) korrekt vorherzusagen. Eine Wahrscheinlichkeit entsprach der relativen Häufigkeit, mit der ein Tier in den Lerndurchgängen bei seinen Vorhersagen richtiglag. Die Vorhersagen des Elefanten trafen in fünf von sechs Durchgängen zu. Was bedeutet, dass seine Vorhersage fünfmal mit dem Inhalt des Hauses übereinstimmte. Einmal unterschied sich der tatsächliche Inhalt von der Vorhersage. Die Betrachtung von Gleichförmigkeit und Unterschied ist ebenso zentral für die Beurteilung eines statistischen Zusammenhangs. Man spricht hier von *Kovarianz,* dem Ausmaß, mit dem zwei Variablen miteinander kovariieren, sich also gleichförmig verhalten. Kovarianz und relative Häufigkeit sind damit eng verwandt. Vor allem bei solchen Variablen, die nur zwei, sogenannte *diskrete,* Ausgänge haben; also *vorhanden* oder *nicht vorhanden, schwarz* oder *weiß* und eben *Schatz* oder *Spinne.* Statistiker haben sich diverse Formeln ausgedacht, wie man die Kovarianz für das Korrelationsmaß nutzen kann. Je größer die Kovarianz zwischen zwei Variablen, desto größer die Korrelation.

Ich habe mal das Korrelationsmaß von Karl Pearson (1857–1936) genommen, um die Korrelationen zwischen den Vorhersagen der Tiere und dem Inhalt des Hauses im Schatzsuchespiel zu berechnen.[39] Das mögen mir die Statistiker bitte verzeihen. Denn eigentlich ist Pearsons Korrelationskoeffizient r nicht für diskrete Variablen gemacht. Aber sei's drum. Zur Veranschaulichung eignet er sich trotzdem. Denn die Rangfolge der Tiere nach der Korrelation entspricht der Rangfolge nach Wahrscheinlichkeit. Die Maus liegt mit ihrer Trefferwahrscheinlichkeit von $p = .50$ nicht über Zufallsniveau. Korrigiert man ihre Trefferwahrscheinlichkeit für das Zufallsniveau, ist man bei null. Berechnet man den Korrelationskoeffizienten zwischen den Vorhersagen der Maus und dem Inhalt des Hauses, kommt man ebenfalls auf null. Das bedeutet, hier gibt es keine systematische Kovarianz zwischen Vorhersagen und Inhalt des Hauses. Also fehlt ein statistischer Zusammenhang. Und damit ist die Korrelation eben null. Wie ist es beim Elefanten? Da wird $r = .71$. Das ist eine sehr hohe Korrelation. Denn r kann maximal „1" werden. Das Korrelationsmaß r entspricht hier vom absoluten Zahlenwert zwar nicht der Wahrscheinlichkeit, bildet aber im Kern die gleiche Tendenz ab. Träten die Vorhersagen des Elefanten mit Sicherheit ein, hätten Wahrscheinlichkeit und Korrelationskoeffizient den Wert „1". Der Vollständigkeit halber: Bei der Katze

---

[39] Für Formel und Rechenweg vgl. z. B. Sedlmeier, P., & Renkewitz, F. (2018). *Forschungsmethoden und Statistik für Psychologen und Sozialwissenschaftler* (3. Aufl.). Hallbergmoos: Pearson. (216 ff.). Eine knappe und gute Einführung findet sich auch hier: https://www.maths2mind.com/schluesselwoerter/kovarianz, abgerufen am 23.7.2021.

ist $r = .33$. Wie bei der Trefferwahrscheinlichkeit liegt die Katze also zwischen Maus und Elefant. Hier offenbart sich, dass Wahrscheinlichkeit und Korrelation eng verwandt sind und ähnliche Relationen abbilden. Damit kann man Korrelation in Termini einer Wahrscheinlichkeit interpretieren. Woher das kommt, ob eine Kausalität dahintersteckt oder nicht, das teilt uns die Korrelation nicht mit. Aber sie ist trotzdem nützlich, weil wir Erwartungen über das gemeinsame Eintreten von Ereignissen machen können.

Korrelation kann aber noch mehr. Sie vermag den Zusammenhang zwischen *kontinuierlichen* Variablen zu messen. Im Schatzsuchespiel gab es lediglich zwei unterschiedliche Ereignisse. Die Ausgänge von Vorhersagen und Hausinhalten waren diskret. Kontinuierliche Variablen hingegen können größer oder kleiner ausgeprägt sein. Wie beispielsweise Körpergröße oder Gewicht. Pearson hatte sein Korrelationsmaß eigentlich für kontinuierliche Variablen konstruiert. Wenn Körpergröße und Gewicht korrelieren, bedeutet dies: je größer, desto schwerer. Und natürlich auch je schwerer, desto größer, weil ja keine Kausalbeziehung, sondern nur die Wahrscheinlichkeit einer gemeinsamen Variation beschrieben wird. Zudem drückt das Korrelationsmaß auch aus, welcher Art die Kovariation ist. Es kann nämlich zwischen −1 und +1 rangieren. Eine negative Korrelation bedeutet, dass die Variablen gegenläufig miteinander variieren. Zum Beispiel, je *länger* Wasser auf dem Herd kocht, desto *weniger* ist nachher im Topf. Während die eine Variable ansteigt (Dauer), nimmt die andere ab (Menge des Wassers). Würde man hier einen Korrelationskoeffizienten berechnen, wäre dieser negativ. Zu beachten ist, dass Pearsons Maß für die Korrelation nur lineare Zusammenhänge messen kann. Also kontinuierlichen Anstieg oder kontinuierliche Verringerung der Werte.

Es gibt jedoch Zusammenhänge in der Natur, die nicht linear sind, wie der Zusammenhang zwischen Alter und Kurzzeitgedächtnis. Der steigt im Verlauf der Kindheit an, nimmt aber im hohen Alter wieder ab. Oder ein Beispiel aus der Küche. Die Suppe schmeckt ungesalzen fad. Dann steigt die positive Geschmacksempfindung mit der Menge des zugegebenen Salzes an. Irgendwann aber kehrt sich die Geschmacksempfindung um. Eine leicht übersalzene Suppe mag man noch auslöffeln. Wenn die Salzmenge aber zu groß wird, wird die Suppe ungenießbar. Solche Zusammenhänge vermag das Korrelationsmaß von Pearson nicht zu messen.

Zusammengefasst: Statistische Zusammenhänge zwischen Variablen können mit Korrelationsmaßen beschrieben werden. Sie beruhen auf dem Ausmaß, in dem Werte oder Variationen von zwei Variablen gemeinsam auftreten. Koeffizienten wie Pearsons r drücken die Stärke eines linearen Zusammenhangs aus. Ist $r=0$, gibt es keinen systematischen Zusammenhang zwischen den Variablen. Wird der Koeffizient gleich 1, drückt dies einen perfekten positiven Zusammenhang aus. Jede Veränderung auf der einen Variablen wird begleitet von einer Veränderung auf der anderen Variable in dieselbe Richtung. Ist $r=-1$, dann handelt es sich ebenfalls um einen perfekten Zusammenhang in die gegenläufige Richtung. Diese Extremwerte gibt es selten. Da unsere Umwelt in der Regel probabilistisch, also durch Wahrscheinlichkeit bestimmt ist, werden Zusammenhänge, so sie denn existieren, zwischen den Endpunkten 0 und 1 (bzw. -1) rangieren. Und sie werden sich in ihrer Stärke unterscheiden. Insofern erschließt die Korrelation, ebenso wie die Wahrscheinlichkeit, den Raum zwischen Sicherheit und Unsicherheit. Korrelationen deuten zwar auf Regelmäßigkeiten in der Welt hin. Um jedoch eine

Kausalbeziehung zu identifizieren, reicht Korrelation nicht aus.

Korrelation ist allerdings ein erster Schritt, um Kausalität aufzudecken, und ein notwendiger hinzu. Besteht erst mal eine Korrelation, dann begeben wir uns im nächsten Schritt auf die Suche nach weiterer Evidenz, die uns hilft, etwas über mögliche Kausalität zu erkennen oder diese auszuschließen. Damit meine ich nicht nur Belege aus empirischer Forschung. Bewährte Theorien, die einen bestimmten Kausalzusammenhang postulieren, liefern ebenfalls zentrale Hinweise im Erkenntnisprozess. Zu empirischer und theoretischer Evidenz kommen in jüngster Zeit die sogenannten Modellierungen. Mit der Hilfe von Computern werden kausale Mechanismen darauf getestet, wie weit sie für bisher vorliegende Daten aufkommen können. Die Modellierungen erlauben die Wahrscheinlichkeit zu bestimmen, dass korrelativen Daten ein bestimmter kausaler Mechanismus zugrunde liegt und vor allem welche kausalen Interpretationen mit hoher Wahrscheinlichkeit falsch sind. Jenes kausale Modell, das sich zur Erklärung bestehender Daten bewährt hatte, kann dann auch zur Vorhersage künftiger Entwicklungen verwendet werden. Eine solche schrittweise Annäherung an Kausalität lässt sich ideal am Beispiel der These illustrieren, dass die aktuelle Erderwärmung menschengemacht ist. Tatsächlich können wir diese These nicht direkt überprüfen. Dazu müssten wir ein Experiment durchführen. Für das wir mindestens zwei identische Planeten und ausreichend Zeit bräuchten. Auf dem einen verbrennen wir 100 Jahre lang fossile Brennstoffe, auf dem anderen erzeugen wir alle Energie klimaneutral. Und dann schauen wir, was passiert. Das ist offensichtlich etwas schwierig. Zum Glück sind wir auf ein solches Experiment nicht angewiesen. Wir können die These hinsichtlich ihrer Wahrscheinlichkeit bewerten, dass sie zutrifft. In diesem

Fall ist die Wahrscheinlichkeit keine exakt bestimmbare Zahl. Sondern sie markiert die Verschiebung der Position auf einer Skala, die Sicherheit zwar nie erreicht, aber uns dennoch eine verlässliche Entscheidungsgrundlage bietet.

Die Ursachen des Klimawandels: Eine wahrscheinlichkeitsbasierte Annäherung

Es beginnt mit einer Korrelation[40]. Je höher die Konzentration an Kohlendioxid (CO_2) in der Atmosphäre, desto kleiner sind die Eismassen auf der Erde.[41] Die Daten, die dieser Beobachtung zugrunde liegen, decken einen gewaltigen Zeitraum ab. Über 600 Mio. Jahre. Sie stammen aus der Analyse der Struktur von Sedimenten. Die Universität Bremen hütet einen besonderen Schatz, das größte Bohrkernlager der Welt. Die Bohrkerne stammen aus über 90 Expeditionen und sind aneinandergereiht etwa 160 km lang. Sie berichten uns von vergangenen Zeiten. Aus der Position der Schichten und den darin enthaltenen Verhältnissen von Sauerstoff- und Kohlenstoffisotopen lassen sich die globale Temperatur und die Menge von CO_2 in der Atmosphäre bestimmen.

Zoomen wir nun in die Vergangenheit hinein und schauen uns einen vergleichsweise kleinen Ausschnitt an. Die letzten 10.000 Jahre. Das ist das Zeitalter des Holozäns. Eine Warmperiode, die begünstigte, dass der Mensch

---

[40] Ich werde hier auf den Bericht von Koeffizienten und Parametern verzichten.
[41] Rahmstorf, S., & Schellnhuber, H.J. (2019). *Der Klimawandel*. München: C.H. Beck. S. 18. Hans Joachim Schellnhuber war Gründer und ist emeritierter Direktor des Potsdam-Instituts für Klimafolgenforschung. Stefan Rahmstorf leitet dort die Abteilung Erdsystemanalyse.

sesshaft wurde und begann, Ackerbau zu betreiben. Für die letzten 2000 Jahre verfügen wir über Daten, die ziemlich genau sind. Der Ertrag eines riesigen Forschungsprojekts. Fast einhundert Wissenschaftler aus aller Welt arbeiteten hier zusammen.[42] Die Befunde zeigen einen klaren Trend. Die globale Temperatur auf unserem Planeten sank nun wieder ab. Die nächste Eiszeit ließ grüßen. Dann aber kam es zu einem abrupten Wandel. Kurz nach Beginn der Industrialisierung begann das Klima sich in exponentieller Weise wieder zu erwärmen.[43] Dieser abrupte Wandel, die Veränderung gegen den langfristigen Trend, ist erklärungsbedürftig.

Und nun kommen wir zur nächsten Korrelation. Die basiert größtenteils auf direkten Messungen aus den letzten hundert Jahren. Nicht nur die mittlere globale Temperatur steigt sprunghaft an, sondern auch die Konzentration von Treibhausgasen, wovon CO_2 den bedeutendsten Anstieg verzeichnet. Diese Korrelation ist sehr stark und statistisch unabweisbar.

Bis hierhin verfügen wir über korrelative Daten und die Beobachtung einer abrupten Umkehr eines Trends. Beide sind Konsens in der Wissenschaft. Aber der allein reicht nicht hin, um eine Kausalrichtung zu identifizieren. Und auch nicht, um die These überzeugend zu belegen, dass die globale Erwärmung *anthropogen* ist, also durch den Menschen verursacht wurde. Dafür benötigen wir weitere Belege. Zwar muss die positive Korrelation zwischen Treibhausgas-Konzentration und Temperaturanstieg auftreten, wenn die These stimmt. Denn die Verbrennung

---

[42] PAGES2k Consortium (2017). A global multiproxy database for temperature reconstruction of the Common Era. *Nature Scientific Data 4*, 170 088. https://doi.org/10.1038/sdata.2017.88.
[43] Rahmstorf, S., & Schellnhuber, H.J. (2019). *Der Klimawandel*. München: C.H. Beck. S. 27.

fossiler Brennstoffe erzeugt ja unter anderem CO_2. Die Korrelation ist damit eine notwendige, aber keine hinreichende Bedingung für den Beleg einer kausalen Beziehung.

Jetzt geht das Puzzlespiel los. Zuerst die Ausschlussdiagnostik. Könnten natürliche Faktoren verantwortlich dafür sein, dass sich sowohl die Konzentration der Treibhausgase als auch das Klima verändert? Drei übliche Verdächtige sind der Klimaforschung schon lange bekannt. Den ersten könnte man Armageddon nennen. Eine Katastrophe biblischen Ausmaßes. Der Ausbruch eines Megavulkans, gigantische Waldbrände, schwere unterseeische Beben, die zur Entladung riesiger Methanblasen führen, Monstermeteoriten, die die Erdbahn verändern – wir haben von alldem durchaus eine Vorstellung, weil wir ins Kino gehen oder Streamingdienste abonnieren. Armageddon können wir jedoch ausschließen, denn das wäre der Menschheit wohl aufgefallen. Die zwei weiteren Kandidaten tragen nicht so eingängige Namen. Zum einen sind da die Dansgaard-Oeschger-Ereignisse. Das sind bedeutsame Veränderungen der großen Meeresströmungen. Und zum anderen die Milankovic-Zyklen. Die in großen Abständen auftretenden Schwankungen in den Rotationswinkeln der Erde im Sonnenumlauf. Beide verursachen in der fernen Vergangenheit systematische Veränderungen des Erdklimas. Beide jedoch kommen als Ursachen für die aktuelle Erwärmung nicht infrage. Erstens weil sie nicht so abrupt auftreten. Und zweitens weil zurzeit weder signifikante Veränderungen der Meeresströmungen noch der Rotationsachse beobachtbar sind.[44]

---

[44] Vgl. Rahmstorf, S. & Schellnhuber, H.J. (2019). *Der Klimawandel.* München: C.H. Beck. S. 21 ff.

Im nächsten Schritt müssen wir uns einem Mechanismus zuwenden. Dem sogenannten Treibhauseffekt. Ein wirklich unzutreffender Name. Treibhäuser versuchen möglichst viel der Wärme in einem geschlossenen Raum zu halten. Indem sie die Luft einsperren. Die heiße Luft treibt dann Schweiß und Blüten. Der Treibhauseffekt auf unserem Planeten bezieht sich auf einen Regulationsmechanismus, der auf ganz natürliche Weise zu einer lebensfreundlichen Bilanz von ein- und ausgehender Wärmestrahlung führt. Die wichtigste Rolle spielen dabei Gase – Wasserdampf, Kohlendioxid und Methan. Sie wirken wie ein solider Schirm auf einer Terrasse. Sie lassen nur einen Teil der Wärmestrahlung der Sonne durch. Dadurch heizt sich die Terrasse nicht so stark auf wie das Pflaster, das außerhalb des beschatteten Bereichs liegt. Nach der Dämmerung jedoch ist es unter dem Schirm länger warm. Weil der Schirm die vom Boden abstrahlende Wärme reflektiert. Ohne Schirm wäre es auf der Terrasse tagsüber viel heißer und abends kälter. Die in der Atmosphäre enthaltenen Gasmoleküle wirken wie eine Armada kleiner Schirme. Die einen Teil der Wärmestrahlen der Sonne direkt wieder ins All zurückwerfen und gleichzeitig dafür sorgen, dass nicht die ganze Wärme, die unten ankommt, danach wieder ins All entfliehen kann. Die Konzentration dieser Treibhausgase ist allerdings nicht konstant. Steigt ihre Konzentration, so wird mehr Wärme auf der Erde zurückgehalten. Die globale Erdtemperatur steigt. Verringert sich ihre Konzentration, so wird mehr Wärme ins All abgestrahlt. Dann wird es kälter auf unserem Planeten. Diese Theorie des Treibhauseffektes bewährt sich hervorragend. Der postulierte kausale Mechanismus lässt sich unabhängig nachweisen und sogar im Labor demonstrieren. Zudem erlaubt die Theorie die Erklärung von Klimaprozessen anderer Planeten. Auf der Venus herrschen trotz dichter Atmosphäre extrem hohe Temperaturen. Gleichzeitig ist der Anteil an Treibhausgasen in ihrer Atmosphäre sehr hoch. Mit an Sicherheit grenzender Wahrscheinlichkeit geht die abrupte globale Erwärmung kurz nach Beginn der Industrialisierung auf die gleichzeitige Erhöhung der Konzentration an Treibhausgasen zurück.[45]

Jetzt sind wir ein Stück weiter, aber immer noch nicht am Kern der These angelangt. Ist wirklich die *industrialisierte* Gesellschaft dafür verantwortlich, dass es zu einer Vermehrung der Treibhausgase kam? Oder produzieren andere Quellen CO_2, Methan etc.? Und wiederum spricht zuerst eine Korrelation für die Schuld des Menschen. Seit Beginn der Industrialisierung wurden immer größere Mengen fossiler Brennstoffe verbrannt. In gleichem Maße stieg die Konzentration von Treibhausgasen, allen voran des CO_2, in der Atmosphäre an. Zurzeit messen wir die höchste Menge an CO_2 seit 800.000 Jahren! Nun wird CO_2 nicht nur von Fabriken, Autos und Heizungen produziert. Die gesamte Biomasse des Planeten ist an der Verstoffwechslung des Kohlenstoffs (C) beteiligt, den ja Kohlendioxid (CO_2) enthält. Wie kann man nachweisen, dass vor allem die *Verbrennung von fossilen Stoffen* Schuld am aktuellen Klimawandel ist?

Mithilfe der Bestimmung von Isotopen lassen sich Verursacher ausschließen und identifizieren. Elemente können in Varianten auftreten, sogenannten Isotopen.[46] Die unterscheiden sich in der Zusammensetzung ihrer Atomkerne, also im Verhältnis von Neutronen zu Protonen. Radiokarbon oder C-14 ist eine natürlich produzierte radioaktive Variante des Kohlenstoffs mit

---

[45] Vgl. Rahmstorf, S., & Schellnhuber, H.J. (2019). *Der Klimawandel.* München: C.H. Beck. S. 30–32.
[46] Vgl. hierzu die hervorragende WDR-Doku „Klimawandel – Was die Wissenschaft wirklich weiß" von 2021 mit der Wissenschaftsjournalistin Mai Thi Nguyen-Kim. https://www.youtube.com/watch?v=oJ1zm65u-ck, abgerufen 29.6.2021.

6 Protonen und 8 Neutronen im Kern. Sie kommt in kleinen Mengen in jedem Organismus vor. Ihre Halbwertszeit beträgt etwa 5700 Jahre. Damit lässt sich das Alter organischer Materialien bestimmen. Über die C-14-Konzentration kann unter Berücksichtigung der Zerfallsgeschwindigkeit (Halbwertszeit) auf das Alter des Materials geschlossen werden. Darauf beruht die Methode der Radiokohlenstoffdatierung.

C-14 wird in der Atmosphäre produziert und von der Flora und Fauna verstoffwechselt. Wir nehmen es auf beim Atmen, bei der Ernährung und wir atmen und scheiden es wieder aus. Mit dem Absterben jedes Lebewesens setzt der Verfall dieses Isotops ein. Verfall und Produktion stehen in einem Gleichgewicht. Bemerkenswerterweise hat sich die Konzentration von CO_2, das C-14-Atome enthält, nicht verändert! Das bedeutet, der Anstieg der Kohlendioxidkonzentration geht *nicht* auf die aktuelle und jüngere Biomasse des Planeten zurück. Kohle und Erdöl, die Hauptquellen der industriellen CO_2-Produktion, enthalten jedoch überhaupt kein C-14. Sie entstanden zwar aus organischer Masse. Aber die ist Millionen Jahre alt. Aufgrund seiner vergleichsweise recht kurzen Halbwertszeit ist das Radiokarbon, das darin einmal enthalten war, längst zerfallen. Wenn also die Menge von radioaktivem CO_2 konstant geblieben ist, aber die Gesamtmenge an CO_2 in der Atmosphäre ansteigt, kommt als stärkste Verursachungsquelle nur noch unsere Industrie und Technik infrage, die auf Kohle und Erdöl basiert.

Wir haben im zweiten Kapitel gehört, dass es Wissenschaft nicht nur um Erklärung geht. Eine gute wissenschaftliche Erklärung, eine gute Theorie erlaubt uns, Vorhersagen zu generieren. Die Qualität einer Theorie misst sich in erster Linie an der Güte ihrer Vorhersagen. Nun wird das Klima von einer Vielzahl von

Faktoren beeinflusst. Und die Theorie über das Klima, unsere Modelle enthalten schon viele dieser Faktoren, andere sind uns noch unbekannt. Wenn aber die Vermutung eines Kausalzusammenhangs zwischen anthropogener Produktion von Treibhausgasen und der globalen Erwärmung stimmt, dann muss die Berücksichtigung dieses Faktors das Vorhersagemodell verbessern. Anders ausgedrückt, die Hinzunahme der weltweiten Produktionsmenge von CO_2 und anderen Treibhausgasen müsste genauere Vorhersagen der Entwicklung der globalen Durchschnittstemperatur auf unserem Planeten erlauben. Die Modellrechnungen der Klimawissenschaftler produzieren Temperaturverläufe, wie sie tatsächlich in der Vergangenheit aufgetreten sind. Die Vorhersagen für die Zukunft können wir natürlich noch nicht überprüfen. Aber die Wahrscheinlichkeit, dass sie eintreffen, ist sehr hoch. Denn die Wahrscheinlichkeit wird aus multipler Evidenz getrieben. Korrelationen zwischen den kritischen Variablen, Ausschlussdiagnostik, nachgewiesene Kausalmechanismen und die Eingrenzung der möglichen Quellen über Isotopenbestimmung konvergieren. Wohlgemerkt, der letzte Nachweis für die Gültigkeit der These, dass die globale Erwärmung menschengemacht ist, lässt sich nicht erbringen. Aber wir wären schlecht beraten, wenn wir die Wahrscheinlichkeit ignorierten, mit der die These gültig ist.

Wahrscheinlichkeit schafft Wissen

Ein beträchtlicher Teil der Welt bliebe unserer Erkenntnis verschlossen, würden wir ausschließlich sicheres Wissen akzeptieren. Die meisten Prozesse, die natürlichen Gesetzmäßigkeiten zugrunde liegen, sind unserer direkten Beobachtung nicht zugänglich. Nicht jedes Phänomen beruht auf einem Mechanismus, der wie ein

Uhrwerk läuft. Den wir nur enthüllen müssten, um seine deterministische Wirkungsweise zu verstehen. Oftmals bleibt uns nichts anderes übrig, als mit den Schatten an der Platon'schen Höhlenwand vorliebzunehmen. Jedoch verfügen wir über ein mächtiges Werkzeug. Das Konzept der Wahrscheinlichkeit erschließt der Erkenntnis den Raum, der sich zwischen Sicherheit und Unsicherheit erstreckt. Und selbst wenn wir Abläufe direkt beobachten können, mit dem Blick durch das Vergrößerungsglas mag man sich auch verirren. Komplexe Abläufe offenbaren ihre Regelmäßigkeit aus der Distanz. Das Galtonbrett lehrt uns, dass erst in Gestalt der Verteilung vieler Ereignisse die Gesetze der Wahrscheinlichkeit sichtbar werden. Wahrscheinlichkeit ist etwas ganz Natürliches. Sie beschreibt relative Häufigkeiten. Unser Gehirn ist dafür gemacht, relative Häufigkeiten zu registrieren. Insofern sind wir native, also geborene Verarbeiter von Wahrscheinlichkeiten. Aber deren formale Darstellung macht uns oft Probleme. Und bei kommunizierten Risiken verlassen wir uns eher auf Gefühle als auf den Verstand. Dabei helfen Wahrscheinlichkeiten, Wichtiges von weniger Wichtigem zu trennen. Sie gewichten die Ausgänge von Alternativen und helfen uns somit bei Entscheidungen. Den evidenzbasierten Wissenschaften ist die Wahrscheinlichkeitstheorie unerlässlich. Sowohl bei der Bewertung der Gültigkeit von Forschungsbefunden als auch bei der Messung von Zusammenhängen. Wahrscheinlichkeit und verwandte Konstrukte (z. B. Korrelation) sind im Forschungsprozess allgegenwärtig. Korrelation reicht aber nicht hin, um auf Kausalität zu schließen. Wenn wir diese nicht direkt überprüfen können, wie beispielsweise bei den Ursachen des Klimawandels, helfen uns Konzepte der Wahrscheinlichkeit, Modelle der Realität zu entwickeln und zu bewerten. Kurzum: Wahrscheinlichkeit schafft Wissen.

6

Was den Menschen ausmacht, lässt sich nicht vermessen

„Menschen kann man doch nicht in Zahlen
oder in eine Formel pressen!"
Anonymus
in einer Vorlesung des Autors

Im Tal des Todes scheinen Geister ihr Unwesen zu treiben. Felsbrocken verändern ihre Position und hinterlassen dabei Schleifspuren auf den Schollen eines ausgetrockneten Salzsees. *Racetrack Playa* heißt der Ort im Südosten Kaliforniens, an den sich selten jemand verirrt. Dass die Brocken wandern, ist bekannt. Aber noch kein Mensch konnte mit eigenen Augen ihre Bewegung beobachten. Wer oder was ist da am Werk? Seit 2014 wissen wir: Geister, Aliens oder Spaßvögel, die heimlich die Brocken verschieben, scheiden als Erklärung aus.[1] Eine Forschergruppe des Scripps Instituts für Ozeanografie in San Diego entschlüsselte das Phänomen. Dazu waren aufwendige Messungen nötig. Die Forscher protokollierten Windgeschwindigkeit, Temperatur und Niederschlagsmengen. Fünfzehn der Gesteinsbrocken pflanzten die Forscher GPS-Sender auf. Während der meisten Zeit passierte gar nichts. Aber ab und an registrierte der Empfänger der GPS-Signale Bewegung! Die Forscher fanden heraus, dass dafür drei Faktoren gemeinsam gegeben sein mussten. Erstens Niederschlag, zweitens Kälte, drittens Wind. Wenn sich aus Tau, Reif oder Regentropfen eine Eisschicht auf dem Boden gebildet hatte und der Wind mit einer Stärke von mindestens 3–4 Punkten auf der Beaufortskala blies, dann, und erst dann begannen sich die Steine zu bewegen. Unter ihnen hatten sich millimeterdicke Scheiben des Eises gelöst und auf diesen „surften" die Brocken über die *Racetrack*. Aber so langsam, dass es für das menschliche Auge kaum wahrnehmbar gewesen wäre.

Wir haben kein Problem, diese Erklärung zu akzeptieren. Wir gehen davon aus, dass die Forscher Temperatur, Wassergehalt, Windgeschwindigkeit und die Bewegung der Felsbrocken korrekt gemessen haben. Dafür stehen ja auch hoch entwickelte Verfahren zur Verfügung. Wir unterstellen, dass diese zuverlässige und gültige Ergebnisse erbringen. Und es wird wohl niemand ernsthaft bezweifeln, dass wir das Wetter und die Bewegung von Felsbrocken vermessen dürfen und können. Schließlich kann sich weder das Wetter noch ein Felsbrocken darüber

---

[1] Norris, R.D., Norris, J.M., Lorenz, R.D., Ray, J., & Jackson, B. (2014). Sliding rocks on Racetrack Playa, Death Valley National Park: First observation of rocks in motion. *PLoS ONE, 9,* e105948. https://doi.org/10.1371/journal.pone.0105948.

beschweren. Aber wenn es um die Vermessung unserer Person selbst geht, vor allem unserer Psyche, dann werden rasch Bedenken laut. Stattdessen, so wird gerne gefordert, bedarf es eines ganzheitlichen Zuganges, um dem Wesen des Menschen gerecht zu werden. Ganzheitlichkeit – ein nebulöses Konstrukt, mit dessen Hilfe einige seiner Advokaten jenes disqualifizieren, worüber es ihnen an Kenntnis mangelt. Nämlich die Methodik des Messens in den empirischen Wissenschaften. Diese entfaltet insbesondere dann ihre Stärken, wenn wir komplexe Systeme mit vielen Variablen und deren Wechselwirkungen betrachten. Beim Menschen handelt es sich zweifellos um ein komplexes System. Wie in einem Bienenstaat, einem Öko- oder Planetensystem, so laufen im menschlichen Gehirn ebenfalls viele komplizierte Prozesse ab. Wahrnehmung, Lernen und die Ausbildung von Fähigkeiten, Persönlichkeit, Einstellungen, Denken und Sprachbeherrschung beruhen alle auf komplexen Mechanismen, die meist nicht direkt beobachtbar sind. In diesem Kapitel werde ich zeigen, dass man sie trotzdem in gültiger und verlässlicher Weise messen und beschreiben kann.

Irrtum und Fakt

Forschung, die die Natur zum Gegenstand erklärt, schließt den Menschen mit ein. Im wissenschaftlichen Erkenntnisprozess macht er sich selbst zum Objekt der Forschung. Damit dies gelingt, müssen wir einen intersubjektiven Realitätskonsens über physiologische, psychologische und soziale Phänomene erreichen, die den Menschen betreffen. In den empirischen Wissenschaften stellen Messungen dabei einen unverzichtbaren Baustein dar. Denn nur so lassen sich Beobachtungen nachvollziehbar verarbeiten, kommunizieren und durch Dritte wieder an der Realität überprüfen. Vorbehalte gegen die Vermessung des Menschen, vor allem seiner Psyche, können zumindest zwei Ursachen haben. Zum einen Hybris, die Selbsterhöhung unserer Person oder unserer Art. *Jeder Mensch ist etwas ganz Besonderes.* Angesichts der Individualität jedes Subjekts verbiete sich die Anwendung standardisierter Messinstrumente. Die totalitäre Form der Hybris erhebt die gesamte Spezies über die Natur. Der Mensch an sich sei eben einzigartig und mit keinem anderen Lebewesen in der Natur vergleichbar. Numerische Formate der Beschreibung werden der höheren Seinsstufe des menschlichen Wesens nicht gerecht. Wird dies religiös begründet (Mensch als Ebenbild Gottes), laufen wir wieder vor die Wand einer, gegen Kritik immunisierten, Wahrheitsbehauptung. Die zweite Ursache ist häufig Unwissenheit. Viele Messinstrumente und die Techniken der Qualitätssicherung sind einer breiteren Öffentlichkeit nicht bekannt. Kommuniziert werden meist nur die Ergebnisse von Messungen und nicht die Methodik, die dahintersteckt. Denn Fakt ist, dass wir über elaborierte Instrumente zur Vermessung der Psyche des Menschen verfügen. Sie ermöglichen Fortschritt im Erkenntnisprozess und sind damit schlichtweg praktisch und nützlich.

Messen und Ganzheitlichkeit

Messen ist eigentlich etwas völlig Unverfängliches. Das Ziel jeder Messung besteht darin, einer Beobachtung eine numerische Entsprechung zuzuordnen. Diese Entsprechung soll die Struktur auf der Beobachtungsebene erhalten und keine neue schöpfen. Die Abbildung soll homomorph (gleich oder ähnlich) sein. Die Strecke, die

die Steine auf der *Racetrack Playa* zurücklegten, kann man in, auf das Meter bezogenen, Einheiten messen, z. B. in Millimetern oder Zentimetern. Diese Maßeinheiten sind nicht vom Himmel gefallen. Darauf haben sich Menschen geeinigt. Ein real existierendes Objekt einer bestimmten Länge als Maßstab und Standard festzulegen – das sogenannte Urmeter. Natürlich könnte ich für mich persönlich eine andere Maßeinheit festlegen, wie die Distanz von der Zehenspitze zur Ferse meines rechten Fußes. Nur könnte ich dann mit Ihnen nicht mehr sinnvoll kommunizieren. Irgendwann würden wir uns wahrscheinlich auf eine Umrechnungstabelle einigen müssen. Aber die Messung selbst, die einer Beobachtung ein numerisches Relativ zuordnet, ist unproblematisch.

Lassen wir einmal die wandernden Steine beiseite und vermessen eine große Gruppe von Menschen. Nehmen wir an, wir haben deren Vornamen in der ersten Spalte einer Tabelle eingetragen. In der zweiten Spalte ordnen wir allen männlichen Vornamen die Zahl 0 und allen weiblichen die Zahl 1 zu. Einem Kalkulationsprogramm können wir nun befehlen, die Nullen und Einsen zu zählen und deren relatives Verhältnis auszugeben. Damit hätten wir den Anteil von Männern und Frauen in der Stichprobe bestimmt. Und schon kann der Ärger losgehen. Haben wir durch diese Messung die Struktur der Stichprobe wirklich getreu unserer Beobachtung abgebildet?[2] Wird die Zahl 0 tatsächlich dem Wesen des Männlichen gerecht und die 1 dem des Weiblichen? Und verletzt es nicht die Würde der Personen, die sich selbst einer anderen Geschlechtskategorie zuordnen? Lässt sich wirklich aus dem Namen bestimmen, um welche Persönlichkeiten es sich hier

---

[2] Eine strukturgleiche Abbildung einer Beobachtung wird als homomorph bezeichnet. Messen wird definiert als die homomorphe Abbildung von Beobachtungen in eine numerische Abbildung.

handelt? Zugegeben, ich übertreibe nun ein wenig. Aber Sie werden einige Motive gesellschaftlicher Diskurse hier wiedererkennen. Das Beispiel deutet an, woher der Wind weht. Nicht der Akt des Messens, also der Zuordnung einer Zahl (z. B. „0") zu einer Beobachtung (z. B. „Hans"), ist das Problem, sondern die Entscheidung darüber, *was* gemessen werden soll. Das „was" bezieht sich auf die *Konstruktebene,* auf die Ebene unserer Vorstellung. Was wir meinen, wenn wir „weiblich" oder „männlich" sagen. Und da gibt es unterschiedliche Vorstellungen. Solange jedoch das Konstrukt nicht definiert ist, macht die Messung keinen Sinn. Definitionen sind nie falsch oder richtig. Sie bestimmen nur, was diejenigen meinen, die eine Messung durchführen möchten. Mit der Definition können sie dies kommunizieren und andere können begreifen, was hier gemessen werden soll.

Nehmen wir an, die Forscher, die die Vornamen erhoben, wären am Selbstkonzept der Personen interessiert. Also ob sich die Befragten selbst als eher männlich, weiblich, divers oder einer anderen Kategorie zuordnen. In diesem Fall hätten sie die falschen Beobachtungen gemacht! Der Vorname ist hier gar nicht relevant. Sie hätten die Personen fragen müssen, welcher Geschlechtsrolle sie sich subjektiv zuordnen. Und diese Rollenzuordnung könnte man dann wieder in Zahlen abbilden. Um beispielsweise herauszufinden, wie viele Menschen in der Stichprobe sich als divers identifizieren. Also: Nicht die Messung ist das Problem. Vielmehr muss klar bestimmt werden, was man messen möchte.

Nun könnte man einwenden, dass mit jeder Messung die Person auf eine bestimmte Dimension verengt würde. Was ihrer ganzheitlichen Wesenhaftigkeit nicht entspräche. Die Bedeutung des Konzeptes „ganzheitlich" lässt sich jedoch nur schwer bestimmen. Definitionen

6 Was den Menschen ausmacht, lässt sich nicht ...

gibt es wie Sand am Meer. Aber viele kommen doch darin überein, dass bei einem ganzheitlichen Zugang einzelne Dimensionen der Realität nicht isoliert betrachtet werden, sondern in ihrer Verbindung zu dem gesamten System an Variablen, in das sie eingebettet sind. Tatsächlich widerspricht ein ganzheitlicher Ansatz zu einem Phänomen grundsätzlich in keiner Weise dem Akt des Messens. Auch eine größere Menge an Variablen sowie deren Vernetzung und Interaktion lassen sich durchaus messen.

Der folgende Vorfall ereignete sich in einem Kolloquium meiner Heimatuniversität. Eine Kollegin und ich hielten einen Vortrag über unsere Forschung zum Lernen in der Grundschule[3]. Es ging darum, welche Unterrichtsmethode langfristig die Lernleistung verbessert. Dazu hatten wir Strategien des Übens von Grundlagen der Geometrie verglichen. Die eine Gruppe wiederholte mehrfach den Lerninhalt, was den Schülern wenig Mühe bereitete. Die andere Gruppe musste in derselben Zeit kleine Tests absolvieren, was ihnen mehr Mühe bereitete. Denn sie mussten dazu selbstständig den Lerninhalt aus dem Gedächtnis abrufen. Kurzfristig (am selben Tag) führte Wiederholung zu besseren Lernleistungen. Langfristig hatten aber die Schüler, die die etwas mühevolleren Tests absolviert hatten, die deutlich besseren Lernergebnisse.

Wir waren ganz begeistert von unseren Befunden. Die Mehrheit unseres Publikums jedoch nicht. Der zentrale Einwand war, dass wir unsere Lernstrategien in eine Unterrichtsmethode eingebettet hatten, die direkte

---

[3] Betsch, T., Quittenbaum, N., & Lüders, M. (2015). On the robustness of the quizzing effect under real teaching conditions. *German Journal of Educational Psychology – Zeitschrift für Pädagogische Psychologie, 29*, 109–114. https://doi.org/10.1024/1010-0652/a000149.

Instruktion heißt[4]. Diese sei stark durch die Lehrkraft dominiert. Sie, die Kritiker, würden aber ganzheitliche Methoden bevorzugen, die die Schüler in ihrer gesamten Persönlichkeit würdigten. Auf unsere Nachfrage, was denn dann genau im Unterricht erreicht werden sollte, entspann sich eine sehr kontroverse Diskussion. Es ging um die Gesamtbildung des Menschen, um dessen Persönlichkeit und schließlich fielen auch solche Begriffe wie Seele und Geist. Unser Verweis auf den Lehrplan des Bundeslandes, der klare Kompetenzziele unter anderem für den Geometrieunterricht vorsah, eskalierte die Diskussion – wohlgemerkt unter Dozierenden, die Grundschullehrer ausbilden. Wir ließen aber nicht locker, und schließlich brachte eine Diskussionsteilnehmerin die Sache auf den Punkt. Sie sagte, für eine ganzheitliche Bildung des Menschen würde sie auch eine geringere Leistung in Mathematik in Kauf nehmen. Meine Frage war dann, woran sie den Erfolg einer ganzheitlichen Bildung festmachen würde. Sie nannte darauf einige Beispiele, wie die Ausbildung einer prosozialen Einstellung und die Bildung der Persönlichkeit. Einstellungen und Persönlichkeit aber können wir messen. Die Psychologie hat dafür über die letzten einhundert Jahre verlässliche Maße hervorgebracht Insofern ließen sich ganzheitliche mit anderen Unterrichtsmethoden durchaus vergleichen. Es müssten einfach nur *mehr* Messungen durchgeführt werden. Und in der Tat wäre es spannend zu überprüfen, ob durch ganzheitliche Verfahren der Unterrichtsgestaltung junge Menschen in ihrer Persönlichkeitsreifung eher profitieren als unter dem Einsatz von Methoden, die allein auf Kompetenzen in spezifischen Lernfeldern ausgerichtet sind. Es bliebe

---

[4] Hattie, J. A. C. (2009). *Visible learning. A synthesis of over 800 meta-analyses relating to achievement.* London & New York: Routledge.

dann dem gesellschaftlichen Diskurs überlassen, zu entscheiden, was die primäre Aufgabe schulischer Bildung sein soll. Lautete die Antwort „Persönlichkeitsbildung", könnten wir auch eine weniger hohe Leistung beispielsweise im Kompetenzfeld Mathematik in Kauf nehmen. Die Voraussetzung dafür ist jedoch, dass die Indikatoren ganzheitlicher Bildung klar definiert werden. Wenn die Indikatoren benannt werden, können wir sie auch messen und einen evidenzbasierten Diskurs führen.

Um die Ecke kann man manchmal besser sehen: Indirekte Messungen

Bei physischen Größen, wie Länge oder Gewicht, sind wir mit unseren Messgeräten sehr nah an der Sache dran, die wir messen wollen. Bei psychischen Größen ist dies nicht möglich. Wissen, Einstellungen, Wünsche, Ängste, Persönlichkeit und fast alles andere, was uns ausmacht, können wir nicht direkt beobachten. Auch die Hirnforschung verfügt dafür über keine Apparatur, die diese Dimensionen unserer Existenz direkt messen könnte. Bildgebende Verfahren, die die Aktivitäten bestimmter Hirnareale indizieren, liefern auch nur Korrelate psychischer Prozesse. Aber indirekte Maße sind bei Weitem nicht nur zweite Wahl. Die Naturwissenschaften bedienen sich ihrer vielfach und mit großem Erfolg.

Zur Zeit der ersten Mondmissionen galt unser Trabant als knochentrocken. Die Proben, die Astronauten und Roboter von seiner Oberfläche entnommen hatten, enthielten nicht die Spur von Wasser – was wohl kaum überraschte. Schließlich fehlt dem Mond eine Atmosphäre. Seine Oberfläche ist starken Temperaturschwankungen ausgesetzt. Bei direkter Sonneneinstrahlung werden

130 Grad auf der Celsiusskala erreicht. Wassermoleküle, sofern es sie je gegeben haben sollte, mussten schon seit Jahrmillionen in das Vakuum verdampft sein. Es waren indirekte Messverfahren, die den Nachweis erbrachten, dass doch Wasser auf dem Mond existiert. SOFIA[5] ist ein fliegendes Weltraumobservatorium. Es kann bis in die Stratosphäre aufsteigen. Von dort, in elf Kilometern Höhe, ist der Blick ins All so gut wie ungetrübt. Bilder aus einem Spiegelteleskop werden mit einer hochempfindlichen Infrarotkamera aufgenommen. Mittels Spektralanalyse können dann die Signaturen von Stoffen bestimmt werden. Vibrationen von Wassermolekülen produzieren eine charakteristische spektrale Signatur im Bereich von 6 μm. Und genau diese Signatur fand sich in den Daten aus den Mondbeobachtungen von SOFIA.[6] Damit erbrachte eine indirekte Messung aus weiter Ferne den Nachweis, dass Wasser auf dem Mond existiert.

Mit der menschlichen Psyche verhält es sich ähnlich wie mit einem weit entfernten Himmelskörper. Die meisten Vorgänge entziehen sich unserer unmittelbaren Beobachtung und damit der direkten Messung. Das trifft beispielsweise auf Denkprozesse zu, die unwillkürlich, quasi automatisch ablaufen. Die erfolgreiche Anpassung an unsere Umwelt erfordert Routinisierung. Das bedeutet, wiederkehrende Prozesse des Denkens und Verhaltens sollten automatisiert werden, damit wir den Kopf für wichtigere Dinge frei bekommen. Ein gutes Beispiel ist

---

[5] Das **S**tratosphären-**O**bservatorium **F**ür **I**nfrarot-**A**stronomie wird gemeinsam vom Deutschen Zentrum für Luft-und Raumfahrt (DLR) und der US-amerikanischen Weltraumbehörde NASA betrieben.

[6] Honniball, C.I., Lucey, P.G., Li, S., Shenoy, S., Orlando, T. M., Hibbitts, C. A., Hurley, D. M., & Farrell, W. M. (2020). Molecular water detected on the sunlit Moon by SOFIA. *Nature Astronomy (pub. 26.10.2020)*. https://doi.org/10.1038/s41550-020-01222-x.

das Lesen. Aufgemerkt – lesen Sie nun auf *keinen Fall* den folgenden Satz:

Du bist doof.
Wenn Sie jetzt der Meinung sind, dass dies eine Unverschämtheit war, dann haben Sie, beziehungsweise Ihr Denkapparat, einige bemerkenswerte Leistungen erbracht. Erstens haben Sie den Satz gelesen, obwohl Sie ihn nicht lesen sollten. Denn das passierte automatisch. Es ist Ihnen nicht möglich, die Schriftzeichen anzuschauen, ohne den Satz zu lesen. Zweitens haben Sie sofort seinen Inhalt verstanden. Nämlich dass Ihre Fähigkeit zum Denken angezweifelt wird. Drittens wurde Ihnen sofort klar, dass der Sender (also ich) eine Norm verletzte. Viertens fällten Sie ein Urteil. Ja, das war eine Unverschämtheit. Ist es nicht erstaunlich, wie rasch das alles ging? Unser Gehirn ist schon zu tollen Leistungen fähig. Die Routinisierung des Lesens führt dazu, dass Sie automatisch, auf einen Blick und ohne merkliche Anstrengung ein solch kompliziertes System wie die geschriebene Sprache entschlüsseln können. Zugegeben, dafür war einige Übung notwendig. Aber die Automatisierung hat stattgefunden und lässt sich nun nicht mehr rückgängig machen.

Wie aber können wir über eine Messung bestimmen, ab wann ein Prozess automatisiert ist? Der US-amerikanische Psychologe John Ridley Stroop (1897–1973) erfand dafür ein genial einfaches und zugleich sehr präzises Verfahren.[7] Vielleicht kennen Sie den nach ihm benannten Stroop-Effekt. Stroop tüftelte eine Versuchsanordnung aus, in der ein Denkprozess die Ausführung eines anderen behindert. Ein automatischer Prozess ist dadurch gekenn-

---

[7] Stroop, J.R. (1935). Studies of interference in serial verbal reactions. *Journal of Experimental Psychology, 18,* 643–662. https://doi.org/10.1037/h0054651.

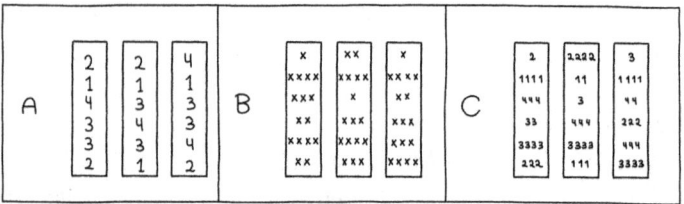

Abb. 6.1 Eine Interferenzaufgabe nach Stroop. Führen Sie die Aufgaben A, B, C in dieser Reihenfolge durch. Stoppen Sie für jede Aufgabe die Zeit, die Sie benötigen. Vorgehen: (A) „Zwei, eins, vier …"; (B) „Eins, vier, drei …"; (C) „Eins, vier, drei …"

zeichnet, dass er unwillkürlich abläuft. Ein solcher Prozess ist, wie wir schon gesehen haben, das Lesen. Wir mussten ihn zwar mühselig lernen. Aber jetzt vermögen wir ihn nicht mehr willentlich abzuschalten. Wenn beispielsweise das Wort BLAU in roter Schriftfarbe dargestellt wird, Sie jedoch die Schriftfarbe benennen sollen, dann stört das automatische Lesen des Wortes die korrekte Benennung der Farbe. Die Interferenz der Prozesse des Lesens und der Farbbenennung führt zu Fehlern. „Blau" liegt Ihnen dann eher auf der Zunge als „Rot". Durch Konzentration kann die Interferenz unterdrückt werden. Das benötigt aber Zeit. Und genau die lässt sich messen. Sie können dies an dem Beispiel in Abb. 6.1 einmal selbst ausprobieren.

Sie werden feststellen, dass Ihnen die Aufgaben A und B recht leicht fallen. Die Aufgabe C verlangt Ihnen mehr Konzentration ab. Auf der Messebene wird sich dies darin zeigen, dass Sie für die korrekte Ausführung der Aufgabe C länger benötigen als für A oder B. Die Ursache dafür ist, dass die bei Ihnen automatisierte Fertigkeit (Erkennen einer Zahl) mit der Aufgabe interferierte, die Ziffern zu zählen anstatt die jeweilige Zahl zu benennen. Die Differenz der Zeitdauer für die einzelnen Aufgaben ist ein Indikator dafür, wie stark Sie das Erkennen von Zahlen automatisiert haben. Wenn das Erkennen der Zahlen noch gar nicht automatisiert ist, dann würde die letzte Aufgabe nicht längere Zeit benötigen als eine der ersten beiden.

Das Beispiel, das sich an die Versuchsanordnung anlehnt, die sich Herr Stroop ausgedacht hatte, zeigt, wie gut indirekte Messungen funktionieren. Lernen, Üben und Automatisierung sind Prozesse, die wir nicht direkt beobachten können. Auch der Selbstbeobachtung sind sie nur bedingt zugänglich. Wir könnten wahrscheinlich nur sehr unzuverlässig einschätzen, wie stark bestimmte Prozesse in uns automatisiert ablaufen. Die Stroop'sche Messanordnung bedient sich zweier wichtiger Taktiken. Erstens wird eine relative anstatt einer absoluten Messung durchgeführt. Von der Bearbeitungszeit für die Interferenzaufgabe (C) wird beispielsweise die mittlere Bearbeitungszeit der anderen Aufgaben subtrahiert (A, B). Dadurch wird die Messung um individuelle Unterschiede bereinigt, die nichts mit dem Automatisierungsgrad zu tun haben, wie Variationen in der Sprechgeschwindigkeit, Müdigkeit, Konzentrationsfähigkeit und so fort. Die zweite Taktik besteht darin, ein möglichst hohes Niveau der Messskala zu erreichen. Das Niveau einer Skala steigt, je mehr mathematische Operationen mit ihr möglich sind. Wenn ich Kategorien Zahlen zuordne, wie im Beispiel der individuellen Geschlechtsrolle, dann ist es unsinnig, aus diesen Zahlen zum Beispiel einen Mittelwert zu bilden. Denn eine arithmetisch gemittelte Geschlechtsrolle macht nun mal keinen Sinn. Zeitmessung hingegen erfüllt alle Anforderungen an das höchste Skalenniveau. Die Zeitskala hat einen Nullpunkt. Ihr Anstieg ist monoton und die Intervalle sind gleich. Damit sind 10 min nicht nur rechnerisch, sondern auch inhaltlich doppelt so viel wie 5 min. So dürfen wir unsere gesamte Arithmetik auf Zeitdaten anwenden. Und nicht zuletzt können wir Zeit sehr genau messen.

Die Messung von Einstellungen – Guttmans Idee der Skalierung

Von wem stammt folgende Tirade und wer war gemeint?

> „Wenn ein Bauernsohn eine [...] heiratet, so ist dies in meinen Augen Blutschande! Die [...] müssen hinausgeworfen werden! Am besten schickt man die [...] gleich nach Sibirien!"[8]

Nicht gesprochen, sondern kurzatmig krakeelt wurden diese Sätze im Rahmen der Osteransprache in Traunstein im Jahre 1947 von einem gewissen Jakob Fischbacher (1886–1972), seinerzeit Kreisdirektor des Bayerischen Bauernverbandes und später Träger des Großen Verdienstkreuzes der Bundesrepublik Deutschland. Tja, und wer war hier wohl gemeint? Sollten Sie selbst aus Bayern stammen, können Sie sich das vielleicht noch denken und heute darüber schmunzeln. Natürlich die Preußen – „das Zeugs"! Hätte man an diesem Tag Herrn Fischbacher aufgefordert, mit einem Berliner, dem Prototyp des „Saupreußen", eine Maß zu trinken, wäre dies wahrscheinlich unglücklich ausgegangen. Diese Erwartung leitet sich aus der Annahme ab, dass *Einstellungen das Verhalten* vorhersagen. Kennen wir also die Einstellung einer Person zu einem Thema, einer Sache oder einer Handlungsalternative, dann können wir vorhersagen, wie sie sich verhalten wird. Dazu müssen wir die Einstellung möglichst genau vermessen.

Wie man das anstellt, darüber haben sich eine ganze Reihe von Sozialwissenschaftlern, Statistikern und Psycho-

---

[8] So zitiert im Nachrichtenmagazin Der Spiegel, Ausgabe vom 19. April 1947, S. 4. In den ersten Platzhalter im Text ist „norddeutsche Blondine" einzusetzen. Dann „Preußen" und „Flüchtlinge", wobei mit Letzteren die *deutschen* Kriegsflüchtlinge gemeint waren.

6 Was den Menschen ausmacht, lässt sich nicht ...

logen die Köpfe zerbrochen. Louis Guttman (1916–1987), ein Pionier der empirischen Sozialforschung, entwickelte ein Prinzip zur Konstruktion von Skalen, die soziale Distanz und Einstellungen messen. Beide Phänomene sind eng verwoben. Eine negative Einstellung zu einer anderen Gruppe von Menschen sollte sich in Gefühlen sozialer Distanz und in Verhalten äußern, das sich entweder von dieser Gruppe ab- oder sogar gegen sie wendet. Louis Guttman, US-amerikanischer Jude, war Zeitzeuge einer der fürchterlichsten Manifestationen einer solchen Diskriminierung, der Shoah, des Holocaust. In diesem extremen Fall gibt es wohl keinen Zweifel über die Übereinstimmung von Einstellung und Verhalten. Zum Glück sind nicht alle Beziehungen zwischen Menschengruppen so extrem. Jedoch sind soziale Distanz und negative Einstellung zu Fremdgruppen eher die Regel als die Ausnahme. Wie kann man sie messen?

Drei Prinzipien leiteten Guttmans Ansatz. Erstens sollte die Messung sensitiv für Abstufungen sein. Nicht alle Einstellungen, die wir hegen, sind so extrem wie die des bayrischen Kreisdirektors. In der Regel reflektieren sie ein Bündel von Gefühlen und Aspekten, die positiv und negativ sein können. Das Maß soll deshalb dem Facettenreichtum der individuellen Haltung gerecht werden. Zweitens ging Guttman davon aus, dass es für die Person schwierig sei, multiple Aspekte in eine Gesamtbeurteilung zu integrieren. Damit die Durchführung der Messung dem Individuum leichtfällt, sollten die einzelnen Facetten separat abgefragt werden. Die Integration zu einem Gesamtwert auf der Skala obliegt danach dem Forscher. Drittens, so war Guttman überzeugt, verlangt die Messung eines Phänomens, dass man dieses sehr genau kennt und spezifisch auf die Zielgruppe zuschneidet. Ohne aufwendige Vortests lässt sich also keine Guttman-Skala konstruieren. Die Skala setzt sich aus mehreren

Tab. 6.1 Eine (fiktive) Einstellungsskala nach Guttman. Vorzugsweise an Bewohnern des Freistaates Bayern anzuwenden

(1) Ich könnte mir vorstellen, mit Berlinern in der gleichen Gegend zu wohnen	ja [] nein []
(2) Ich könnte mir vorstellen, mit Berlinern im gleichen Haus zu wohnen	ja [] nein []
(3) Ich könnte mir vorstellen, mit Berlinern in einer Wohngemeinschaft zu leben	ja [] nein []
(4) Ich könnte mir vorstellen, mit Berlinern abends auszugehen	ja [] nein []
(5) Ich könnte mir vorstellen, Berlinern Geld zu leihen	ja [] nein []
(6) Ich könnte mir vorstellen, Freundschaften mit Berlinern zu haben	ja [] nein []
(7) Ich könnte mir vorstellen, mit einer Berlinerin/ einem Berliner Sex zu haben	ja [] nein []
(8) Ich könnte mir vorstellen, eine Berlinerin/einen Berliner zu heiraten	ja [] nein []

→ *Übertrag der Summe der Ja-Antworten auf die Skala:*
Einstellung zu Berlinern (*Preußen*)
negativ 0–1–2–3–4–5–6–7–8 positiv

sogenannten *Items* zusammen. Das sind einzelne Fragen, auf die die Person mit Zustimmung oder Ablehnung reagieren kann. Die Items unterscheiden sich in ihrer sogenannten Schwierigkeit. Die jeweilige *Item-Schwierigkeit*, so lautet der Fachbegriff in der Testtheorie, muss bekannt sein (über Vortests ermittelt), damit die Skala zuverlässige Messungen erbringt.[9] Denn ihre Abstufung ist Voraussetzung für die graduelle Messung der Einstellung. An dem folgenden Beispiel in Tab. 6.1 werde ich erklären, was das konkret bedeutet. Die Skala habe ich erfunden und nicht vorgetestet. Sie lehnt sich aber eng an Formulierungen an, die in Guttman-Skalen zur

---

[9] Wenn es sich bei den Items um Aufgaben mit einer richtigen Lösungsmöglichkeit handelt (z. B. in einem Intelligenztest), so bezieht sich die Item-Schwierigkeit auf die Wahrscheinlichkeit, dass Personen aus einer bestimmten Zielpopulation das Item korrekt lösen.

Messung der sozialen Distanz von Weißen gegenüber Afroamerikanern in den 1960er-Jahren verwendet wurden. Die Skala besteht aus acht Items. Der resultierende Gesamtwert (Einstellung zu Berlinern) wird vom Forscher errechnet und dort eingetragen. In dem Beispiel errechnet sich der Skalenwert aus der Summe der Ja-Antworten. Je höher der Wert, desto positiver die Einstellung der Person zu der Gruppe der Berliner, die hier stellvertretend für die größere Gruppe der Norddeutschen oder Preußen stehen soll. Menschen, die gebürtig aus dem Freistaate Bayern stammen, stellen die Zielgruppe der Befragten dar. In der Tab. 6.1 sind die Items aufsteigend nach ihrer Schwierigkeit geordnet – also der Wahrscheinlichkeit, mit der Personen aus der Zielpopulation auf dieses Item eine positive Reaktion zeigen. Ein damaliges Mitglied des Bayerischen Bauernverbandes hätte es vielleicht noch angehen lassen, dass ein Berliner nach München zieht. Aber dass seine Tochter einen „Saupreußen" heiratet, das wäre für ihn wohl unvorstellbar gewesen.[10] Die Abstufung der Item-Schwierigkeit ist für die Skala essenziell. Nur so vermag sie die graduelle Natur einer Einstellung abzubilden. Idealerweise steigt die Schwierigkeit über die geordnete Menge an Items monoton an. Wenn nun einzelne Items dieses Prinzip verletzen, dann wird dies die Messtreue der Skala beeinträchtigen. Betrachten Sie einmal das fünfte Item. Vielleicht würde auch ein Bayer einem Preußen Geld leihen (selbstverständlich zu einem saftigen Zinssatz), aber nicht mit ihm auf das Oktoberfest ins Bierzelt gehen. Während besagter Bayer das vierte Item verneinte, würde er das fünfte bejahen. Um die Häufigkeit solcher Verletzungen der Skalenanforderungen zu

---

[10] Ein solcher Schicksalsschlag schwante damals dem Jakob Fischbacher, dessen Tochter sich während ihres Studiums in München in einen Preußen verguckt hatte.

minimieren, müssen die Items sorgfältig auf Schwierigkeit vorgetestet werden. Und zwar an Stichproben aus der Zielpopulation, also hier den Bayern. Während die Konstruktion einer Guttman-Skala mit einigen Mühen verbunden ist, fällt den Befragten die Bearbeitung leicht. Sie müssen zu konkreten Sachverhalten lediglich mit *ja* oder *nein* antworten.

Die innige Verbindung von Theorie und Messen

Angenommen, Herr Fischbacher hätte unsere Einstellungsfragen aus Tab. 6.1 beantwortet und auf der Skala den Wert „0" erzielt, was einer extrem negativen Einstellung gegenüber Preußen entspräche. Und weiter angenommen, wir hätten aus zuverlässiger Quelle erfahren, dass er wenige Tage später einen Mann aus Berlin in seinem Haus empfangen habe. Dieses Verhalten stünde in offensichtlichem Widerspruch zu seiner Einstellung. Von einer solchen Inkongruenz von Einstellung und Verhalten berichtete schon der US-amerikanische Soziologe Richard Tracy LaPiere (1899–1986). LaPiere besuchte in den 1930er-Jahren mit einem asiatisch aussehenden Paar viele Hotels und Restaurants im Westen der Vereinigten Staaten von Amerika. Zu dieser Zeit herrschten dort starke Ressentiments gegen Asiaten. Auf eine spätere schriftliche Befragung antworteten über 90 % der Besitzer der besuchten Etablissements, dass sie *niemals* Asiaten beherbergen oder bedienen würden. LaPiere mit seinen Begleitern war aber nur in einem *einzigen* Hotel abgewiesen worden.[11]

Die Diskrepanz zwischen Einstellungsmessung und Verhalten könnte natürlich daran gelegen haben, dass das

---

[11] LaPiere, R.T. (1934). Attitudes versus actions. *Social Forces,* 13, 230–237.

Messverfahren ungeeignet war. Bei LaPieres Studie spricht vieles dafür, dass es tatsächlich an der Messung der Einstellung haperte. Weder hatte er eine solide Skala verwendet, noch konnte er sicherstellen, dass die Personen, die später schriftlich antworteten, auch dieselben waren, die ihn und das asiatische Paar an der Rezeption bedient hatten.

Die Befunde lassen sich aber auch anders interpretieren. Die *Theorie*, dass stabile Einstellungen das Verhalten leiten, könnte falsch sein. Zu Beginn der Einstellungsforschung ging man davon aus, dass Einstellungen stabil und unabhängig von der konkreten Situation das Verhalten bestimmen. Die Forschung zeigt aber, dass psychische Prozesse zu einem beträchtlichen Anteil durch den Kontext geformt werden.

Das fängt schon bei der Wahrnehmung an. Wenn Sie in einem stockdunklen Raum eine Kerze anzünden, erleben Sie einen extremen Zuwachs an Helligkeit. Auf einmal können Sie Gegenstände im Raum wahrnehmen. Und das Lichtfeld um die Kerze erscheint recht hell. Auch eine zweite Kerze wird Ihr Empfinden von Helligkeit im Raum noch merklich erhöhen. Wenn Sie nun weiter fortfahren, Kerzen zu entzünden, werden Sie irgendwann den Helligkeitszuwachs, der durch eine neue Kerze erreicht wird, nicht mehr wahrnehmen können. Objektiv ist der Zuwachs an Licht, der mit jeder neuen Kerze erreicht wird, annähernd gleich groß – sofern Sie identische Kerzen verwenden. Aber so funktioniert unsere Wahrnehmung nicht. Sie ist *kontextabhängig*. Das Licht, das mit dem Entzünden einer neuen Kerze beigesteuert wird, nehmen wir nicht als absoluten, sondern als relativen Beitrag zu der bereits herrschenden Helligkeit wahr. Dadurch wird der subjektive Zuwachs an Helligkeit der ersten und der zweiten Kerze als viel größer wahrgenommen als beispielsweise der Beitrag der zehnten oder elften Kerze. Probieren Sie es einmal aus.

Die Psychophysik beschreibt die Gesetzmäßigkeiten der kontextabhängigen Wahrnehmung von physikalischen Größen.[12] Diese gelten auch in anderen Bereichen des Erlebens. *Wer den Pfennig nicht ehrt, ist des Talers nicht wert.* Dieses Sprichwort könnte in großen Lettern auf dem Geldspeicher von Dagobert Duck prangen – oder über dem Bett eines Schwaben.[13] Nach dem Stereotyp ist der Schwabe ebenso sparsam wie der Comic-Erpel. Also wird ein Schwabe, wenn er seinen Enkeln schon mal Schokolade kauft (was zur Adventszeit durchaus vorkommen kann), auf den Preis schauen. Angenommen, im Laden um die Ecke kosten 5 Tafeln seiner bevorzugten Marke zusammen 10 €. Der Discounter auf der grünen Wiese vor der Stadt hält dieselbe Menge jedoch für 8 € feil. Da wird sich der gute Schwabe wohl auf sein Rad schwingen und die drei Kilometer zum Discounter fahren. Denn die 2 € Ersparnis sind es ja wert. Derselbe Betrag an Ersparnis könnte demselben Schwaben egal sein, wenn er sich anschickt, ein neues Auto zu kaufen. Ob er nun 70.000 € für seinen neuen Daimler berappt oder 70.002 € – da käme es selbst dem Schwaben nicht drauf an. Bei Dagobert Duck hingegen wäre ich mir nicht so sicher. Denn die Nutzenfunktion von Enten kenne ich nicht. Die von Menschen kennen wir wohl. Und die finden Sie in Abb. 6.2. Nach der Nutzenfunktion unterscheidet sich der subjektive Wert (Nutzen) vom objektiven Wert eines Geldbetrages.

---

[12] Weber-Fechner – Gesetz

[13] Ich bin in Berlin geboren und in Süddeutschland aufgewachsen. Wenn es um Gruppen von Menschen geht, ist kein Beispiel unverfänglich. Deshalb weiche ich gerne auf die Eigengruppen aus – also Berliner oder Süddeutsche/ Schwaben. Da sollte man mir am ehesten abnehmen, dass ich niemanden diskriminieren möchte.

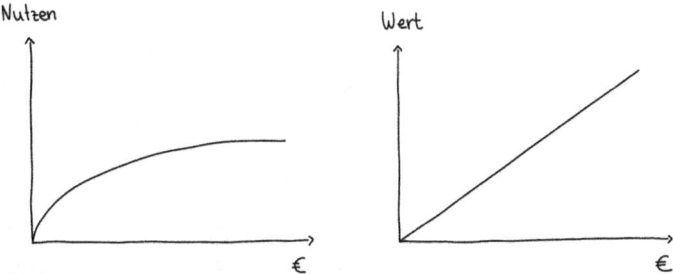

Abb. 6.2 Nutzenfunktion und Wertfunktion. Die Nutzenfunktion links stellt den subjektiv empfundenen Wert eines Geldbetrages in Euro dar. Die *ideale* Wertfunktion rechts würde nur dann gelten, wenn die Empfindung der Wertigkeit eines Geldbetrages von psychischen Prozessen unbeeinflusst wäre

Wie in dem Kerzenbeispiel zuvor ist hier der subjektiv empfundene Zuwachs abhängig davon, was schon da ist. Hat man einen Euro auf der Hand, wiegt ein weiterer Euro schwerer, als hielte man schon einen Sack mit zweihundert. Dies spiegelt die Nutzenfunktion durch ihre negative Beschleunigung wider. Mit einem konstanten Betrag an Wertsteigerung wird ein immer kleinerer Zuwachs an subjektiv empfundener Wertsteigerung erreicht.[14]

Eine modernere Variante der Nutzentheorie, die sogenannte Prospect Theory[15], macht zudem die Annahme, dass sich diese Funktion an einem Referenzpunkt verankert. Der ist nicht stabil, sondern hängt ebenfalls von der Situation ab. Sollte der Schwabe also gerade von der Bank kommen und zweihundert Euro

---

[14] Bernoulli, D. (1954). Exposition of a new theory on the measurement of risk. *Econometrica, 22*, 23–26. [Übersetzung des in Lateinisch verfassten Originals von 1738 mit dem Titel „Specimen Theoriae Novae de Mensura Sortis"].

[15] Kahneman, D., & Tversky, A. (1979). Prospect theory: An analysis of decision under risk. *Econometrica, 47*, 263-291. https://doi.org/10.2307/1914185.

in der Hand halten, dann könnte es sein, dass er die Schokolade für die Enkel doch im Lädchen um die Ecke kauft. Bei 20 € in der Geldbörse würde er eher zum Discounter fahren, denn hier erscheint die relative Ersparnis gewichtiger.

Was hat das alles mit Einstellungen zu tun? Sehr viel, denn Einstellungen beinhalten Bewertungen. Da liegt es nahe, anzunehmen, dass diese auch kontextabhängig sind. So forderten Martin Fishbein (1936–2009) und Icek Ajzen,[16] unser Konzept von Einstellungen sowohl auf theoretischer als auch auf der Messebene zu revidieren. Eine stabile, kontextunabhängige Einstellung, die fest und unauslöschlich in unserem Gedächtnis gespeichert ist, existiert damit nicht. Vielmehr werden Einstellungen zu einem beträchtlichen Teil durch die Situation bestimmt. Für die Messung bedeutet dies, dass wir nicht eine allgemeine, sondern die situationsspezifische Einstellung abbilden müssen. Ob nun ein Hotelier oder Restaurantbesitzer sich dafür entscheidet, die Reisegruppe um LaPiere zu bedienen, hängt demnach von der konkreten Situation ab. Herrscht zum Beispiel gerade Flaute im Lokal, verdient man gern auch an unliebsamen Personen. Ebenso lässt sich das Verhalten des weiland Vorsitzenden des Bayerischen Bauernverbandes erklären. Wenn es um das Glück der geliebten Tochter geht, dann muss man auch mal die Zähne zusammenbeißen und einen Saupreußen ins Haus hineinlassen.

Eine weiterentwickelte Variante des Modells von Fishbein und Ajzen geht davon aus, dass die Absicht, ein Verhalten auszuführen, von drei Faktoren bestimmt wird, der Einstellung, der sozialen Norm und der Kontrolle, die

---

[16] Fishbein, M., & Ajzen, I. (1975). *Belief, attitude, intention and behavior: An introduction to theory and research.* Reading, MA: Addison-Wesley.

die Person nach eigener Meinung über die Ausführung des Verhaltens hat.[17] Alle drei Faktoren sind situationsabhängig. Sie sitzen im Kino und auf einmal entwickelt sich Rauch im Zuschauerraum. Normalerweise würden Sie während des Films nicht aufstehen wollen. Jetzt halten Sie es für eine gute Idee, schnell den Raum zu verlassen. Ihre Einstellung zum Verhalten „aufstehen und rausrennen" wird jetzt positiv. Da alle um Sie herum auch aufspringen und „Raus, raus!" rufen, unterstützt die soziale Norm in diesem Moment Ihre Intention zum Fluchtverhalten. Aber Sie flüchten nicht. Weil Sie Ihre Krücken in dem Tumult nicht finden können. Die brauchen Sie aber, weil Ihr gebrochenes Bein eingegipst ist. Also glauben Sie in diesem Moment nicht, Kontrolle über das Verhalten „aufstehen und rausrennen" zu haben. Sie überlegen einen Moment fieberhaft, was Sie stattdessen tun könnten. Dann bitten Sie Ihren Sitznachbarn, mit einer Statur wie Mr. Universe, Sie hinauszutragen.

Ein solches Verhalten stellt eine bedeutende Leistung dar. Das naheliegende Verhalten (aufstehen und flüchten) kann nicht ausgeführt werden. Neue Verhaltensweisen müssen gesucht und bewertet werden. Fremde Menschen bitten, einen zu tragen, zählt eher zu den ungewöhnlichen Verhaltensweisen. Und ob dieses Verhalten zielführend ist, hängt natürlich von der Situation ab. Einem Bodybuilder würde man eine solche Rettungsaktion eher zutrauen als einem schmächtigen Jüngling. Kurzum, die ungewöhnliche Bitte an den Sitznachbarn entspringt einer komplexen Entscheidung, die situationsab-

---

[17] Die ursprüngliche *theory of reasoned action* (Fishbein & Ajzen, 1975, s. o.) wurde mit der Erweiterung um den Faktor der Verhaltenskontrolle zur *theory of planned behavior*. Ajzen, I. (1991). The theory of planned behavior. *Organizational Behavior and Human Decision Processes, 50,* 179–211. https://doi.org/10.1016/0749-5978(91)90020-t.

hängige Bewertungen (was wäre gut und nützlich) und Erwartungen (der Bodybuilder wird mein Gewicht wahrscheinlich tragen können) beinhaltet. Ohne Kontext wäre Ihre Einstellung zu dem Verhalten *jemanden bitten, Sie zu tragen* wahrscheinlich eine andere als in diesem Beispiel. Tja, die Einstellung hängt von der Situation ab. Und genauso konzipierten Fishbein und Ajzen die Einstellungskomponente in ihrer Theorie. Als eine situationsabhängige Bewertung eines Verhaltens. Bewertet werden die erwarteten Konsequenzen des Verhaltens. Sowohl deren subjektive Werte als auch die Erwartungen, ob sie eintreffen, gehen in die Einstellung ein. Damit ist die Einstellung nichts anderes als ein Kalkül. Man könnte deshalb das Einstellungs-Verhaltens-Modell als Entscheidungstheorie bezeichnen. Auf der Messebene bedeutet dies, dass wir Einstellungen sehr spezifisch messen sollten. Zu einem bestimmten Verhalten in einer bestimmten Situation.

Moderne Ansätze der Einstellungsmessung orientieren sich eng an theoretischen Konzepten. Sie versuchen sowohl stabile als auch situationsspezifische Anteile der Einstellung zu berücksichtigen. Messverfahren unter dem theoretischen Schirm des Modells von Fishbein und Ajzen sind sehr aufwendig. Sie erfragen die persönlichen Bewertungen und Erwartungen bezüglich vieler Teilaspekte des Einstellungsobjektes. Mithilfe solcher Maße sind wir in der Lage, Verhalten deutlich besser vorherzusagen, als dies zu Zeiten von LaPiere der Fall war.[18] In den letzten Jahrzehnten wurden zudem Maße ent-

---

[18] Armitage, C. J., & Conner, M. (2001). Efficacy of the Theory of Planned Behaviour: a meta-analytic review. *The British Journal of Social Psychology, 40*, 471–499. https://doi.org/10.1348/014466601164939.
Ajzen, I., & Kruglanski, A. W. (2019). Reasoned action in the service of goal pursuit. *Psychological Review, 126*, 774–786. http://dx.doi.org/10.1037/rev0000155.

wickelt, die auch implizite (unbewusste) Einstellungen messen können.[19] Diese Verfahren arbeiten mit indirekten Messungen. Reaktionsgeschwindigkeiten dienen hier als Indikatoren von Assoziationen zwischen Einstellungsobjekten und impliziten Bewertungen.

Am Beispiel von Einstellungen wird deutlich, dass die Komplexität eines Gegenstandes kein Hindernis für deren Messung darstellt. Allerdings hängt die Qualität der Maße von der theoretischen Durchdringung des Phänomens ab. Wir müssen zuerst auf konzeptueller Ebene die Eigenschaften der Variablen genau bestimmt haben, bevor wir sie verlässlich messen können.

Was den Menschen ausmacht – Persönlichkeit und Fähigkeit

Neben Einstellungen denken wir bei individuellen Unterschieden in erster Linie an Persönlichkeit und Fähigkeiten. Wir nehmen an, dass diese den Menschen in seinem Wesen charakterisieren und die Ursache für vielerlei Verhalten darstellen. Im Alltag haben wir die Tendenz, von dem Verhalten einer Person auf Eigenschaften zu schließen. Hilft Hans einer älteren Person über die Straße, ist er hilfsbereit. Verprügelt Anna ihren Bruder, ist sie aggressiv. Schafft Kevin es nicht, sein Auto in eine enge Parklücke zu bugsieren, ist er zu dumm zum Autofahren. Eine einzige Beobachtung rechtfertigt diese Schlüsse jedoch nicht. Statt Adjektiven, die auf Eigenschaften verweisen, müssten wir das Verhalten benennen. Er oder sie hat sich hilfs-

---

[19] Nosek, B. A., Greenwald, A. G., & Banaji, M. R. (2005). Understanding and using the Implicit Association Test: II. Method variables and construct validity. *Personality & Social Psychology Bulletin, 31,* 166–180. https://doi.org/10.1177/0146167204271418.

bereit oder aggressiv verhalten oder schlecht eingeparkt. Die Ursache des Verhaltens könnte ja auch in der Situation begründet sein. In der sozialpsychologischen Forschung wird die Tendenz, von einem einzigen Verhalten auf Eigenschaften zu schließen, als *fundamentaler Attributionsfehler*[20] bezeichnet. Attribution bedeutet die Zuschreibung einer Ursache. Dieser Fehler tritt aber nur auf, wenn wir andere beobachten. Bei uns selbst gehen wir viel „differenzierter" vor, um es einmal nett auszudrücken. Bei positivem Verhalten schreiben wir uns gern eine Eigenschaft zu. Klar sind wir selbst hilfsbereit. Bei negativen Verhaltensweisen oder Fehlschlägen lag es natürlich nicht an uns, sondern an den Umständen und meistens an unseren Mitmenschen. Trotz allem verbirgt sich hinter dem fundamentalen Attributionsfehler eine durchaus plausible Annahme: Eigenschaften und Fähigkeiten leiten unser Verhalten.

Die Messung individueller Unterschiede der Persönlichkeit – das HEXACO-Modell.
Eigenschaften machen unsere Persönlichkeit aus. Die psychologische Forschung ist bemüht, Persönlichkeit mit so wenig Dimensionen zu beschreiben wie möglich. Vielleicht haben Sie schon einmal etwas von den Großen Fünf *(Big Five)* gehört. Mittlerweile sind daraus *sechs* geworden. Nach dem HEXACO-Modell handelt es sich dabei um Ehrlichkeit-Bescheidenheit, Emotionalität, Extraversion, Verträglichkeit, Gewissenhaftigkeit und Offenheit für (neue) Erfahrungen.[21] Jede dieser Dimensionen wird auf

---

[20] Gilbert, D. T. & Malone, P. S. (1995). The correspondence bias. *Psychological Bulletin, 117,* 21–38. https://doi.org/10.1037/0033-2909.117.1.21.
[21] Ashton, M.C.; Lee, K. et al. (2004). A six-factor structure of personality-descriptive adjectives: Solutions from psycholexical studies in seven languages. *Journal of Personality and Social Psychology, 86, 356–366.* https://doi.org/10.1037/0022-3514.86.2.356.

Tab. 6.2 Persönlichkeit nach dem HEXACO-Modell[22]

	Personen mit sehr niedrigen Werten auf der Skala …	Personen mit sehr hohen Werten auf der Skala …
H *Honesty-Humility* (Ehrlichkeit-Bescheidenheit)	… werden anderen schmeicheln, um zu bekommen, was sie wollen, neigen dazu, Regeln für den persönlichen Vorteil zu brechen, sind durch materiellen Gewinn motiviert und haben ein starkes Selbstwertgefühl	… vermeiden es, andere zum persönlichen Vorteil zu manipulieren, fühlen sich wenig versucht, Regeln zu brechen, sind nicht an verschwenderischem Reichtum und Luxus interessiert und haben keinen besonderen Anspruch auf einen erhöhten sozialen Status
E *Emotionality*	… lassen sich durch die Aussicht auf körperliche Schäden nicht abschrecken, haben selbst in Stresssituationen wenig Angst, haben wenig Bedürfnis, ihre Sorgen mit anderen zu teilen, und fühlen sich emotional von anderen getrennt	… haben Angst vor körperlicher Schädigung, erleben Angst als Reaktion auf den Stress des Lebens, haben das Bedürfnis nach emotionaler Unterstützung durch andere und empfinden Empathie und sentimentale Bindungen an andere

(Fortsetzung)

---

[22] Bei den Beschreibungen handelt es sich um Übersetzungen der Skalenbeschreibungen von Lee und Ashton, abgerufen am 19.8.2021 von deren Homepage, https://hexaco.org/scaledescriptions.

Tab. 6.2 (Fortsetzung)

	Personen mit sehr niedrigen Werten auf der Skala …	Personen mit sehr hohen Werten auf der Skala …
X *eXtraversion*	… halten sich für unbeliebt, fühlen sich unwohl, wenn sie im Mittelpunkt der sozialen Aufmerksamkeit stehen, sind gegenüber sozialen Aktivitäten gleichgültig und fühlen sich weniger lebhaft und optimistisch als andere	… haben positive Gefühle über sich selbst, fühlen sich sicher, wenn sie Gruppen von Menschen führen oder ansprechen, genießen gesellschaftliche Zusammenkünfte und Interaktionen, sind enthusiastisch und energiegeladen
A *Agreeableness* (Verträglichkeit)	… hegen Groll gegen diejenigen, die ihnen Schaden zugefügt haben, sind eher kritisch gegenüber anderen, verteidigen ihren Standpunkt hartnäckig und reagieren leicht wütend	… vergeben erlittenes Unrecht, beurteilen andere nachsichtig, sind kompromissbereit und kooperieren mit anderen und können ihr Temperament leicht kontrollieren

(Fortsetzung)

Tab. 6.2 (Fortsetzung)

	Personen mit sehr niedrigen Werten auf der Skala …	Personen mit sehr hohen Werten auf der Skala …
C *Conscientiousness* (Gewissenhaftigkeit)	… kümmern sich nicht um eine geordnete Umgebung oder Zeitpläne, vermeiden schwierige Aufgaben oder herausfordernde Ziele, sind mit fehlerbehafteter Arbeit zufrieden und treffen Entscheidungen spontan oder wenig reflektiert	… organisieren ihre Zeit und ihr physisches Umfeld, arbeiten diszipliniert auf ihre Ziele hin, streben nach Genauigkeit und Perfektion in ihren Aufgaben und überlegen sorgfältig, bevor sie sich entscheiden
O *Openness* (Offenheit)	… sind von den meisten Kunstwerken eher unbeeindruckt, empfinden wenig intellektuelle Neugier, vermeiden kreative Beschäftigungen und fühlen sich wenig von Ideen angezogen, die radikal oder unkonventionell erscheinen mögen	… versinken in der Schönheit von Kunst und Natur, sind neugierig auf verschiedene Wissensbereiche, setzen ihre Fantasie im Alltag frei ein und interessieren sich für ungewöhnliche Ideen oder Menschen

einer separaten Skala erhoben, die jeweils aus mehreren Fragen (Items) besteht. Die Skalen zusammen ergeben das HEXACO-Persönlichkeitsinventar. Beispiele zur inhaltlichen Bedeutung der einzelnen Skalen finden Sie in Tab. 6.2.

Kibeom Lee und Michael Ashton, die Begründer des HEXACO-Modells der Persönlichkeit, betreiben eine Website im Internet. Dort kann man ihr Persönlichkeitsinventar in über 30 Sprachen herunterladen. Zudem versammeln sie auf dieser Seite viel Literatur. Darin geht es vornehmlich um die Evaluation ihres Messinstrumentes. Die Psychologie verfügt über eine ganze Batterie von Verfahren zur Qualitätssicherung. Mithilfe derer lassen sich die Zuverlässigkeit *(Reliabilität)* und die Gültigkeit *(Validität)* eines Messinstrumentes bestimmen. Bei der Reliabilität geht es im Kern um die Wiederholbarkeit eines Messergebnisses. Wenn Sie sich morgens im Bad auf die Waage stellen, erschrecken und dann ein zweites Mal Ihr Gewicht überprüfen – dann bezweifeln Sie die Reliabilität der Waage. Je stärker sich beide Messergebnisse unterscheiden, desto schlechter ist es um die Reliabilität Ihrer Waage bestellt. Bei der Validität geht es darum, ob das Messinstrument tatsächlich das misst, was es messen soll. Eine gut konstruierte Waage ist ein valides Instrument zur Gewichtsmessung. Zur Messung von Temperatur ist sie hingegen ungeeignet. Oder anders ausgedrückt, eine Waage vermag die Temperatur von Dingen, die man auf sie legt, nicht gültig oder valide zu messen.

Zur Bestimmung der Validität psychologischer Maße gibt es diverse Verfahren. Eines besteht darin, die Vorhersagegenauigkeit zu bestimmen. Wenn Verhalten von der Persönlichkeit abhängt, dann sollten Maße der Persönlichkeit, sofern sie valide sind, auch das Verhalten der Person vorhersagen. Eine Arbeitsgruppe um den deutschen Psychologen Daniel Heck evaluierte das HEXACO-

Persönlichkeitsinventar auf eine solche Weise.[23] Die Forscher trugen die Daten von vielen Studien mit insgesamt über 5000 Teilnehmern zusammen. In den Studien ging es um den Zusammenhang zwischen der Persönlichkeit und der Tendenz, zu lügen. Beispielsweise durften Probanden eine Münze mehrfach werfen, ohne dass sie jemand dabei beobachtete.[24] Nach jedem Wurf teilten sie dem Versuchsleiter das Ergebnis mit. Wenn sie angaben, „Kopf" geworfen zu haben, erhielten sie einen Geldbetrag. Wie gesagt, niemand überprüfte ihre Würfe oder konnte dabei zuschauen. Damit sind dem Versuchsleiter die wahren Ausgänge ihrer Münzwürfe unbekannt. Aber er kennt sich in Wahrscheinlichkeitstheorie aus. Nach dem Gesetz der großen Zahl müssten sich die Ausgänge von Münzwürfen der 50 %-Marke nähern. Denn bei einem Münzwurf, der ja nur zwei Ausgänge hat (Zahl, Kopf), ist die Wahrscheinlichkeit jedes Ausganges eben 50 %. Je deutlicher bei vielen Würfen der Prozentsatz an „Kopf"-Ausgängen diese Marke überschreitet, desto höher ist die Wahrscheinlichkeit, dass der Proband bei der Bekanntgabe seiner Ergebnisse gelogen hat.

Die Analyse von Daniel Heck und Kollegen erbrachte einen deutlichen Zusammenhang von Persönlichkeit und der Tendenz zum Lügen. Personen mit einem geringen Wert auf der Dimension Ehrlichkeit-Bescheidenheit logen häufiger als Personen mit einem hohen Wert. Weiterhin gab es keine Zusammenhänge mit den anderen

---

[23] Heck, D. W., Thielmann, I., Moshagen, M., & Hilbig, B. E. (2018). Who lies? A large-scale reanalysis linking basic personality traits to unethical decision making. *Judgment and Decision making, 13,* 356–371. http://journal.sjdm.org/18/18322/jdm18322.pdf.

[24] Bucciol, A., & Piovesan, M. (2011). Luck or cheating? A field experiment on honesty with children. *Journal of Economic Psychology, 32,* 73–78. http://dx.doi.org/10.1016/j.joep.2010.12.001.

Dimensionen des HEXACO oder mit anderen Variablen wie Alter, Geschlecht oder sozialem Status. Das ist wichtig. Denn damit wurde einerseits gezeigt, dass Persönlichkeit tatsächlich eine Rolle spielt, die nicht auf andere individuelle Unterschiede zurückgeht. Zudem wurde trennscharf eine bestimmte Dimension der Persönlichkeit identifiziert, mit der sich eine bestimmte Verhaltenstendenz individuell valide vorhersagen lässt. In den vergangenen Jahren wurde das HEXACO-Inventar in vielen Studien überprüft. Insgesamt bescheinigen ihm diese eine hohe Gültigkeit und Zuverlässigkeit bei der Messung von Persönlichkeit.

Messung der allgemeinen Denkfähigkeit – das Konzept der Intelligenz
Betrachten wir noch ein weiteres prominentes Beispiel eines recht überdauernden Merkmals der Person – die Intelligenz. Die Forschung zu Intelligenz ist so alt wie die Psychologie als akademische Wissenschaft. Bereits Ende des 19. Jahrhunderts wurden erste Versuche unternommen, geistige Fähigkeiten zu messen. Sie begannen mit dem lauteren Ziel, lernschwachen Kindern zu helfen. Dazu musste man aber deren Fähigkeiten unabhängig von der schulischen Leistung bestimmen, weil Letztere ja auch von anderen Faktoren abhängt, wie etwa der Motivation. Der Franzose Alfred Binet (1857–1911) und der Deutsche Hermann Ebbinghaus (1850–1909) entwarfen unabhängig voneinander Aufgaben zur Messung der allgemeinen Lern- und Denkfähigkeit von Kindern. Sehr bekannt wurden die Arbeiten von Binet. Er entwickelte ein Verfahren, das Gedächtnis, Aufmerksamkeit, Verständnis, räumliches Vorstellungsvermögen und einige weitere Dimensionen erfasste. In der Folge entstanden

diverse Theorien über Intelligenz und mehr oder minder komplexe Verfahren, diese zu messen.

Angesichts der Vielfalt der Ansätze scheint es schwer, eine eindeutige Antwort darauf zu geben, was Intelligenz eigentlich ausmacht. Spötter meinen, Intelligenz sei eben das, was ein Intelligenztest messe[25]. Dies suggeriert, dass präzise theoretische Konzeptionen von Intelligenz nicht existieren würden. Was fatal wäre. Denn Präzision auf der theoretischen Ebene ist ja die Voraussetzung jeder guten Messung. Tatsächlich existiert eine Reihe sehr ausdifferenzierter Theorien der Intelligenz. Sie unterscheiden sich vor allem in der Breite der Bereiche, die das Konzept der Intelligenz abdecken soll. Klassische Intelligenzmodelle fokussieren stärker auf sogenannte Primärfähigkeiten wie räumliche Vorstellung, Wahrnehmung, Umgang mit Zahlen, Sprachbeherrschung (Verständnis, Flüssigkeit), Gedächtnis und induktives Denken.[26] Spätere Konzeptionen betrachten weitere Bereiche, wie beispielsweise musikalische, motorische oder sozial-emotionale Fähigkeiten.[27]

Trotz der unterschiedlichen Konzepte und Definitionen in der Literatur kann man zumindest dreierlei feststellen. Erstens, alle Ansätze beinhalten Fähigkeiten, die ich einmal als Eigenschaften der *hardware* bezeichnen möchte. Beim Computer würde man sagen, die Prozessorleistung, die Speicherkapazität und die Geschwindigkeit beim Bildaufbau. Beim Menschen geht es um Gedächtnisleistung, Aufmerksamkeit (Konzentrationsfähigkeit), Schnelligkeit und

---

[25] Boring, E.G. (1923). Intelligence as the tests test it. *New Republic, 6*, 35–37.
[26] Thurstone, L.L. (1938). *Primary mental abilities.* University of Chicago Press: Chicago.
[27] Gardner, H. (2002). *Intelligenzen, die Vielfalt des menschlichen Geistes.* Stuttgart: Klett-Cotta.

Genauigkeit, also um basale Prozesse der Informationsverarbeitung, die für alle Formen des Denkens relevant sind.[28] Insofern messen Intelligenztests auch (aber nicht nur) die Leistungsfähigkeit des Denkapparates auf objektivierbaren Maßen wie Zeitmessung, Anzahl korrekter Erinnerung, Fehleranfälligkeit für Interferenzen und so fort. Deshalb ist es nicht verwunderlich, dass man mit unterschiedlichen Tests an ein und derselben Person zu ähnlichen Ergebnissen kommt, zumindest was deren Primärfähigkeiten betrifft. Zweitens scheint es generelle, stabile Unterschiede zwischen allgemeinen Denkfähigkeiten zu geben, die recht zuverlässig erfassbar sind. Statistisch gesprochen, die Ergebnisse unterschiedlicher Tests korrelieren so stark miteinander, dass wir davon ausgehen können, dass sie auch Ähnliches messen. Drittens sind mit unseren Testverfahren valide Differenzierungen zwischen Personen hinsichtlich ihrer Leistung in anderen Bereichen möglich. Das heißt, wir können mit der Messung der Intelligenz gute Vorhersagen treffen.

Bei der Personalauswahl geht es darum, die Kandidaten aus den Bewerbern herauszufinden, die später auf der Stelle die beste Leistung erbringen. Neben inhaltsgestützten Verfahren wie Interviews, Dokumentenanalyse (Zeugnisse, Referenzen und Qualifikationen) und Verhaltensbeobachtung im Rahmen eines Assessment-Centers verlassen sich die Entscheider auch oft auf den persönlichen Eindruck des Bewerbers und auf ihre eigene Intuition. In einer Übersicht über eine Fülle von Studien mit insgesamt über 32.000 Personen ergibt sich ein klares Bild. Kein anderes Verfahren der Personalauswahl ist dem

---

[28] Zur Übersicht: Funke, J., & Vaterrodt-Plünnecke, B. (2004). Was ist Intelligenz? München: C.H.Beck.

6 Was den Menschen ausmacht, lässt sich nicht ...

Intelligenztest überlegen.[29] Die spätere Leistung auf der Stelle wird am besten durch die Intelligenz vorhergesagt. Obwohl dieser Befund höchst zuverlässig ist und immer wieder aufs Neue bestätigt wird, gibt es Widerstände und Bedenken dagegen, sich bei der Bewerberauswahl auch auf Intelligenzmessung zu verlassen. Warum vertrauen wir auf einen so gut belegten Zusammenhang so wenig?

Die Gründe sind vielfältig und zusammen höchst lehrreich, was den Umgang mit Erkenntnissen über uns selbst betrifft. Wir sind schnell dabei, einen Haken an der Sache zu finden, wenn uns das Ergebnis nicht passt. Wir hören nicht sehr gern, dass Intelligenz tatsächlich Menschen unterscheidet, vor allem wenn wir selbst nicht zu den High-Performern gehören. Da helfen Stereotype. Wie jenes des herausragenden Programmierers, der sich als Komödientrottel in sozialen Beziehungen erweist. Aber das stimmt nicht. Die Personen mit einem Intelligenzquotienten von 135 bis 200, die der amerikanische Psychologe Lewis Terman (1877–1956) in einer aufsehenerregenden Studie über ihre Lebensspanne hinweg untersuchte, waren beliebter, beruflich erfolgreicher, körperlich fitter und sogar humorvoller als die mäßig begabte Mehrheit.[30] Trotzdem ist hohe Intelligenz kein Garant auf Erfolg in allen Bereichen. Darauf wird gerne hingewiesen, wenn man mit einem Forschungsbefund nicht einverstanden ist. Dabei ist dieser Einwand nichts anderes als trivial. Weil Intelligenz nicht der einzige Faktor ist, der, zum Beispiel, beruflichen Erfolg

---

[29] Nur ein Verfahren war noch ein bisschen besser: Intelligenztest *plus* Arbeitsprobe: Schmidt, F. L., & Hunter, J. E. (1998). The validity and utility of selection methods in personnel psychology: Practical and theoretical implications of 85 years of research findings. *Psychological Bulletin, 124,* 262–274. doi:10.1037/0033-2909.124.2.262.

[30] Terman, L. M. (1954). Scientists and nonscientists in a group of 800 gifted men. *Psychological Monographs: General and Applied, 68*(7), 1–44. https://doi.org/10.1037/h0093672.

bestimmt. Sowohl die Umwelt als auch die Person bringen weitere Faktoren ein. Bei der Arbeitsleistung am Fließband macht Intelligenz keinen Unterschied. Wie sollte sich auch ein Computer einem Taschenrechner als überlegen erweisen, wenn wir ihm nur Addition und Subtraktion abverlangten. Beim Entdecken von Regelmäßigkeiten in einem Megadatenpool wird der Taschenrechner scheitern. Aber auch ein Hochleistungsrechner wird diese Aufgabe nur dann meistern können, wenn er über die nötigen Algorithmen verfügt, die ihm erlauben, komplexe Zusammenhänge von Variablen zu entdecken. Seine Rechenleistung ist damit keine hinreichende Bedingung für den Erfolg.

Für uns Menschen bedeutet dies: Denkfähigkeiten alleine werden nicht jeder Aufgabe gerecht. Ohne relevantes Wissen über beispielsweise Strategien der Informationssuche, der Verarbeitung und der Entscheidung können komplexe Probleme nur schwer gelöst werden. Als ich zur Schule ging, hing ein Schild in unserem Klassenzimmer: „Denke erst gut nach, bevor Du eine Entscheidung triffst." Dahinter steckt die Überzeugung, dass mehr Nachdenken auch zu besseren Entscheidungen führt. Da würden wohl viele Leute zustimmen. Nachdenken bedeutet in der Regel auch mehr Informationen zu berücksichtigen, mehr Argumente abzuwägen. Ich kenne Menschen, die studieren intensiv Testberichte, bevor sie auch nur einen Toaster für 30 € kaufen. Dabei hängt die Qualität einer Entscheidung davon ab, ob die Strategie der Informationssuche zur Struktur der Umwelt passt.[31] In bestimmten Umwelten (sogenannten non-kompensatorischen) führen einfache Strategien, die

---

[31] Payne, J. W., Bettman, J. R., & Johnson, E. J. (1988). Adaptive strategy selection in decision making. *Journal of Experimental Psychology: Learning, Memory, and Cognition, 14*, 534–552. https://dx.doi.org/10.1037//0278-7393.14.3.534.

nur ganz wenig Information berücksichtigen, zu *besseren* Entscheidungen als aufwendigere. Das haben wir schon im letzten Kapitel am Beispiel des Schatzsuchespiels gesehen.

Der polnische Autor Stanislaw Lem (1921–2006) hat dieses Problem antizipiert, bevor die Entscheidungsforschung sich damit beschäftigte. In seiner Science-Fiction-Story *Ananke* havariert ein unbemanntes Raumschiff der Erde beim Landeanflug auf den Mars, obwohl es über den modernsten Supercomputer verfügte. Der Protagonist der Geschichte, ein renommierter Pilot, wird in eine Untersuchungskommission abgeordnet, die die Ursache für den Absturz herausfinden soll. In einem spannenden Kabinettstück wird der Pilot zum Psychologen, der schließlich die Ursache in der Psyche der Person findet, die für die Programmierung des Bordcomputers des Raumschiffs verantwortlich war. Diese Person, ein ehemaliger Kollege, litt nämlich unter dem *anankastischen Syndrom,* einer psychischen Störung, die ihn ständig zur Überprüfung und Kontrolle aller Eventualitäten zwang. Und auf genau diese Strategie hatte der Programmierer den Computer trainiert. Mit der besten Absicht. Denn beim Landeanflug handelt es sich in der Tat um das kritischste Manöver eines Raumfluges. Hier ist also größte Sorgfalt geboten. Der auf maximale Kontrolle programmierte Computer versuchte beim Landeanflug möglichst viele Informationen zu berücksichtigen, um möglichst gute Entscheidungen zu treffen. Dies führte schlussendlich zur Überlastung und schließlich zum Kollaps der Steuerung. Prozessorleistung oder allgemeine Fähigkeiten des Denkens allein reichen für angepasstes Verhalten noch nicht aus.

Die Skepsis gegenüber der Vermessung des Menschen …

… resultiert aus Missverständnissen und Irrtümern. Unser Erleben und Verhalten hat viele Ursachen. Es wäre falsch, zu erwarten, dass die Messung einer einzigen Variable alles erklärt oder vorhersagt. So ist beispielsweise Intelligenz *ein* wichtiger Faktor, aber eben nicht der einzige, der bestimmt, wie erfolgreich wir uns anpassen und Probleme lösen. Die Komplexität unserer Psyche ist ebenfalls kein Gegenargument für deren Vermessung. Jede Wissenschaft, egal welchen Gegenstand sie hat, ist mit Komplexität konfrontiert. Aber hinter der Komplexität steht eine Hierarchie von Faktoren und deren Wechselwirkungen. Sie unterscheiden sich bezüglich der Kraft ihres Einflusses. Die Bestimmung und Messung einer begrenzten Menge an wichtigen Faktoren hilft uns, bessere Vorhersagen zu machen. Ungültige Messungen werden wir vor allem dann erhalten, wenn wir nicht wissen, was wir messen wollen. Theorien und Konzepte bestimmen die Auswahl und die Konstruktion von Messinstrumenten. Deshalb können Messinstrumente nur so präzise sein, wie die zu messenden Phänomene auf theoretischer Ebene zuvor bestimmt wurden. Verborgenes, was wir nicht direkt mit unseren Sinnen erfassen können, lässt sich ebenfalls messen. Mittels *indirekter* Verfahren. Wie es in den Naturwissenschaften gang und gäbe ist. Die letzte Bastion des Widerstandes gegen die Vermessung des Menschen ist jedoch schwerer zu schleifen. Sie liegt in der Hybris, uns Menschen als erhabene Wesen zu betrachten. Hier ist ein wenig Demut angebracht. Auch der *homo sapiens* ist ein Teil der Natur. Er ist ihren Gesetzmäßigkeiten unterworfen und damit notwendigerweise Gegenstand wissenschaftlichen Denkens und einer Methodik, die sich objektivierbarer Messverfahren bedient – gerade wenn es um den Menschen selbst geht.

7

Nur auf die eigene Erfahrung ist Verlass

„Ich habe viel über Covid gelernt. Ich habe es gelernt, indem ich wirklich zur Schule gegangen bin. Dies ist die echte Schule, dies ist nicht die ‚Lasst-uns-die-Bücher-lesen-Schule'. Und ich hab es verstanden. Und es ist eine sehr interessante Sache."
Donald J. *Trump (Dies twitterte der damalige US-amerikanische Präsident nach seiner überstandenen SARS-CoV-2-Infektion am 4.10.2020.)*

„Bitte, lass uns heute Abend nicht über Homöopathie diskutieren!" Wie oft schon wurde ich darum gebeten. Ich kann aber wirklich nichts dafür! Ich gebe ja mein Bestes, dieses Thema zu vermeiden. Auf Partys und Geburtstagsfeiern versuche ich, ihnen aus dem Weg zu gehen. Den Globuli-Jüngern. Aber irgendetwas an mir zieht sie an. Und sie fühlen sich genötigt, mir zu berichten. Wie toll die Globuli wieder gewirkt hätten. Selbst bei ihrem Hund! Soll das etwa ein Placeboeffekt gewesen sein? Sie hätten es doch selbst erlebt! Oh, und natürlich seien sie kritisch eingestellt.

Skeptiker ausnahmslos. Sie ließen sich nichts vormachen. Und dann kommt, was kommen muss … „Wer heilt, hat recht." Spätestens dann brauche ich einen Drink mit vielen Umdrehungen. Und tatsächlich war und ist dieser Satz einer der wesentlichen Gründe, warum ich dieses Buch geschrieben habe. Dieser Unsatz. Denn geheilt haben sie eben nicht. Da gaukelt ihnen ihre Erfahrung etwas vor.[1]

Sie werden jetzt verstehen, warum ich immer wieder gebeten werde, mich nicht zu Homöopathie zu äußern. Was ich aber in diesem Kapitel und in den weiteren an einigen Stellen dennoch tun werde. Gerade die Homöopathie eignet sich prächtig, um meinen ungehörigen und anmaßenden Zweifel an der Erfahrung meiner Mitmenschen zu begründen.

Und schon rudere ich ein wenig zurück. Aber nur wenige Meter. Ja, unsere Erfahrung ist eine wichtige Quelle des Lernens. Tatsächlich sind nicht nur wir Menschen, sondern auch alle anderen Tiere geradezu ideal dafür geschaffen, aus Erfahrungen zu lernen. Wenn ein kleines Kind einmal einen heißen Topf angefasst hat, tut es das nicht wieder. Ein Pferd vermeidet es, einem Weidezaun zu nahe zu kommen, sofern es sich davon schon einmal einen deftigen Schlag eingefangen hat. Wenn man das Kind oder das Pferd immer von Töpfen oder Zäunen fernhält, fällt es ihnen schwerer, das Richtige zu lernen. Denn aus Schaden wird man ja bekanntlich klug. Das Vermeidungslernen funktioniert sehr schnell. In der Regel reicht eine einzige (starke) negative Konsequenz und der Organismus unterlässt das entsprechende Verhalten. Das ist ganz nützlich, weil wir nicht erst nach dem zehnten Brechdurchfall kapieren sollten, dass der Fliegenpilz nicht in die Pfanne gehört. Deutlich langsamer als das Vermeidungslernen ist

---

[1] Grams, N. (2018). *Homöopathie neu gedacht – Was Patienten wirklich hilft.* Heidelberg: Springer.

das Lernen an Belohnung. Aber es funktioniert. Wenn Ihr Kind Sie nervt mit „Krieg ich ein Gummibärchen?" und Sie ihm nach dem vierten Versuch endlich nachgeben, dann haben Sie das Verhalten des Kindes belohnt. Wenn Sie sich immer wieder erweichen lassen, dann lernt Ihr Kind, dass es nur beharrlich nerven muss, um zu kriegen, was es will. Beide Formen von Erfahrungen – Bestrafungen und Belohnungen – formen unser Verhalten. Wir können aus eigener Erfahrung lernen, welche Handlungen in bestimmten Situationen sinnvoll sind und welche nicht. Lernen aus Erfahrung ist leider fehleranfällig. Alltägliche Situationen bergen Fallen, die man selbst dann nicht bemerkt, wenn man in eine hineingefallen ist. Gewöhnlich steigt man aus ihnen heraus mit dem guten Gefühl, etwas Richtiges gelernt zu haben. Dieses Gefühl macht es einem doppelt schwer, den Fehler zu erkennen. Nach der Lektüre dieses Kapitels werden Sie erkennen können, wann alltägliche Situationen uns das Falsche lehren. Einsicht in die Logik der Fehler führt uns zur Methode der wissenschaftlichen Beobachtung. Die darin besteht, Störquellen so zu kontrollieren, dass wir aus Erfahrung das Richtige lernen können.

Der Irrtum

Eigene Erfahrung ist eine bedeutsame Quelle des Wissenserwerbs – zweifellos. Unser Lernsystem ist unglaublich effektiv. Es giert geradezu danach, Zusammenhänge zu entdecken und Regeln abzuleiten. Neugier ist etwas, was uns Menschen auszeichnet. Jedes Kind will lernen, wie die Welt funktioniert. Dabei stehen wir vor der Herausforderung, einzuschätzen, wann auf unsere Erfahrung Verlass ist. Wenn wir unseren eigenen Beobachtungen uneingeschränkt vertrauen, dann verkennen wir die Macht der Umwelt.

Denn sie bestimmt, was wir beobachten können. Der Beobachtung liegt immer nur ein Ausschnitt aus der Welt zugrunde. Um daraus das Richtige lernen zu können, muss dieser Ausschnitt auch die relevanten Informationen enthalten. Ist dies nicht der Fall, weil beispielsweise zentrale Informationen fehlen, dann können wir auch nicht das Richtige lernen. Insofern ist unsere Alltagserfahrung immer nur so gut wie die Stichprobe an Informationen, die uns die momentane Situation zur Verfügung stellt. Ein weiteres Problem besteht darin, dass wir in unsere *eigenen* Beobachtungen ein hohes Maß an Vertrauen setzen. Andere mögen Fehler machen, aber wir doch nicht! Beobachtung ist jedoch kein passiver, sondern ein aktiver Prozess, bei dem unser Wissen, unsere Wünsche und unsere Bedürfnisse den Ausgang der Beobachtung mitgestalten.

Fakt ist, dass jede alltägliche Beobachtung das Resultat aus einer Wechselwirkung zwischen der Umwelt und psychischen Prozessen ist. In günstigen Konstellationen kann das Lernergebnis sich den tatsächlichen Gegebenheiten gut annähern. In ungünstigen Situationen lernen wir das Falsche. Wenn uns dabei die Einsicht in die Fehlerquellen fehlt, sind wir obendrein felsenfest überzeugt, richtigzuliegen. Denn, so der Irrtum, es geht ja nichts über die eigene Erfahrung.

Gemeine Lernumwelten – Ein Teufel namens Konfundierung

Der in Genf geborene Jean-Jacques Rousseau (1712–1778) entwarf in seinem Roman Émile[2] eine Reform der Pädagogik und der moralischen Erziehung. Der Mensch

---

[2] Rousseau, J.-J. (1762/1998). *Émile oder Über die Erziehung* [Reclams Universal-Bibliothek Nr. 901]. Stuttgart: Reclam.

sei von Natur aus gut, meinte Rousseau. Die Natur sei gut, weil sie aus den Händen des Schöpfers stamme. So beginnt der Bildungsweg seines fiktiven Zöglings Émile ganz natürlich auf dem Lande. Allerdings wurde der Knabe nicht in die Natur ausgesetzt. So viel Vertrauen hatte Rousseau in natürliche Erziehung auch wieder nicht. Schon der Begriff „Zögling" weist auf einen weiteren Agenten hin. Denn im Hintergrunde agiert der Erzieher, der die Strippen zieht. Der bestimmte Erfahrungen mit der Natur und den Dingen herbeiführt, in Bahnen lenkt und die Konsequenzen mehr oder minder radikal steuert. Wenn Émile mit dem Ball das Glasfenster seiner Schlafkammer zerbricht, so mag er ruhig ein paar Nächte frieren. Auch wenn er dabei krank wird – es ist ja die Natur, die ihn hier die Konsequenzen seines Handelns lehrt. Irgendwann wird der Erzieher die Scheibe wieder einsetzen. Sollte Émile doch wieder in sein zerstörerisches Verhaltensmuster zurückfallen, dann strukturiert der Erzieher die Umwelt um und sperrt den Zögling in einen dunklen Raum. Durch den Entzug des Sonnenlichts und vielleicht eine kleine Dosis verbaler moralischer Unterweisung wird auch Émile, der Bengel, lernen, die Vorzüge der Natur (Sonne und Luft) zu erkennen und den Wert der vom Menschen erschaffenen Dinge (Fensterglas) zu schätzen.

Was lehrt uns hier Rousseau? Erstens, Erfahrungen befördern das Lernen. Zweitens, die Stichprobe an Erfahrungen, die der Mensch gerade in seinem frühen Leben sammelt, darf nicht dem Zufall überlassen bleiben. Es braucht eine steuernde Hand, damit der Zögling, das „prächtige Tier", irgendwann zu einem verständigen, moralisch integren Mitglied der Gesellschaft heranreift. Rousseau vermittelt uns hier fundamentale Einsichten. Erfahrungsbasiertes Lernen ist wichtig. Aber nicht jede

Erfahrung macht klug. Die Stichprobe an Erfahrungen bestimmt, ob der Mensch auch das Richtige lernt.

Robin Hogarth, ein britisch-amerikanischer Entscheidungsforscher, beschäftigte sich damit, wie man die Intuition (aus)bilden kann.[3] Intuition kann zu guten oder schlechten Entscheidungen führen. Denn Intuition ist nach Hogarth ein Produkt unserer Erfahrung. Insofern ist die Intuition nur so gut oder schlecht, wie die Lernumwelt beschaffen war. Hogarth unterscheidet zwischen freundlichen und gemeinen Umwelten.[4] In einer freundlichen Umwelt ist die Stichprobe an Erfahrungen und Rückmeldungen über unser Verhalten so beschaffen, dass wir das Richtige lernen. In einer gemeinen Umwelt treffen wir auf verborgene Zusammenhänge, die sich auf der Beobachtungsebene unzuverlässig oder sogar falsch darstellen. Unsere Stichproben sind möglicherweise verzerrt und täuschen Zusammenhänge vor, die gar nicht existieren. Intuitionen und vermeintliche Einsichten, die aus solchen Erfahrungen resultieren, sind fehlerhaft, meist ohne dass uns dies bewusst ist.

Wenn Sie auf einer Wanderung in den Alpen von einer Höllenotter in die Wade gebissen würden, dann wäre dies ein Paradebeispiel für eine freundliche Umwelt. Die lackschwarze Variante der Kreuzotter (*Vipera berus*) verfügt über ein sehr starkes Gift, toxischer als das der amerikanischen Klapperschlange. Da Höllenottern davon glücklicherweise lediglich eine geringe Menge in ihren Drüsen deponieren können, sterben an ihrem Biss in der Regel nur ihre maus- oder froschgroßen Beutetiere. Ein Mensch jedoch würde den Biss sehr wahrscheinlich über-

---

[3] Hogarth, R.M. (2001). *Educating intuition*. Chicago: University of Chicago Press.
[4] Im Original "friendly and wicked feedback environments".

7 Nur auf die eigene Erfahrung ist Verlass

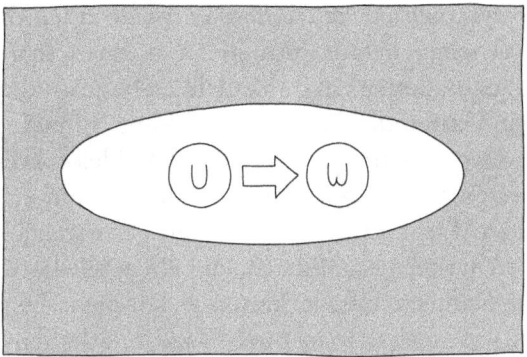

Abb. 7.1 Freundliche Lernumwelt. U = (potenzielle) Ursache, W = Wirkung

leben und künftig dieser Schlange aus dem Weg gehen. Ein solches Verhalten setzt die Einsicht in eine Kausalität, eine Ursache-Wirkungs-Beziehung voraus. Nämlich dass es hier tatsächlich der Schlangenbiss war, der Ihre Schmerzen verursachte. Warum aber ist dieser kausale Schluss nach nur einer Beobachtung zulässig? Weil es sich hier um eine freundliche Lernumwelt handelt, in der der tatsächliche Ursache-Wirkungs-Zusammenhang in dem Ausschnitt unserer Aufmerksamkeit beobachtbar wird.

Hier treffen vier Umstände zusammen, die korrekte Schlussfolgerungen erlauben. Illustriert habe ich das in Abb. 7.1. Das graue Feld soll die Umwelt darstellen, in der Sie Ihre Erfahrung erwerben. Der weiße Ausschnitt ist das Blickfeld, also der Fokus Ihrer Aufmerksamkeit. Darin befinden sich der Biss der giftigen Schlange (U für Ursache) und der Schmerz (W für Wirkung), den Sie erleiden. Das ist der erste günstige Umstand. Denn auf Ursache und Wirkung richten Sie Ihre Aufmerksamkeit. Der zweite günstige Umstand besteht in der kurzen Zeitspanne, die zwischen Ursache und Wirkung liegt. Was in der Abbildung durch den kurzen Pfeil zwischen U und W symbolisiert ist. Außerdem ist der Pfeil dick. Das soll illustrieren, dass es sich hier um einen sehr starken Wirkungszusammenhang handelt. Das ist der dritte günstige Umstand. Denn die Wirkung spüren Sie eindeutig. Der Biss tut höllisch weh. Da bleibt kein Raum für Interpretation. Sonst ist in der Abbildung nichts abgebildet. Das markiert den vierten günstigen Umstand. Es fehlen weitere Kandidaten, die als mögliche Ursachen für den Schmerz infrage kommen könnten. Es gab nur die Schlange, die sich an ihrer Wade zu schaffen machte. Keine Hornisse. Und auch nicht die Spitze des Wanderstabes eines Ihrer Begleiter. In einer solchen Umwelt können wir gute Erfahrungen erwerben. Gut im Sinne, dass wir das Richtige daraus lernen.

Schauen wir uns eine gemeine Lernumwelt an. Abb. 7.2 enthält mehrere potenzielle Ursachen (U1, U2, U3), die eine Wirkung herbeigeführt haben könnten. Im Fokus der Aufmerksamkeit liegt davon aber nur eine, während die anderen Kandidaten übersehen werden. Erschwerend kommt hinzu, dass gar kein wirklicher Zusammenhang zwischen der Wirkung und der scheinbaren Ursache vorliegt (dünne Linie, ohne Pfeil). Zudem tritt die Wirkung zeitlich verzögert ein (lange Linie). Dadurch können weitere Umstände, die erst später hinzukommen (hier U3) einen kausalen Einfluss haben. Zu allem Unglück aber sind die Wirkungszusammenhänge der übersehenen Ursachen (U2, U3) viel stärker als die vermeintliche, aber fokussierte Ursache (U1).

Sie werden nun vielleicht sagen, das sei doch alles sehr konstruiert. Tatsächlich treffen wir aber häufig auf solche gemeinen Lernumwelten. Beispielsweise, wenn wir versuchen, einen Schnupfen zu behandeln. Sie alle wissen, der Schnupfen ist ein Gast, der gerne für ein paar Tage bleibt. In der Apotheke können Sie kein Mittel kaufen, das einen Schnupfen binnen zwei Stunden beendet. Aber

Sie bekommen dort Globuli. Die meisten deutschen Apotheker sind begeisterte Anhänger der Homöopathie. Vor allem, wenn Sie nach etwas gut Verträglichem oder nach „alternativer Medizin" verlangen, dann empfehlen viele Globuli.[5] Das sind Zuckerkügelchen, auf denen sich ein Wirkstoff nach den Gesetzen der Physik meist nicht mehr findet. Weil die homöopathischen Präparate in der Regel stark verdünnt sind. Die Homöopathie spricht hier von Potenzierung. Die Wirkung der hochverdünnten Wirkstoffe soll sich aber durch einen magischen Mechanismus vermitteln und sogar durch die Potenzierung verstärkt werden. Dabei, so die Annahme, speichere das Wasser durch eine bestimmte Verschüttelungstechnik die Wirkkraft der Substanz. Das wird Wassergedächtnis genannt. Selbst wenn physikalisch die Arznei in der Lösung nicht mehr nachweisbar ist, soll seine Wirkkraft dem Wasser eingegeben sein. Das inhaltslose, aber gedächtnisschwangere Wasser wird auf die Zuckerkügelchen gesprüht. Diese Globuli geben dann ihr Wissen an den Körper weiter. So weit, so unsinnig. Wasser hat kein Gedächtnis. Die Theorie der Potenzierung widerspricht naturwissenschaftlichen Gesetzen und ihr fehlt jeder belastbare empirische Nachweis.[6] Trotzdem glauben viele an die Wirkung der Zuckerkügelchen, auf denen sich gar kein Wirkstoff mehr befindet. Und das kommt unter anderem daher, weil sie sich in einer gemeinen Lernumwelt befinden, wenn sie diese anwenden.

---

[5] Betsch, T., Chalupny, J., Grünewald, S., Hofert, L., & Männer, L.-S. (2018). Das Geschäft mit den Globuli – Wird in deutschen Apotheken evidenzbasiert beraten? *Skeptiker, 1,* 9–13.
Siehe auch https://www.ndr.de/fernsehen/Das-Geschaeft-mit-der-Homoeopathie,sendung1011526.html, abgerufen am 8.1.2021.
[6] Siehe z. B. https://www.homöopedia.eu/index.php/Artikel:Wassergedächtnis, abgerufen am 8.1.2021.

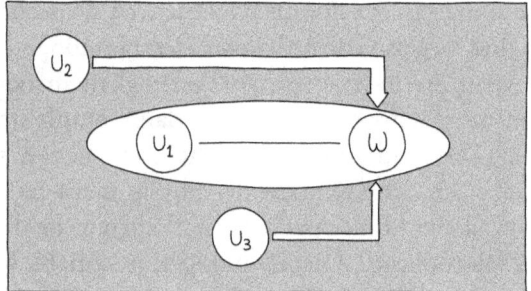

Abb. 7.2 Gemeine Lernumwelt. U = (potenzielle) Ursache, W = Wirkung

Zurück zum Schnupfen und zur Abb. 7.2. U1 seien die Globuli, die ein Patient einnimmt, nachdem ihn der Schnupfen gepackt hat. W bezeichnet seine Selbstbeobachtung nach, sagen wir, fünf Tagen. Da stellt er fest, dass es ihm besser geht. Allerdings ist ein zweiter Faktor U2 an dieser Wirkung beteiligt. Sein Selbstheilungssystem arbeitet ebenfalls an der Bekämpfung des Schnupfens, und zwar schon bevor er die Globuli eingenommen hat. Dabei handelt es sich um ein mächtiges System. Auch wenn man aktiv nichts gegen einen Schnupfen unternimmt – nach ein paar Tagen hat ein sonst gesunder Körper das Problem im Griff. An den ersten zwei Tagen fühlt sich jedoch unser Patient malad. Die Nase läuft, der Hals kratzt und er fühlt sich matt. Da fällt er einen weisen Entschluss. Er meldet sich krank und legt sich zu Hause auf die Couch. Dazu Kräutertee und ein Nickerchen, wann immer es geht. Diese Kur (U3) ist bekanntermaßen sinnvoll und hilfreich.

Eine Woche später empfiehlt unser mittlerweile genesener Patient einem Freund die Einnahme von Globuli. Denn die hätten bei ihm sehr gut angeschlagen. Nach nur fünf Tagen war der Schnupfen weg. Aber genau das kann er gar nicht wissen. Der Schluss, dass die Globuli geholfen hätten, ist in dieser gemeinen Lernumwelt falsch. Denn es lagen *Konfundierungen* vor. Das ist ein zentraler Begriff im wissenschaftlichen Denken. Konfundierung bezeichnet den fatalen Umstand, dass nicht nur ein Faktor präsent war, sondern ein weiterer oder sogar mehrere, die ebenfalls mit der Wirkung in Beziehung stehen. Bei Konfundierung wissen wir nicht, welcher Faktor tatsächlich gewirkt hat. Gerade bei der Einnahme von Medikamenten liegen bei der einzelnen Person immer Konfundierungen vor. Das Selbstheilungssystem ist immer am Werke. Und weitere Faktoren, wie z. B. Schonung oder die zusätzliche Einnahme lindernder Substanzen (hier war es der Kräutertee), kommen hinzu. Nur wenige Medikamente stehen mit der Wirkung in einer derart starken Beziehung wie das Schlangengift mit dem Schmerz. Meist sind die Wirkungen schwächer und treten zeitversetzt auf. Hier können wir selbst nicht die eigene Kontrollgruppe sein. Denn entweder wir nehmen ein Medikament ein oder nicht. Der Vergleich zwischen der Nichteinnahme einer Substanz beim Schnupfen vor einem halben Jahr und der Einnahme einer Substanz beim heutigen Schnupfen ist nicht zulässig. Weil die Umstände nicht konstant blieben. Wir wissen nicht, welche Konfundierungen heute und das letzte Mal vorlagen. Ganz fatal wirkt sich aber unser Fokus der Aufmerksamkeit aus. Der war ja im Beispiel auf die Globuli gerichtet, die aktiv eingenommen wurden. Unser Patient ignoriert die konfundierten Faktoren wie das Selbstheilungssystem, Schonung und Kräutertee. Wenn nun endlich der Schnupfen abklingt, dann ist es höchst wahrscheinlich, dass er dies den Globuli zuschreibt. Eben weil ja deren Einnahme im Fokus seiner Aufmerksamkeit lag. Deshalb sind so viele Menschen aufgrund ihrer Erfahrung überzeugt, dass Globuli wirken. In gut kontrollierten Studien, die die Störungen einer gemeinen Lernumwelt ausschließen oder vermeiden, zeigt sich aber kein belastbarer Wirkungszusammenhang.[7]

Verzerrte Stichproben und ein Pfarrer namens Bayes

Das Münchner Oktoberfest ist ein beliebtes Reiseziel für ausländische Touristen.[8] Wenn ein US-Amerikaner nach ein paar Tagen im Bierzelt wieder nach Hause reist, dann kann er was erzählen. Über die Deutschen. Die essen Schweinshaxe und Würste und Knödel. Die schütten Unmengen Bier in sich hinein. Die Männer tragen Hüte und tanzen in kurzen Lederhosen zu Blasmusik auf den Tischen. Und die Frauen stecken in Kleidern, die mehr herauspressen als verhüllen. Und saufen tun die, fast genauso viel wie die Männer. Dass dieses Verhalten typisch für die Deutschen wäre, dagegen würden sich wohl viele Deutsche verwehren. Der Besucher aus dem Ausland mag nun einwenden: *Ich habe es doch mit eigenen Augen gesehen!* Tja, das stimmt schon. Aber die Stichprobe in einem Bierzelt ist sicherlich nicht repräsentativ. Das Lieblingsessen der Deutschen ist weder Schweinshaxe, Würste noch Klöße, sondern Pasta.[9] Die meisten deutschen Männer tragen keine Lederhosen, sondern Jeans. Frauen alles Mögliche, aber sicherlich selten Dirndl. Weltmeister im Bier-

---

[7] Es gibt Hunderte Studien zur Wirkung homöopathischer Präparate. Um den Stand der Forschung beurteilen zu können, müssen sogenannte Metaanalysen betrachtet werden. Darauf kommen wir im nächsten Kapitel zurück.
[8] https://www.muenchen.de/veranstaltungen/oktoberfest/schmankerl/wiesn-wirtschaftsfaktor.html, abgerufen am 26.12.2020.
[9] https://www.aerztezeitung.de/Medizin/Das-essen-die-Deutschen-am-liebsten-289003.html, abgerufen am 14.1.2021.

trinken sind die Deutschen auch nicht.[10] Und Blasmusik findet sich äußerst selten auf Platz 1 in den Musikcharts.

Diese Fakten verblassen neben den eindrücklichen Bildern von der Wiesn, die sich dem Besucher ins Gedächtnis gebrannt haben. Statistiken kommen nicht gegen die eigene Erfahrung an. Das einzige Kraut, das gegen ein Stereotyp anwächst, sind weitere Erfahrungen, am besten an einer Stichprobe, die repräsentativ für die Deutschen ist. Und nun bitte ich die deutschen Leser, einmal an einen Urlaub im Ausland zu denken. Denn in der Regel wird Ihre Stichprobe von Einwohnern dieser Länder ebenso verzerrt sein wie die der Amerikaner, die das Oktoberfest, das Heidelberger Schloss oder in Berlin den Potsdamer Platz besuchen.

Für verzerrte Stichproben müssen wir nicht erst ins Ausland fahren. In beruflichen Kontexten sind verzerrte Stichproben vorprogrammiert. Mitarbeiter eines Morddezernates haben es mit Mördern zu tun, Traumatherapeuten mit Menschen, die Schreckliches erlitten haben, und Lehrkräfte einer Brennpunktschule mit Kindern, die unter erschwerten Bedingungen aufwachsen. Sollten solche Berufsgruppen das Risiko von Gewalt überschätzen, dann spiegelten sich darin ihre Erfahrungen wider. Die Erfahrungen sind Fakt. Aber ebenso Fakt ist, dass diese Stichproben der Erfahrung nicht repräsentativ sind. Eben weil der spezifische berufliche Kontext zu einer Überrepräsentation bestimmter Merkmale in den Stichproben führt.

Ein weiteres, typisches Beispiel findet sich im Feld der Personalauswahl. Dieses System produziert grundsätzlich verzerrte Stichproben. Denn hier fehlt den Personalern und Führungskräften, die sich mit der Personalauswahl

---

[10] 2018 waren es die Tschechen, https://de.wikipedia.org/wiki/Liste_der_L%C3%A4nder_nach_Bierkonsum, abgerufen am 14.1.2021.

beschäftigen, eine wichtige Kontrollgruppe. Sie wissen nicht, wie sich die *abgelehnten* Bewerber in ihrem Betrieb bewährt hätten. Die Rückmeldungen, die sie über ihre Auswahlentscheidungen erhalten, stammen ja nur aus der Gruppe der eingestellten Personen.[11] Trotzdem haben viele Personaler eine äußerst hohe Meinung über ihre Fähigkeit zur guten Personalauslese. *Meine Entscheidungen sind gut. Das sehe ich doch. Die Leute, die ich eingestellt habe, bewähren sich doch.* Aber die Abgelehnten hätten sich vielleicht noch besser bewähren können.

In den obigen Beispielen bestimmt vor allem die Umwelt den Ausschnitt der beobachtbaren Realität. Das ist aber nicht immer so. Manchmal bietet uns die Umwelt alle Information, die wir benötigen, um gültige Beobachtungen zu erlangen und gute Urteile zu fällen. Hier hängt es von unserer Entscheidung ab, welche Stichprobe an Informationen wir sammeln. Leider versagen wir dabei regelmäßig. Wir tappen in Stichprobenfallen und kommen wieder, diesmal selbst verschuldet, zu verzerrten Stichproben.

Eine Ursache dafür ist die *gute Absicht,* sich auf *das Wichtige* zu konzentrieren. Diese Strategie mag in vielen anderen Bereichen sinnvoll sein. Bei der Stichprobenziehung ist sie es nicht. Bevor ich hier zu empirischen Befunden komme, die dies belegen, möchte ich Ihnen ein Problem vorstellen, das seit vielen Jahren beforscht wird. Stellen Sie sich vor, eine Frau unterzieht sich einer Routineuntersuchung auf Brustkrebs, der Mammografie. Zu ihrer Bestürzung fällt das Ergebnis positiv aus. Das Testergebnis der Mammografie deutet also darauf hin, dass sie an Brustkrebs erkrankt ist. Nun kann aus dem

---

[11] Einhorn, H. J., & Hogarth, R. M. (1978). Confidence in judgment: Persistence of the illusion of validity. *Psychological Review, 85,* 395–416.

Testergebnis nicht mit Sicherheit geschlossen werden, dass die Frau wirklich an Brustkrebs erkrankt ist, weil das Diagnoseinstrument auch Fehler macht. Aber die Wahrscheinlichkeit, dass die Mammografie Brustkrebs erkennt (Sensitivität), ist sehr hoch und liegt bei ungefähr 90 %. Wenn allerdings eine Frau keinen Brustkrebs hat, beträgt die Wahrscheinlichkeit 9 %, dass das Testergebnis fälschlicherweise positiv ist (Falsch-positiv-Rate). Wie hoch ist nun die Wahrscheinlichkeit, dass eine Frau, die ein positives Testergebnis erhielt, tatsächlich Brustkrebs hat? Bei der Schätzung dieser Wahrscheinlichkeit sind die meisten Personen der Meinung, dass die Antwort nahe an 90 % liegt.

Das stimmt aber nicht. Denn die tatsächliche Wahrscheinlichkeit hängt davon ab, wie hoch die Rate an Erkrankungen in der jeweiligen Altersgruppe ist.[12] Nationale Gesundheitsinstitute, wie das Robert-Koch-Institut in Deutschland, halten dazu Statistiken vor. In der Altersgruppe zwischen 50 und 69 Jahren erkranken durchschnittlich pro Jahr etwa 300 von 100.000 Frauen an Brustkrebs.[13] Diese sogenannte Basisrate ist also kleiner als 1 %. Die *bedingte* Wahrscheinlichkeit, dass eine Frau dieser Altersgruppe, die ein positives Testergebnis erhielt, tatsächlich Brustkrebs hat, ist kleiner 10 %.[14]

Wenn Sie sich jetzt wundern, dann sind Sie in guter Gesellschaft. Denn die meisten Personen und selbst

---

[12] Die Zahlen sind entnommen: Gigerenzer, G., Gaissmaier, W., Kurz-Milcke, E., Schwartz, L.M., & Woloshin, S. (2009). Glaub keiner Statistik, die du nicht verstanden hast. *Gehirn und Geist, 10*, 34–39. www.gehirn-und-geist.de.

[13] Laut Angaben des RKI für den Zeitraum zwischen 1999 und 2016: https://www.krebsdaten.de/Krebs/DE/Content/Krebsarten/Brustkrebs/brustkrebs_node.html, abgerufen am 2.1.2021.

[14] Gigerenzer, G., Gaissmaier, W., Kurz-Milcke, E., Schwartz, L.M., & Woloshin, S. (2009). Glaub keiner Statistik, die du nicht verstanden hast. *Gehirn und Geist, 10*, 34–39. www.gehirn-und-geist.de.

Mediziner, denen man dieses Problem vorlegt, verstehen auf Anhieb nicht, wie diese Wahrscheinlichkeit zustande kommt. Und vor allem, warum sie so klein ist, obwohl doch die Sensitivität des Diagnoseinstruments bei 90 % liegt. In den Lehrbüchern und Veröffentlichungen zu dem Problem würde nun eine Einführung in die Regeln der Wahrscheinlichkeitstheorie folgen. Und Sie würden eine Formel verstehen müssen, die sich vor rund 350 Jahren der englische Pfarrer Thomas Bayes (1701–1761) ausgedacht hat.

Aber wir wollen hier nicht rechnen.[15] Wenn wir dem ehemaligen Präsidenten der USA, Donald Trump, folgen, dann ist das ja die Bücher-Schule. Besser lernen wir doch in der realen Schule, in der wirklichen Welt. Wir könnten uns also umhören und Erfahrungen sammeln. Freunde fragen, Familienmitglieder und Bekannte. In Internetforen und sozialen Medien erweitert sich der Kreis von Erfahrungsspezialisten. Sobald wir Informationen suchen, zum Beispiel wenn wir jemanden befragen, beginnen wir, eine Stichprobe zu ziehen. Um diesen Prozess der Stichprobenziehung zu untersuchen, führte der deutsche Psychologe Klaus Fiedler mit seinen Kollegen eine Untersuchung durch.[16] Die Probanden hatten die Aufgabe, herauszufinden, wie hoch die Wahrscheinlichkeit ist, dass eine Frau mit positiver Mammografie tatsächlich Brust-

---

[15] Wer doch rechnen mag, hier die Formel und Lösung für das Mammografie-Beispiel: bedingte Wahrscheinlichkeit von Brustkrebs nach positiver Mammografie = Prävalenz Brustkrebs x Sensitivität der Mammografie/Prävalenz Brustkrebs x Sensitivität der Mammografie + Prävalenz kein Brustkrebs x Falsch-positiv-Rate. In Zahlen 0,092 = 0,01 × 0,90/0,01 × 0,90 + 0,99 × 0,0 9. Aus Gründen der Einfachheit habe ich hier mit einer überhöhten Prävalenz von 1 % (0,01) gerechnet, die ist aber tatsächlich kleiner.

[16] Fiedler, K., Brinkmann, J., Betsch, T., & Wild, B. (2000). A sampling approach to conditional probability judgment: Beyond base-rate neglect and statistical format. *Journal of Experimental Psychology: General, 129*, 399–418. https://doi.org/10.1037/0096-3445.129.3.399.

7 Nur auf die eigene Erfahrung ist Verlass

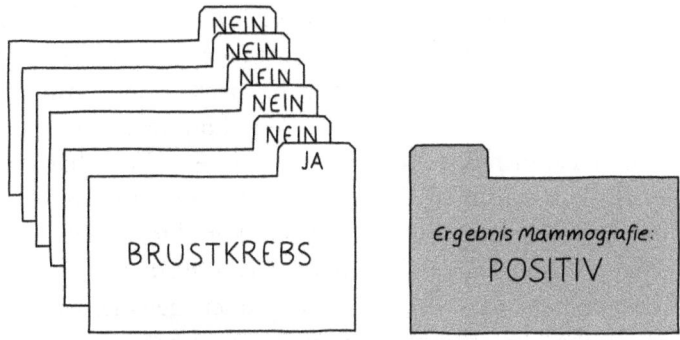

Abb. 7.3 Schematische Darstellung einer Untersuchungsbedingung von Klaus Fiedler und Kollegen (2000). Jede Karteikarte stellt eine Patientin dar. Probanden können aus vielen Karten eine beliebig große Stichprobe ziehen. Auf der Vorderseite jeder Karte steht, ob die Patientin an Brustkrebs erkrankt ist (ja/nein). Wenn eine Karte gezogen wird, erscheint deren Rückseite (siehe Karte rechts). Dort steht das Testergebnis, also ob die Mammografie positiv (Erkrankung liegt vor) oder negativ (Erkrankung liegt nicht vor) ausfiel

krebs hatte. Dazu konnten sie Patientinnen aufsuchen („befragen") und sich über deren Gesundheitszustand und die Testergebnisse einer Mammografie informieren. Die Untersuchung fand am Computer statt. Der Bildschirm zeigte Karten, die jeweils eine Person repräsentierten (siehe Abb. 7.3). Vorne drauf stand, ob diese an Brustkrebs erkrankt war oder gesund ist. Wenn die Probanden eine Karte anklickten, drehte sich diese um und sie erfuhren das Ergebnis der Mammografie. Sie durften so viele Karten (Personen) ziehen, wie sie wollten. Die Karten waren nicht sortiert. Aber es fiel deutlich auf, dass es viel weniger Patientinnen mit Brustkrebs als Gesunde gab – wie es ja auch in der Realität der Fall ist.

In dieser Untersuchung überschätzen die Probanden das Risiko grandios. Im Schnitt gaben sie an, dass die Wahrscheinlichkeit für Brustkrebs nach einer positiven Mammografie über 60 % wäre. Wie konnte es zu einem solchen Fehlurteil, zu einer solch starken Überschätzung des Risikos kommen? Waren die Probanden etwa unfähig, aus ihren eigenen Beobachtungen korrekte Schlüsse zu ziehen? Daran lag es aber nicht. Klaus Fiedler und seine Kollegen schauten sich die Stichproben genauer an, die ihre Probanden gezogen hatten. Darin fand sich tatsächlich ein großer Anteil von Patientinnen, die ein positives Testergebnis erhalten hatten und wirklich an Brustkrebs erkrankt waren! Der Fehler war also nicht auf mangelndes Urteilsvermögen zurückzuführen. Die Einschätzungen des Risikos spiegelten sehr genau wider, was die Erfahrung der Probanden ergeben hatte. Der Fehler lag woanders. Die Probanden hatten allesamt falsche Stichproben gezogen. In der besten Absicht, etwas über den Zusammenhang zwischen Brustkrebs und Mammografie zu lernen, konzentrierten sie sich hauptsächlich auf Personen mit Brustkrebs. Im Schnitt enthielt die Hälfte ihrer Stichproben Patientinnen mit Brustkrebs. Die Stichproben der Probanden waren also verzerrt. Sie bildeten nicht die tatsächliche Verteilung von Brustkrebs ab, sondern überrepräsentierten dieses kritische Merkmal.

Warum diese Stichprobenziehung falsch ist und fatale Folgen hat, können wir dann verstehen, wenn wir uns einmal die Tab. 7.1 anschauen. Dort ist das Mammografie-Beispiel anhand von Häufigkeiten dargestellt. Von 1000 Frauen sind 10 an Brustkrebs erkrankt, also 1 %. Damit ist die Gruppe der Gesunden sehr groß. Aber gerade dieser Umstand verursacht das Problem. Obwohl die Mammografie sehr sensitiv ist (90 % von Erkrankten

7 Nur auf die eigene Erfahrung ist Verlass

Tab. 7.1 Darstellung des Mammografie-Problems in Häufigkeiten. Von 1000 Frauen haben 10 Brustkrebs (Basisrate = 1 %). Wenn eine Frau tatsächlich an Brustkrebs erkrankt ist, liefert die Mammografie ein positives Testergebnis in 9 von 10 Fällen (Sensitivität = 90 %). 89 von 990 Frauen, die keinen Brustkrebs haben, erhalten fälschlicherweise ein positives Testergebnis (Falsch-positiv-Rate ≈ 9 %). Die bedingte Wahrscheinlichkeit, dass eine Frau wirklich an Brustkrebs erkrankt ist, wenn sie ein positives Testergebnis erhalten hatte, ist 9/(9+89) ≈ 0,92, also kleiner 10 % (vgl. die Zeile „Ergebnis Mammografie positiv")

Ergebnis Mammografie	Brustkrebs	kein Brustkrebs	
Positiv	9	89	98
Negativ	1	901	902
	10	990	1000

werden erkannt), wird der Fehler aufgeblasen. Weil eben die Gesunden in der Mehrheit sind, erhalten 89 Frauen ein falsch-positives Ergebnis. Deren Testergebnis besagt, sie wären an Brustkrebs erkrankt, obwohl das gar nicht stimmt. Die Teilnehmer an der Untersuchung von Klaus Fiedler hätten dies einfach herausfinden können. Dazu hätten sie *das Verhältnis von Gesunden und Kranken in ihrer Stichprobe erhalten müssen*. Sie hätten also für jede Frau mit Brustkrebs neun Gesunde ziehen müssen. Aber das taten die Probanden nicht. Sie zogen viel häufiger Karten mit kranken Personen. Dadurch fanden sie zwangsläufig weniger Fälle, die ein falsch-positives Testergebnis erhalten hatten. So war es nicht verwunderlich, dass sie aufgrund ihrer eigenen Erfahrung das Risiko überschätzten. Denn unglücklicherweise bauten ihre Erfahrungen auf verzerrten Stichproben.

Die Untersuchung zeigte sehr deutlich, dass Menschen Schwierigkeiten haben, Stichproben zu ziehen, aus denen sie auch etwas Sinnvolles lernen können. In der Regel sind unsere Alltagsstichproben immer in irgendeiner Weise verzerrt. Daraus resultieren viele Fehler in unseren Urteilen.[17] Das Problem ist, dass den meisten Menschen die Einsicht in die Fehler ihrer Stichprobenziehung fehlt. Weder ist ihnen bewusst, dass ihre Stichproben verzerrt sind, noch verfügen sie über das methodische Wissen, wie eine gute Stichprobe hätte beschaffen sein müssen.

In meinen Vorlesungen zu Forschungsmethoden nehme ich mir viel Zeit, um dieses Problem zu verdeutlichen. Wenn ich erklärt habe, warum es notwendig ist, Quoten von Merkmalen der Grundgesamtheit in Stichproben zu erhalten (wie zum Beispiel den Anteil von Personen mit und ohne Brustkrebs), dann nicken die meisten beifällig. Ist doch klar. Eine Stichprobe wäre nicht mehr repräsentativ, wenn die Merkmale verzerrt abgebildet werden. Aber wenn ich später in der Klausur dazu eine Transfer-Aufgabe stelle, dann scheitern immer noch einige. Ich frage dann zum Beispiel:

> An der Fakultät für Erziehungswissenschaft unserer Universität sind 30 % der Studierenden männlich. Einige Dozenten behaupten immer wieder, die Männer hätten im Schnitt schlechtere Abiturnoten als die Frauen. Sie wollen das nun überprüfen und ziehen eine Stichprobe von 100 Studierenden aus dieser Fakultät und befragen diese nach ihrer Abiturnote.
>
> Wie müsste das Merkmal „Geschlecht" in ihrer Stichprobe verteilt sein, damit sie aussagekräftige Ergebnisse erhalten?
>
> a) Mehr Männer als Frauen.
> b) Gleich viel Männer und Frauen.
> c) Weniger Männer als Frauen.

---

[17] Fiedler, K. (2000). Beware of samples! A cognitive-ecological sampling approach to judgment biases. *Psychological Review, 107*(4), 659–676. https://doi.org/10.1037/0033-295X.107.4.659.

d) Das Verhältnis ist egal.

Zwar kreuzt fast niemand die Alternative (d) an. Aber regelmäßig etwa ein Fünftel der Klausurteilnehmer die Alternative (b). Richtig wäre (c), weil der Anteil von männlichen Studierenden an dieser Fakultät kleiner ist als der der Frauen. Spannend wird es, wenn ich die Klausurteilnehmer bitte, ihre Antwort zu begründen. Die Studierenden, die (b) geantwortet haben, schreiben fast alle, dass man „faire" Stichproben ziehen sollte, also gleiche Anteile von Männern und Frauen. Und genau dies ist hier falsch. Weil damit die Quote der Männer in der Stichprobe nicht mehr deren Anteil in der untersuchten Gruppe entspricht (hier 30 % männliche Studenten an der Erziehungswissenschaftlichen Fakultät).

Die Konstruktion der Wahrnehmung

Wenn Sie das Kapitel bis hierhin gelesen haben, dann *wissen* Sie jetzt, dass verzerrte Stichproben zu schlechten Erfahrungen und zu falschen Urteilen führen können. Diese Erkenntnis kann Ihnen im Alltag helfen, Ihre Erfahrungen kritisch zu bewerten. Nicht nur den Inhalt der Erfahrungen, sondern die Stichprobe, auf der Ihre Erfahrungen beruhen. Insofern ist Wissen ein Segen, auch wenn es aus einem Buch stammt. Zudem beeinflusst Wissen, was wir lernen. In der Forschung zu künstlicher Intelligenz (KI) geht es auch um Wissenserwerb. Mittels einer Programmierung, die die Struktur und Prozesse neuronaler Netze simuliert, werden Maschinen lernfähig. Man füttert sie mit einer Unmenge von Daten und schaut dann, welche Muster und Zusammenhänge die Maschinen darin entdecken können. In den letzten Jahren zeigten sich aber auch die Grenzen eines solchen rein datengesteuerten Lernens. Die Maschinen fanden Zusammenhänge, die kausal keinen Sinn machten. Denn ihnen fehlte das Wissen zur Unterscheidung von relevanten und irrelevanten Informationen. Deshalb wird der Ruf in der KI-Forschung lauter, dass auch Maschinen Hintergrundwissen über Ursache-Wirkungs-Zusammenhänge benötigen. Nur so könnten sie gute Erkenntnisse von unsinnigen unterscheiden.[18] Der Mensch lernt fast nie rein induktiv, also rein datengesteuert. Aus unserem reichhaltigen Wissen ergeben sich Annahmen und Erwartungen über die Welt. Die wiederum lenken unsere Aufmerksamkeit und steuern die Interpretation dessen, was wir erfahren. Wenn wir ausschließlich gültiges Wissen besäßen, würde dies wohl das erfahrungsbasierte Lernen befördern. Unser Wissensstand ist aber lückenhaft und in weiten Teilen kein objektives Abbild der Realität. Und darüber hinaus fehlt uns ein System, das für jede Situation immer genau das richtige Wissen aktiviert. Deshalb führt Wissen auch zu systematischen Fehlern bei der Beobachtung.

Wissensbasierte Konstruktion

Sie alle kennen das Schauspiel: Ein Vollmond am Horizont sieht spektakulär aus. Jemand zückt das Smartphone und fotografiert. Die Bilder aber fallen weniger spektakulär aus. Der Mond erscheint dort kleiner. Denselben Effekt bekommen Sie, wenn Sie ein Stück Papier aufrollen. Möglichst klein sollte der Durchmesser sein.

---

[18] Wolfgang Wahlster, deutscher KI-Forscher, am 10.9.2020 in der Frankfurter Allgemeinen Zeitung, https://www.faz.net/aktuell/wirtschaft/digitec/kuenstliche-intelligenz-deep-learning-alleine-reicht-nicht-16942864.html?premium.

Wenn Sie dann durch die Rolle hindurch den Mond am Horizont betrachten, schrumpft er. Probieren Sie es mehrmals aus. Ohne die Papierrolle erscheint der Mond größer, durch die Rolle hindurch aber kleiner. Ihre Größenwahrnehmung mit Rolle entspricht dann dem Eindruck, den der Mond auf Sie macht, wenn er im Zenit steht. Dieser Effekt, dass wir den Mond unterschiedlich groß wahrnehmen, wird in der Psychologie als Mondtäuschung bezeichnet.

Was ist die Ursache dafür, dass der Mond am Horizont größer erscheint als im Zenit? Am Reiz selbst kann es nicht liegen. Der Mond wirft sein Abbild auf die Netzhaut. Die Größe dieses Abbildes lässt sich messen. Das Netzhautbild des Mondes am Horizont ist nicht größer als das des Mondes im Zenit. Aber unsere visuelle Wahrnehmung ist nicht allein ein Produkt der Reizung der Netzhaut. Wie auch alle anderen Wahrnehmungen wird die Wahrnehmung des Mondes fabriziert. Dieser Fabrikationsprozess ist hochkomplex. Er findet im Gehirn statt. Und dort ist unser Wissen über die Welt gespeichert. Um „Wahrnehmungen" zu erzeugen, benötigt das Gehirn keine Sinnesorgane. Jeder Traum, den Sie träumen, erzeugt scheinbar reale Wahrnehmungen. Sie sehen dort andere Menschen und Landschaften. Sie hören Geräusche und Stimmen und manchmal haben Sie auch Geruchs- und Geschmackseindrücke. Diese Inszenierung ist nur möglich, weil Sie über entsprechendes Wissen verfügen. Phantomschmerzen an amputierten Körperteilen sind nur ein weiteres, extremes Beispiel. Wenn unsere Sinnesorgane allerdings tätig sind, dann kommen wir an ihren Informationen nicht völlig vorbei. Aber der Eindruck, der in uns entsteht, ist, außer bei extremen Reizen wie beispielsweise Schmerz, nie eine Einbahnstraße. Sondern immer das gemeinsame Produkt von Wissen und Reiz.

Dafür ist die Mondtäuschung ein höchst geeignetes Beispiel. Denn erstens entsteht sie durch ein komplexes Zusammenspiel von Kontextinformationen und Wissen. Zweitens zeigt sie, dass dieser Konstruktionsprozess nicht unter willentlicher Kontrolle steht. Sie können sich nicht bewusst dazu entschließen, heute den Mond mal entsprechend seinem Netzhautabbild wahrzunehmen. Sie brauchen dazu Hilfsmittel, wie die Papierrolle, die die Kontextinformation ausschaltet. Und drittens verdeutlicht die Mondtäuschung, dass das Problem unserer fehlerhaften Wahrnehmung schon bei so einfachen Dingen beginnt wie bei physischer Größe. Viertens schließlich unterstreicht die Mondtäuschung, zu welch bemerkenswerten Leistungen unser Denkapparat in Bruchteilen von Sekunden in der Lage ist. Sie zeigt, dass unsere Wahrnehmung nie einen Reiz isoliert, sondern ihn immer im Kontext betrachtet. Und der Kontext ist informativ, weil wir eben einiges über die Welt gelernt haben. Wir wissen beispielsweise, dass Objekte, die nah sind, stärker ihre Position wechseln, wenn wir uns selbst bewegen, als Dinge im Hintergrund. Wenn Sie an dem Stamm eines Baumes vorbeigehen, rückt er aus Ihrem Blickfeld. Die Berge im Hintergrund aber nicht. Dinge, die eher konstant bleiben, sind also weiter entfernt und erscheinen kleiner, als sie wirklich sind. Diese Information berücksichtigt unser Gehirn und konstruiert sie größer als das Netzhautbild. Das nennt man Größenkonstanz. So erscheinen die Passanten, die in einer Fußgängerzone auf uns zukommen, ähnlich groß, egal ob sie zwei Meter oder fünf Meter entfernt sind. Obwohl die Größe ihrer Abbilder auf der Netzhaut sich sehr in Abhängigkeit ihrer tatsächlichen Entfernung unterscheidet. Dazu kommt, dass Sie wissen, wie groß Bäume, Häuser oder Berge sind. Objekte in deren Nähe werden ebenfalls größer erscheinen. Wenn der Mond also über der Silhouette von Bergen steht, wirkt sich dies auf die Größenwahrnehmung beider Objekte aus. Sie werden gemeinsam größer konstruiert, als sie tatsächlich auf der Netzhaut erscheinen.

Wenn uns aber die Papierrolle buchstäblich zu einem Tunnelblick zwingt, dann gehen alle Kontextinformationen verloren. Dann sind wir allein auf das Netzhautbild angewiesen. Spannend auch hier: Wir können uns nicht einfach entscheiden, den Kontext dazuzudenken. Der automatische Prozess der Konstruktion funktioniert nicht über das bewusste Nachdenken. Es ist schon faszinierend, wie schnell sich das Gehirn umstellt, wenn Sie abwechselnd durch die Papierrolle und an ihr vorbei auf den Mond am Horizont blicken. Aber trotz alledem zeigt uns das, dass Wahrnehmung ein wissensgesteuerter, konstruktiver Prozess ist.

Diese konstruktiven Effekte werden noch stärker, wenn unsere Einstellungen und sozialen Überzeugungen am Werke sind. Betrachten wir einmal den Fall zwischenmenschlicher Beziehungen:

„Abgeschleppt hat er sie. Nur wegen des Porsches."

Was ist da wohl passiert? Sie werden sofort eine Idee haben und könnten aus dem Stand eine Geschichte über diesen Vorfall erzählen. Die würde weit über das hinausgehen, was in diesem Satz geschrieben stand.[19] Vielleicht kam Ihnen dies wie eine sexistische Anekdote vor. Der Macho im Sportwagen macht sich an eine Frau ran. Und die geht mit ihm mit, weil sie vielleicht auf Typen mit tollen Autos steht. In einer solchen Geschichte steckt eine Menge an Wissen drin. Kulturspezifisches Wissen. Das auch an eine bestimmte Zeit gebunden ist. In Kino-

---

[19] Bruner, J.S. (1957). Going beyond the information given. In H. Gulber et al. (Eds), *Contemporary approaches to cognition* (pp. 41–69). Cambridge: Cambridge University Press.

filmen und Werbung aus den 1950er- und 1960er-Jahren fand sich dieses Motiv häufiger als heute. Vielleicht kommt deshalb älteren Männern eine solche sexistische Interpretation eher in den Sinn. Trotzdem spielt auch hier der aktuelle Kontext eine Rolle. Unabhängig von Ihrem Alter und Ihrem Geschlecht könnten Sie das Verb „abschleppen" in Termini von Partnersuche und Attraktion interpretiert haben. Schließlich habe ich die Episode auch entsprechend eingeleitet. Ich sprach von „zwischenmenschlichen Beziehungen". In der Psychologie nennt man so etwas *Priming*. Das bedeutet, ich habe einen bestimmten Ausschnitt Ihres Wissens voraktiviert. Dadurch wird es wahrscheinlicher, dass Sie „abschleppen" eher dem Bereich der Partnersuche zuordnen. Sollten Sie sich jedoch für Autos interessieren oder in jüngster Zeit Probleme mit Ihrem eigenen Auto gehabt haben, dann könnte Ihnen entsprechendes Wissen generell verfügbar sein. Die Interpretation des geschilderten Vorfalles würde dann anders ausfallen, unabhängig von meiner Einleitung. Vielleicht fuhr die Frau ein älteres Auto. Und sie hatte eine Panne. Immerhin fand sich jemand, der ein Abschleppseil dabeihatte und ihren Wagen zur nächsten Werkstätte bringen konnte.

Übrigens, aus diesem Beispiel lässt sich ein lustiges Partyspiel machen. Reihum denkt sich jeder eine mehrdeutige Aussage aus. Die anderen schreiben auf Zettel jeweils auf, wie sie die Aussage interpretieren. Die Zettel werden eingesammelt und vorgelesen. Dann müssen alle raten, von wem welche Interpretation der Aussage stammt. Sie werden dabei sehr viel über Ihre Mitmenschen lernen, beziehungsweise über deren Einstellungen, Stereotype, Glaubenshaltungen oder kurz gesagt über deren Wissen, mit dem sie spontan auf die Welt zugehen.

Unser Wissen ist das Netz, in dem wir unsere Beobachtungen fangen. Wenn Vorwissen fehlt, wenn wir nicht wissen, wie wir eine Beobachtung einordnen sollen, dann kann sie nur schwerlich den Schatz unserer Erfahrung vermehren. Umgekehrt werden Informationen, die zu unserem Vorwissen passen, viel leichter wahrgenommen, gelernt und später wieder erinnert. Das führt uns zum nächsten Problem, nämlich der Bestätigungstendenz. Die wölbt sich wie ein großer Schirm über das Gros unserer Beobachtung und das daraus resultierende Erfahrungswissen.

Bestätigungstendenz

Einige unserer Entscheidungen kosten nicht nur Geld, sondern auch Nerven. Wie zufrieden wir mit, sagen wir, einem Mobiltelefon, einer Waschmaschine oder einem Auto sind, hängt nicht nur von der Funktionstüchtigkeit des erworbenen Objekts ab, sondern auch von den entgangenen Vorteilen, die wir durch den Erwerb einer besseren Alternative hätten erlangen können. Deshalb wälzen wir vor dem Kauf oftmals Testhefte und studieren fleißig die Berichte von enttäuschten oder begeisterten Nutzern im Internet. Während uns hier noch positive und negative Informationen interessieren – wir wollen ja eine gute Entscheidung treffen –, ändert sich dies mit einem Schlag, sobald wir unseren Kauf getätigt haben. Nun ziehen wir jene Argumente, die unsere getroffene Wahl bestätigen, solchen vor, die Zweifel an der Richtigkeit unserer Entscheidung aufkommen lassen könnten.

Mein Nachbar hatte sich nach langem Zögern für ein teures Automobil mit Elektroantrieb entschieden. Als Hauptbeweggrund gab er an, die Umwelt schonen zu wollen. Laut einer Veröffentlichung des Bundesministeriums für Umwelt ist jedoch der „Rohstoffaufwand [...] bei Elektroautos höher als bei konventionellen Fahrzeugen, ebenso die Masse des insgesamt ausgestoßenen Feinstaubs"[20]. Ich bot meinem Nachbarn die Broschüre zum Lesen an. Seine Reaktion war zu erwarten. Er wollte den Artikel nicht lesen. Nach Entscheidungen sind Menschen in der Regel nicht mehr daran interessiert, neue Informationen zu sammeln, die gegen ihre Wahl sprechen. Darüber hinaus zeigen Studien über Konsumverhalten, dass die positiven Aspekte des gewählten Produktes aufgewertet und dessen negative kleingeredet werden. Für die nicht gewählten Produkte geschieht genau das Umgekehrte. Dadurch kommt es zu einer stärkeren Diskriminierung der Wahlalternativen, die zugunsten der eigenen Entscheidung ausfällt.[21] Gar nicht so dumm. Eine solche Strategie der selektiven Informationssuche befördert unseren Seelenfrieden. So vermag jeder gut mit seinen Entscheidungen zu leben. Und warum nach dem Besten streben? Das Bessere ist ja nur der Feind des Guten.

Selektive Informationssuche wird jedoch problematisch, wenn sie bereits *vor* einer Entscheidung oder einem Urteil einsetzt. Wie kann dies funktionieren, wenn man sich noch gar nicht festgelegt hat? Das Problem ist, dass wir nie völlig unbefangen an eine Situation herangehen. Unser Wissen, unsere Einstellungen, Überzeugungen und Glaubenshaltungen leiten den Wahrnehmungsprozess. Beobachtungen werden dabei eher dem Vorwissen angepasst als umgekehrt. Diese Tendenz resultiert letztendlich aus einem Streben nach Konsistenz. Wir

---

[20] Bundesministerium für Umwelt, Naturschutz und nukleare Sicherheit (BMU) (2021). *Wie umweltfreundlich sind Elektroautos? Eine ganzheitliche Bilanz.* https://www.bmu.de/fileadmin/Daten_BMU/Pools/Broschueren/elektroautos_bf.pdf, abgerufen 1.9.2021.

[21] Der sogenannte *spreading-apart effect*: Brehm, J. W. (1956). Postdecision changes in the desirability of alternatives. *Journal of Abnormal and Social Psychology*, 52, 384–389. https://doi.org/10.1037/h0041006.

fühlen uns unwohl, wenn sich Teile unseres Wissens widersprechen. Wir wollen Inkonsistenz vermeiden.[22] Wie schön wäre es, wenn all unsere Überzeugungen wahr wären und wir uns nicht mit Zweifeln plagen müssten. Sobald wir aber beginnen, unsere zentralen Überzeugungen einer kritischen Prüfung zu unterziehen, dann werden wir zwangsläufig das peinigende Gift der Inkonsistenz schlucken müssen. Davor können wir uns jedoch schützen. Indem wir unsere Aufmerksamkeit auf die Dinge lenken, die uns in den Kram passen, und jenen aus dem Wege gehen, die uns herausfordern. So bestätigen wir unsere Überzeugungen. Und wenn dies doch einmal nicht gelingen sollte, dann verfügen wir über eine unglaubliche gestalterische Fähigkeit, das Inkonsistente zu stutzen und zurechtzuschleifen, bis es wieder in unser Weltbild passt.

Stellen Sie sich diese Tendenz zur Bestätigung von Überzeugungen wie einen Kreuzritter in voller Montur vor. Durch das heruntergeklappte Visier gelangt immer nur ein Ausschnitt der Welt in sein Bewusstsein. Das bekreuzte Schild schirmt Anfeindung ab. Und kommt ihm doch ein Opponent einmal zu nah, dann kriegt der das Schwert zu spüren. Kreuzritter sind beileibe kein Relikt der Vergangenheit. Die Kreuzritter haben die Aufklärung überlebt. Kaum waren in der Covid-19-Pandemie die ersten Impfstoffe zugelassen, traten wieder die Impfgegner auf den Plan. Damit meine ich nicht Personen, die sich über Nebenwirkungen von Impfungen informieren und sich nach einer Risikoabwägung für oder gegen eine Impfung entscheiden. Wenn beispielsweise für eine bestimmte Personengruppe,

---

[22] Heider, F. (1958). *The psychology of interpersonal relations*. New York: John Wiley & Son Shultz, T. R., & Lepper, M. R. (1996). Cognitive dissonance reduction as constraint satisfaction. *Psychological Review, 103*, 219–240. https://doi.org/10.1037/0033-295X.103.2.219.

wie Kinder oder Schwangere, noch keine Erkenntnisse über mögliche Nebenwirkungen vorliegen, kann es durchaus sinnvoll sein, von einer Impfung abzusehen. Eine Gruppe von Menschen ist jedoch der Überzeugung, dass Impfen grundsätzlich abzulehnen sei. Ob es sich bei einem Impfkritiker um einen Kreuzritter handelt, lässt sich ganz einfach feststellen. Kreuzritter reagieren feindselig auf starke Argumente. Starke Argumente im Impfdiskurs sind wissenschaftliche Befunde. Den Rekurs auf wissenschaftliche Befunde erlebt der Kreuzritter wie einen Fehdehandschuh. Sehr schnell eskaliert die Auseinandersetzung. Über Verleumdung („alles nur von der Pharmaindustrie erfunden") und Diskreditierung ganzer Berufsgruppen („den Impfärzten geht es nur ums Geld") steigert sich das rasch zu persönlicher Beleidigung und sogar Gewaltandrohung.[23] Paul Offit, ein US-amerikanischer Mediziner und Buchautor, wurde von Impfgegnern öffentlich und wiederholt als Dr. Proffit und Prostituierter der Biowissenschaften („biostitute")[24] geschmäht und erhielt mehrfach Morddrohungen.[25] Unzähligen ähnlichen Beschimpfungen und Drohungen sah sich der bundesdeutsche Gesundheitsminister Jens Spahn während der Covid-19-Pandemie ausgesetzt. „Pharma-Hure Spahn gehöre in den Knast … oder noch besser, exekutiert."[26]

---

[23] Kata, A. (2012). Anti-vaccine activists, Web 2.0, and the postmodern paradigm–An overview of tactics and tropes used online by the anti-vaccination movement. *Vaccine, 30*, 3778–3789.

[24] Offit PA. (2008). *Autism's false prophets: bad science, risky medicine, and the search for a cure.* New York: Columbia University Press.

[25] Fagone J. (2009). Will this doctor hurt your baby? *Philadelphia Magazine 2009 May 27.* http://www.phillymag.com/articles/will this doctor hurt your baby/page1#pagination. [Archiviert in WebCite at. http://www.webcitation.org/5y14ns2VU].

[26] Schrieb ein Nutzer namens throne am 30.4.2020 in dem Forum http://finanzcrash.com/forum/read.php?1,179252,179260, abgerufen am 12.01.2021.

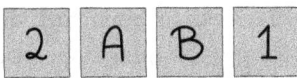

Abb. 7.4 Aufgabe zum Testen einer Annahme nach Wason. Die Aufgabe lautet: Welche Karte(n) müssen Sie mindestens umdecken, um folgende Annahme zu prüfen: Wenn ein Vokal auf der einen Seite steht, dann muss eine gerade Zahl auf der anderen stehen

Nun ist der Kreuzritter aber nur der Gipfel einer Tendenz, die immer und überall wirkt, wenn wir auf Informationen treffen, die unseren Überzeugungen widersprechen. Weil wir eben bestrebt sind, Konsistenz zu erhalten. Natürlich weisen wir nicht grundsätzlich alles Neue ab. Sonst könnten wir ja nichts dazulernen. Aber die Veränderung bestehenden Wissens, lieb gewonnener Überzeugungen, Einstellungen und Routinen ist ein schmerzhafter und anstrengender Prozess. Denn viel einfacher ist es, mit unseren Erfahrungen das zu bestätigen, was wir schon erwartet haben.

Die Tendenz zur Bestätigung ist selbst dann am Werke, wenn wir *leidenschaftslos* eine neue Hypothese testen. Der britische Kognitionspsychologe Peter Cathcart Wason (1924–2003) erforschte, wie menschliches Denken funktioniert.[27] Eine der Aufgaben, die er seinen Versuchsteilnehmern vorlegte, wurde als Wasons Selektionsaufgabe weltweit bekannt. Die Aufgabe besteht darin, die Gültigkeit einer Annahme zu überprüfen. Dabei ist die Situation extrem einfach gestaltet. Wie in Abb. 7.4 dargestellt, liegen vier Karten vor Ihnen. Jede zeigt entweder einen Buchstaben oder eine Zahl. Eine Buchstabenkarte führt immer eine Zahl auf ihrer verdeckten Seite. Umgekehrt

---

[27] Wason, P. C. (1960). On the failure to eliminate hypotheses in a conceptual task. *The Quarterly Journal of Experimental Psychology, 12*, 129–140.

hat jede Zahl einen Buchstaben auf der anderen Seite. Die Zahlen können gerade oder ungerade sein. Die Buchstaben Vokale oder Konsonanten. Die Aufgabe lautet nun:

Welche Karte(n) müssen Sie mindestens umdecken, um folgende Annahme zu prüfen: *Wenn ein Vokal auf der einen Seite steht, dann muss eine gerade Zahl auf der anderen stehen?*

Überlegen Sie sich einmal die Antwort, bevor Sie die Lösung im nächsten Abschnitt anschauen.

Die Aufgabe bezieht sich nur auf diese vier Karten. Die Menge an Ereignissen ist damit begrenzt. Deshalb ist es prinzipiell möglich, dass die Annahme verifiziert werden kann. Wir erinnern uns, wenn die Menge an Karten unendlich wäre, vermochten wir die Wahrheit der Annahme niemals abschließend zu überprüfen (vgl. Kap. 3). Aber hier müssen nur *zwei Karten* umgedreht werden, um ein schlüssiges Ergebnis zu erhalten. Die erste Karte, die umgedreht werden muss, ist die Karte „A". Diese Karte dreht tatsächlich fast jeder um. Hierzu treibt uns auch unser Streben nach Bestätigung. Wir suchen nach positiver Evidenz. Wenn die Annahme stimmt, wird sich eine gerade Zahl auf der anderen Seite verbergen. Die schlüssige Prüfung der Annahme erfordert aber noch einen weiteren Test. Man muss die vierte Karte „1" umdrehen. Sollte sich auf deren anderer Seite ein Vokal befinden, dann wäre die Annahme falsifiziert. Denn sie verbietet ja, dass Vokale mit ungeraden Zahlen auf derselben Karte stehen. Also, wenn hinter „A" eine gerade Zahl steht *und* hinter „1" ein Konsonant, dann wäre die Annahme wahr. Wenn das Umdrehen nur einer der beiden Karten zu einem anderen Ergebnis führte, wäre die Annahme falsch.

Was aber fand Wason in seinen Untersuchungen? Ein beträchtlicher Anteil seiner Probanden ignorierte die Karte „1". Statt diesem kritischen Test drehten viele Personen irrelevante Karten um. Die „B"-Karte ist irrelevant, weil die Annahme nichts darüber aussagt, was hinter einem Konsonanten steht. Auch die erste Karte mit der Zahl 2 ist uninteressant. Sollte sich auf der anderen Seite ein Vokal befinden, dann wäre dies zwar eine weitere Bestätigung der Annahme. Wenn jedoch ein Konsonant entdeckt würde, würde dies die Annahme nicht verletzen. Es ist ja nicht gefordert, dass Konsonanten immer nur mit ungeraden Zahlen gepaart sein müssen.

Wie kann es zu dieser Bestätigungstendenz kommen? Warum vermeiden Menschen den kritischen Test, also zu schauen, ob das Verbot der Regel eingehalten wird (hinter „1" darf kein Vokal stehen, wenn die Annahme stimmt)? Es wäre wohl sehr unrealistisch, den Probanden zu unterstellen, sie würden die Annahme bewusst einseitig testen. Wir können wohl davon ausgehen, dass sie unvoreingenommen an die Aufgabe herangingen. Wirklich? Eine der Ursachen für den Bestätigungsfehler liegt schon in der Aufgabe selbst, beziehungsweise in ihrer Formulierung. Mit jeder Annahme setzen wir den Startpunkt für unsere Suche. Die Annahme lautete „Vokal und gerade Zahl". Nun liegen diese beiden Aspekte der Aufgabe im Fokus unserer Aufmerksamkeit. Damit sind wir voreingenommen. Ähnlich wie bei dem Mammografie-Beispiel kümmern wir uns in erster Linie um die Aspekte, die Teil der Aufgabenformulierung sind. Schwupps, wird unsere Beobachtung gelenkt. Das Visier klappt herunter und beobachtet wird nur ein Ausschnitt der Welt. Und da sind wir wieder beim Grundproblem unserer eigenen Erfahrung. Sie ist wissensgesteuert. Sie wird durch unsere Erwartungen dirigiert. Dazu benötigt es keine besondere Motivation. Diese Beeinflussungen sind immer präsent. Wenn noch besondere Motivation, wie der Wunsch, eine Position zu verteidigen, hinzukommt, dann wird es natürlich noch schlimmer. Aber notwendig ist diese Motivation nicht. Aktivierte Wissensinhalte, Einstellungen und Überzeugungen begünstigen von sich aus verzerrte Informationssuche, die wiederum zu verzerrten Erfahrungsstichproben führt.

Von der Alltagserfahrung zur wissenschaftlichen Beobachtung

Halten wir fest: Erfahrung ist eine zentrale Quelle des Wissenserwerbs. Andererseits unterliegt die individuelle, alltägliche Erfahrung regelhaften und wiederkehrenden Fehlerquellen. Diese müssen wir verstehen, um die Gültigkeit unserer Beobachtungen bewerten zu können. Die eine Fehlerquelle liegt in der Umwelt. Im Alltag haben wir meist nie vollständigen Zugang zu allen Bedingungen, um beispielsweise herauszufinden, ob ein Medikament hilft. Denn es liegt in der Natur der Sache, dass wir zum einem Zeitpunkt nur einen Ausschnitt der Realität betrachten können. Es ist unmöglich, zur selben Zeit und damit unter identischen Bedingungen sich selbst einer Versuchs- und einer Kontrollbedingung zuzuweisen. Entweder nehmen wir das Medikament ein oder nicht. Zudem ist unsere alltägliche Umwelt voll von Konfundierungen. Meist sind mehrere Faktoren zeitgleich am Werk. Wir können dann nicht bestimmen, ob es die Globuli, unsere Selbstheilungskräfte oder eine Ruhephase waren, die uns gegen den Schnupfen halfen. Die zweite mächtige Fehlerquelle ist unser Wissen. Wissen steuert die Aufmerksamkeit, die Informationssuche, das Ziehen von Stichproben, die Wahrnehmung und schließlich die Bewertung. Eine

Fülle von psychischen Prozessen läuft hier ab. Die uns dazu bringen, kritische Ereignisse häufiger zu betrachten, sodass unsere Stichproben ein verzerrtes Bild der Realität abgeben. Darüber hinaus suchen wir in bestätigender Weise Informationen. Konstruktive Prozesse führen zu Veränderung und Anpassung neuer Information in unser Wissenssystem. Widersprechende Informationen versuchen wir zu vermeiden. Wir erinnern sie schlechter. Verdrängen sie oder sind geneigt, sie umzuinterpretieren, damit sie zum Vorwissen passen.

Was können wir tun? Wir brauchen ein Handwerkszeug, das uns hilft, die Fehlerquellen unserer alltäglichen Beobachtung zu vermeiden und gleichzeitig die Potenziale der Erfahrung auszubeuten. Und über dieses Handwerkszeug verfügen wir. Es handelt sich um die wissenschaftlichen Forschungsmethoden. Seit der Aufklärung hat die Menschheit deren Werkzeuge ständig verbessert und verbessert sie immer weiter. Die methodischen Werkzeuge setzen uns in den Stand, bei Beobachtungen physische und psychische Begrenzungen zu überwinden. Wir suchen die Phänomene nicht nur auf. Wir holen sie ins Labor, um die Bedingungen unserer Beobachtungen systematisch zu kontrollieren. Die zentrale Methode dabei ist das Experiment – damit beschäftigen wir uns im nächsten Kapitel. Im Feld verwenden wir aufwendige Verfahren zur Stichprobenziehung, um Verzerrungen bei der Auswahl zu minimieren. Uns steht eine Batterie von Techniken und Verfahren der Messung zur Verfügung. Hier sind wir nicht mehr auf rein subjektive Interpretationen angewiesen. Und schlussendlich helfen uns Metawissenschaften, wie die Logik, die Mathematik und die Erkenntnistheorie, unsere Annahmen kritisch zu überprüfen.

In einem Satz, es sind die wissenschaftlichen Methoden, die uns helfen, valide, also gültige Erfahrungen zu machen. Diese Methoden unterscheiden sich von unseren subjektiven Beobachtungen durch systematischen Ausschluss von Störquellen. Und noch etwas ist dabei ganz zentral. Ein Herr Donald Trump verlässt sich nur auf seine *eigene* Erfahrung. Die Wissenschaft aber ist ein großes Gemeinschaftsprojekt. Hier kommen die systematischen Erfahrungen vieler zusammen. Der Schatz dieser Gemeinschaft, der ständig aktualisierte, erweiterte und verbesserte Bestand an empirischen Befunden, wird hauptsächlich schriftlich festgehalten und vermittelt. Insofern ist es ganz nützlich, sich auf die alte Schule zu verlassen. Lesen hilft. Wer hingegen nur der eigenen Erfahrung vertraut, der schlägt den kollektiven Erfahrungsschatz in den Wind.

8

Mit uns keine Experimente

„Chemie ist das, was knallt und stinkt
Physik ist das, was nie gelingt."
Sprichwort

Das Experiment ist schlecht beleumundet. Wer experimentiert, weiß nicht so genau, wie etwas funktioniert. Unter *experimentieren* versteht man landläufig *ausprobieren* oder gar *herumprobieren*. Das Experiment führt fort vom bereits Erprobten. Keine Experimente! Diesen Slogan schrieben sich schon einige Parteien auf ihre Plakate.[1] Das soll heißen: Lasst uns beim Bewährten bleiben. Und Neues nur wagen, wenn der Nachweis gelingt, dass es funktioniert. Solche Nachweise

---

[1] Der Slogan fand sich auf Wahlplakaten der Deutschen Zentrumspartei 1932, der Christlich Demokratischen Union (CDU) 1957 und der Piratenpartei 2011 (als Anspielung auf die Berliner CDU). Im Wahlkampf zur Wahl des Deutschen Bundestages 2021 stellte die CDU ihr „Zukunftsteam" unter dem Titel „Experten statt Experimente" vor.

kennen wir aus der Schule. Hier wandelt sich die Bedeutung des Begriffes. Das Experiment wird nun zum Versuch des Nachweises eines Vorganges. Aber auch diese Versuche schlagen gelegentlich fehl. Seit Generationen pflegen Schüler dasselbe Klischee. Experimente sind das, was Chemie- und Physiklehrer regelmäßig vergeigen. Aber vielleicht scheitern sie ja auch mit Absicht! Um den Schülern eine Freude zu bereiten. Schöner als ein gelungenes Experiment ist nur die Schadenfreude über den Lehrer, der nach erfolglosem Herumfummeln an seinen Apparaturen mit der Beschreibung dessen vorliebnehmen muss, was eigentlich hätte passieren sollen. Die Geschichte des Sapiens ist voll von Versuchen. Und negative Beispiele gibt es zuhauf. Als Schüler bekam ich ein Buch geschenkt, über Tiere und ihr Verhalten.[2] Großformatige Fotografien zeigten Menschen, fast alle männlich und mit Bartschatten, die allerlei Kreaturen etwas antaten. Diese Bilder wurden in begleitenden Texten als „Experimente" beschrieben. Eines davon verstörte mich nachhaltig. Ein gewisser Murray Glusman erforschte im Auftrag der US-Armee, wie Wut und Angst künstlich hervorgerufen werden können. Eine Ratte und eine Katze hatte er zusammen aufgezogen, sodass die beiden friedlich miteinander auskamen. Der Katze implantierte er eine Elektrode ins Hirn. Mit Stromstößen reizte er ihren Hypothalamus. Daraufhin griff die Katze die Ratte an. Wenn er jedoch ein Gas in den Käfig leitete (das aus „Geheimhaltungsgründen" nicht näher spezifiziert wurde), zeigte die Katze extreme Angstreaktionen, sobald die Ratte oder selbst kleinere Mäuse auf sie zukamen. Jedes Mal wenn mein Kater auf meinen Schoß sprang, um sich kraulen zu lassen, musste ich an Elektroden und Kampf-

---

[2]Tinbergen, N. et al. (1969). *Tiere und ihr Verhalten*. Amsterdam: TIME-LIFE International.

gas denken. Friedrich dem II. (1194–1250), Staufersspross und Kaiser des sogenannten Heiligen Römischen Reiches, wird ein übler Versuch zugeschrieben. Er soll eine Handvoll Säuglinge in die Obhut von Ammen gegeben und diesen befohlen haben, unter keinen Umständen mit den Kindern zu sprechen. Ferner wurden die Kinder gegen jeden weiteren sozialen Kontakt abgeschirmt. Friedrich wollte herausfinden, ob dem Menschen die göttliche Ursprache, das Hebräische, angeboren sei und sich selbst, ohne äußere Anregung, entwickeln würde.[3] Unglücklicherweise verstarben diese Kinder nach kurzer Zeit – mangels sozialer Zuwendung. Dies ist lange her. Aber auch in jüngerer Zeit fanden Versuche mit Menschen statt, die einiges Aufsehen erregten. Die Studie, bekannt geworden als Stanford-Gefängnis-Experiment, die unter der Leitung des US-amerikanischen Psychologen Philip Zimbardo in den 1970er-Jahren durchgeführt wurde, avancierte sogar zur Vorlage für einige Filme.[4] Die freilich dessen Ablauf dramatisierten. Die Teilnehmer seiner Studie waren immerhin Freiwillige. Sie erhielten eine Bezahlung dafür, dass sie die Rollen von Wärtern oder Gefangenen in einer Gefängnissimulation spielen sollten. Auf eine Annonce bewarben sich 75 Männer. Ausgewählt wurden zwei Dutzend, die vergleichbaren Alters, physisch gesund und ohne Verhaltensauffälligkeiten waren. Die Rollen in der Simulation wurden zufällig bestimmt, sodass die Gruppe der Wächter und die der Insassen zu Beginn der Studie vergleichbar waren. Der fabrizierte Knast folgte den

---

[3] Literarisch wird dies aufgearbeitet in Stern, H. (1986). *Mann aus Apulien – die privaten Papiere des italienischen Staufers Friedrich II.* München: Kindler. Darüber hinaus darf das Bild Friedrichs nicht auf diesen einen Vorfall verengt werden. In seiner Zeit war er auch ein herausragender Forscher und Schriftsteller.

[4] Z. B. „Das Experiment" von Oliver Hirschbiegel aus dem Jahr 2001.

Strukturen und Regeln, die im amerikanischen Strafvollzugssystem zu dieser Zeit üblich waren. Die Simulation entwickelte sich sehr real. Die Wächter reagierten auf Verletzung der Regeln durch die Insassen mit Schikanen und Einschüchterungen. Sie sperrten besonders renitente Gefangene nackt in Einzelzellen. Einmal setzten sie sogar Feuerlöscher ein, um Gefangene von den Türen der Zellen zurückzutreiben. Die Wächter wurden mit der Zeit so übergriffig, dass die Studie schon nach sechs Tagen anstatt wie geplant nach zwei Wochen abgebrochen werden musste. Was sollte diese Studie? Zimbardo ging es darum, zu zeigen, wie stark unser Verhalten vom Kontext geprägt wird. Bei den Wärtern wie den Insassen handelte es sich um ganz normale Studenten; keine Psychopathen oder Sadisten. Das wurde zuvor durch Persönlichkeitstests ausgeschlossen. Dadurch, dass die Rolle ausgelost wurde, ist es sehr unwahrscheinlich, dass die Wärter allesamt Draufgänger und die Insassen scheue Lämmer waren. Der Kontext jedoch, der Disziplin forderte und einer Gruppe den Auftrag und die Machtmittel an die Hand gab, diese durchzusetzen, genau dieser Kontext verleitete Menschen zu Handlungen, die sie unter anderen Bedingungen nie zeigen würden. Nicht die Persönlichkeit, sondern die Umwelt fördert das Böse hervor. Das war es, was Zimbardo zeigen wollte. Und wie man auch immer zu seiner Studie stehen mag, Blaupausen seines „Experimentes" finden sich in der realen Welt. Die Öffentlichkeit zeigte sich seinerzeit erschüttert über die Vorfälle in Abu Ghraib[5]. Wo junge amerikanische Soldatinnen und

---

[5] Abu Ghraib war ein Gefängnis, das die US-Truppen während des zweiten Irakkrieges auf irakischem Territorium unterhielten. Die Misshandlungen fanden 2003 statt.

Soldaten zu Monstern mutierten, die irakische Gefangene misshandelten, vergewaltigten und bis zum Tode folterten. Dabei waren die Täter sicherlich nicht alle habituelle Sadisten.

Irrtum und Fakt

Die obigen Beispiele unterscheiden sich deutlich. Während die Demonstration einer Knallgasreaktion im Chemieunterricht ethisch eher unbedenklich ist, sind beim Stanford-Gefängnis-Experiment wohl Zweifel angebracht. Von der Untersuchung des Stauferkaisers ganz zu schweigen. Gesellschaftliche Veränderungen, gegen die sich eine Partei wendet, sind sicherlich nicht mit Untersuchungen zur Angriffs- und Fluchtreaktion von Tieren zu vergleichen. Auch hinsichtlich des Erkenntnisgewinns gibt es Unterschiede. Versuche im Physik- und Chemieunterricht fördern keine neuen Erkenntnisse zutage. Sie demonstrieren und veranschaulichen lediglich bekannte Wirkungszusammenhänge. Glusman hingegen konnte zeigen, dass elektrophysiologische Stimulation in bestimmten Gehirnarealen aggressives Verhalten aktivieren kann. Zimbardo wies mit seiner Gefängnisstudie auf die Bedeutung des Kontextes bei Schädigungsverhalten hin, was wiederum die Forschung in der Psychologie nachhaltig beeinflusste.

Trotz ihrer Unterschiede haben alle Beispiele eines gemein. *Bei keinem einzigen handelt es sich um ein Experiment!* Im Alltag verwenden wir den Begriff inflationär. Und wenn man bei Wikipedia nachliest, ist wohl jede Handlung, deren Ausgang wir nicht kennen, aber erfahren wollen, ein Experiment. Solch begrifflicher Nebel hilft nicht weiter. Denn die Bedeutungsvielfalt verstellt den Blick auf das Wesentliche.

Fakt ist, beim Experiment handelt es sich um eine der bedeutenden Erfindungen der Menschheit. Das Experiment ist die mächtigste Methode, über die wir verfügen, um Ursache-Wirkungs-Zusammenhänge zu überprüfen. In der Methode des wissenschaftlichen Experimentes kulminieren Beiträge der Logik, der Erkenntnistheorie und der Wahrscheinlichkeitstheorie. Im Experiment wird ein Ausschnitt der Welt in einer Weise systematisch und nach festen Regeln kontrolliert, sodass sich Kausalität schlüssig nachweisen lässt – sofern eine Kausalrelation tatsächlich existiert. Damit erlaubt das Experiment die kritische Überprüfung von Annahmen, Hypothesen und ganzen Theorien. Wir verfügen über keine andere wissenschaftliche Methode mit vergleichbarer Potenz. Deshalb wird das Experiment auch als Königsweg der Forschung bezeichnet.

Wissenschaftlich denken verlangt von uns, in *experimentellen Kategorien der Kontrolle* zu denken. Das hört sich jetzt abgehoben an. In diesem Kapitel werde ich demonstrieren, wie praktisch das Ganze ist. Weil ich aber um die Widerstände weiß, um die Begriffsverwirrung, falschen Vorstellungen und Vorurteile, werde ich die Methode des Experimentes zuerst an einem Beispiel darstellen, auf das mich eine Gruppe von Kindern gebracht hat.

Kinder entwickeln ein Experiment

In den Alpen kann es auch im August ungemütlich werden. Eine Regenfront ging über das Salzburger Land nieder. Wir verbrachten dort wie jedes Jahr unsere Ferien mit Freunden auf einem Bauernhof. Die regenscheuen Familien versammelten sich mit ihren Kindern in der Gaststube und bestellten Tee. Anna, damals etwa 10 Jahre alt, goss sich eine Tasse ein und begann Zucker in den Tee zu schaufeln. Drei gehäufte Löffel! (Was ich persönlich als durchaus angemessen empfinde. Beim Kaffee mache ich es selbst genauso.) Ihre zwei Jahre ältere Schwester Pauline versetzte solch ungezügelter Zuckerkonsum regelmäßig in Rage. „Die würde es ja nicht mal merken, wenn kein Zucker drin wäre", echauffierte sie sich, als Anna sich gerade zu den Kindern am Nebentisch aufmachte. „Probier's aus", meinte ihr Vater. Pauline vertauschte ihre mit Annas Tasse. Es versteht sich von selbst, dass sich in Paulines Tasse ungesüßter Tee befand. Als Anna an ihren Platz zurückkam, die Tasse hob und einen ersten Schluck trinken wollte, hielt sie plötzlich inne. Sie schnupperte an dem dampfenden Tee und sagte: „Wem gehört der? Da ist kein Zucker drin!" „Mist, sie hat mich beobachtet", rief Pauline. „Quatsch", sagte Anna, „*das kann ich riechen!*"

Wie bitte? Anna kann Zucker im Tee riechen? „Das glaub ich dir nicht. Zucker kann man nicht riechen", rief Konstantin vom Nebentisch rüber, der das alles mitverfolgt hatte. Was sich dann entwickelte, daran hatten die Eltern keinen Anteil. Die Akteure waren die Ferienkinder und Bauer Martin, der die ganze Bande mit ausreichend heißem Tee und Unmengen Zucker versorgte. Immerhin war der Ferientag gerettet.

» Stufe 1: Anna wird unsystematisch getestet

Die Kinder begannen, Tassen mit Tee zu füllen. Und mehr oder minder heimlich Zucker hineinzuschütten – oder zu tun, als ob. Dann hielten sie, einer nach dem anderen, ihre Tassen unter Annas Nase. Mit viel Gegacker und unter den gespannten Blicken der anderen. Und, man glaubt es kaum, erste Tasse, zweite Tasse, dritte Tasse, Anna lag immer richtig. „Stopp", rief daraufhin Konstantin, der Kluge, aus, „die errät das an euren Gesichtern!" Was die nächste Stufe einleitete.

» Stufe 2: Anna wird unter kontrollierten Bedingungen getestet

Alle Kinder rotteten sich nun in einer Ecke der Gaststube zusammen. Alle außer Anna. Die musste am Tisch warten. Bis die anderen ein Prozedere ausbaldowert hatten. Dann wurde geräumt. In die Ecke, neben den dunkelgrünen Kachelofen, wurde ein Tisch gerückt und zusätzlich mit einem großen Holzkasten gegen neugierige Blicke verbarrikadiert. Dahinter präparierten die Kinder das Material. Tassen, Teekannen auf Stövchen und natürlich Zucker. Konstantin wurde Versuchsleiter: „An mir kannst du gar nix erraten", erklärte er Anna, „denn ich weiß nicht, ob Zucker im Tee drin ist oder nicht."

Ein Testdurchgang begann damit, dass die „Abfüller" eine Tasse mit heißem Tee befüllten. In kleinen Schälchen hielten sie dieselbe abgemessene Menge an Zucker bereit. Sie hatten sich auf zehn Durchgänge geeinigt. Fünf mit Zucker, fünf ohne. Über die Reihenfolge war ausgiebig gestritten worden. Ob erst mit, dann ohne, oder immer abwechselnd Zucker. Die Kinder einigten sich schließlich auf das Los. Egal ob Zucker in den Tee geschüttet wurde, umgerührt wurde immer. Mit lautem Klappern. Sodass Anna aus den Geräuschen keine Schlüsse zu ziehen vermochte. Dann wurde Konstantin gerufen und ihm die

Tasse überreicht. Anna saß auf ihrem Stuhl bereit und wartete geduldig, bis ihr Konstantin eine Tasse brachte. Dann durfte sie dran riechen und ihr Urteil fällen. Zucker im Tee: ja oder nein. Ganz laut, sodass die Truppe hinter dem Ofen es hörte und ihr Urteil in eine Liste eintragen konnte.

Nach den zehn Durchgängen kamen alle zusammen und prüften die Liste. Und siehe da: Anna hatte in sechs von zehn Fällen richtig gelegen. Die Reaktionen in der Gruppe waren allerdings gemischt. Die einen hatten erwartet, dass Anna *immer* hätte richtig liegen müssen, wenn sie wirklich Zucker riechen könne. Andere hielten sechs aus zehn für ein solides Ergebnis, das sei ja viel besser, als wenn sie, sagen wir, nur zwei oder drei Mal richtig gelegen hätte. Und dann auf einmal meinte Konstantins älterer Bruder: „Na ja, wenn sie geraten hätte, wäre das Ergebnis fifty-fifty." Das bestärkte die Kritiker. Und sie begannen nach alternativen Erklärungen zu suchen. Vielleicht hat Anna doch etwas gesehen. Vielleicht Zuckerkristalle am Rand der Tasse oder so was. Was Anna natürlich entrüstet zurückwies. Und dann kam es. Warum eigentlich nur Anna? Wenn man Zucker im Tee riechen könne, müssten das doch auch andere hinkriegen. Und so kam es zu ...

» *Stufe 3: Wiederholung der Untersuchung an einer größeren Stichprobe*

Jetzt stieg Anna in die Riege der Versuchsleiter auf. Abfüller und Versuchskaninchen wurden ausgelost. Bis zum Abendbrot war dann viel los in der kleinen Gaststube des Bauernhofes in den Alpen. Und als Ergebnis schließlich stellte sich heraus: In 55 % aller Fälle und Durchgänge wurde richtig geurteilt; in 45 % falsch (die Älteren hatten die Prozentwerte bestimmt). Selbst die jüngeren Kinder, die sicherlich noch keine klare Vorstellung von Wahrscheinlichkeit und Zufall hatten, kamen ins Zweifeln. Irgendwie überzeugte sie das Ergebnis nicht so recht davon, dass man Zucker im Tee tatsächlich am Geruch erkennen könne.

Die experimentelle Methode

Zuerst eine vorläufige Definition. Das Experiment als wissenschaftliche Forschungsmethode ist *eine Beobachtung unter hoch kontrollierten Bedingungen*. Die Forscher stellen eine mögliche Ursache her. Das nennt man Manipulation. Und sie variieren systematisch, ob die Ursache vorliegt oder nicht. Das führt dann zu Experimental- und Kontrollbedingungen (oder Experimental- und Kontrollgruppen). Im Experiment geht es also um Kontrolle. Mit dem Experiment verfügen wir über eine Methode, die uns hilft, die Fehlerquellen unserer alltäglichen Beobachtung zu vermeiden und gleichzeitig die Potenziale der Erfahrung auszubeuten.

Um Kausalität zu bestimmen, müssen wir mindestens zwei Bedingungen betrachten. Erstens, was passiert, wenn eine (mögliche) Ursache vorliegt. Zweitens, was passiert, wenn diese *nicht* vorliegt. Letztere stellt die Kontrollbedingung dar. Den Studien, die ich eingangs erwähnte, fehlten die Kontrollbedingungen. Deshalb handelte es sich auch nicht um Experimente. Die Kinder jedoch verglichen eine Experimental- und eine Kontrollbedingung. Bei ihrer Experimentalbedingung lag die mögliche Ursache vor. Es war Zucker im Tee. In der Kontrollbedingung fehlte der

Zucker. Gemessen wurde die Wirkung. Hier die Fähigkeit, Zucker im Tee über Geruchsprüfung zu identifizieren.

Bei vielen unserer Alltagsbeobachtungen ist der Zugang zu Kontrollbedingungen nicht möglich. Der Personaler beispielsweise weiß nicht, wie sich abgelehnte Bewerber bewährt hätten, hätte er sie denn eingestellt. Das Denken in Kontrollgruppen geht maßgeblich auf den britischen Philosophen und Ökonomen John Stuart Mill (1806–1873)[6] zurück. Eine notwendige Bedingung für Kausalität ist *Kovariation*.[7] Kovariation bedeutet: Wenn X vorliegt, tritt auch Y auf; wenn X ausbleibt (non-X), bleibt auch Y aus (non-Y). Machen wir es konkret. X stünde für „Zucker im Tee" und Y für das Urteil „Ich rieche Zucker!". Wenn das Urteil tatsächlich durch den Zucker verursacht wird (also wenn man Zucker im Tee riechen kann), dann müssten wir beobachten, dass X und Y gemeinsam auftreten. Zur Bestimmung von Kovariation reicht das aber nicht aus. Wir dürfen nicht nur die Fälle betrachten, in denen X vorliegt, also der Tee gesüßt ist. Um Kovariation zu bestimmen, müssen wir auch schauen, ob Y ausbleibt, wenn X nicht vorliegt (non-X). Das ist die Kontrollbedingung. Also, bei ungesüßtem Tee (non-X) sollte die Testperson auch erkennen, dass kein Zucker im Tee ist (non-Y). Stellen wir uns vor, Anna hätte *immer* gesagt, sie würde Zucker riechen, wenn ihr eine Tasse Tee vorgehalten würde. Hätten wir sie nur mit gesüßtem Tee auf die Probe gestellt, läge sie mit ihren Antworten immer

---

[6] Mill, J. S. (2011/1843). *A System of Logic, Ratiocinative and Inductive: Being a Connected View of the Principles of Evidence, and the Methods of Scientific Investigation* (Cambridge Library Collection – Philosophy). Cambridge: Cambridge University Press. https://doi.org/10.1017/CBO9781139149839.

[7] Das Lernen von Kausalität wird auch beeinflusst durch Kontiguität (räumlich-zeitliche Nähe der Variablen) und Kontingenz (wie relativ häufig eine Variable auf eine andere folgt). Darauf werde ich hier jedoch nicht näher eingehen.

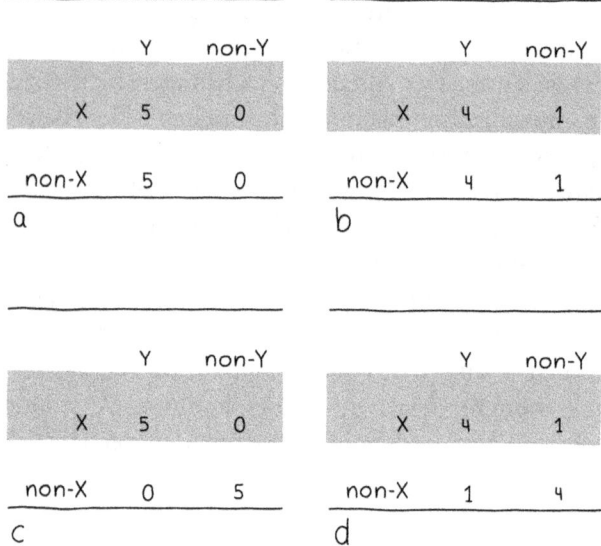

Abb. 8.1 Kovariation. Beispiele für Muster des Auftretens von zwei Variablen X und Y bei jeweils 10 Beobachtungen. Die Variablen können auftreten (X, Y) oder nicht auftreten (non-X, non-Y). Bei Muster **a** und **b** existiert keine Kovariation. Muster **c** zeigt eine perfekte Kovariation, Muster **d** weist auf eine graduelle Kovariation hin

richtig. Der kausale Schluss, dass ihr Urteil (Y) durch die Präsenz des Zuckers (X) ausgelöst wurde, wäre aber nicht gerechtfertigt. Denn falls sich herausstellte, dass Anna auch bei ungesüßtem Tee immer sagen würde, sie hätte Zucker gerochen, dann würde das Prinzip der Kovariation verletzt. Erst wenn sich ihr Verhalten in beiden Bedingungen systematisch unterscheidet, würde dies auf Kausalität hindeuten.

In Abb. 8.1 finden Sie vier hypothetische Muster von Beobachtungen. Jedes dieser Muster basiert auf zehn Beobachtungen an jeweils einer Testperson. Betrachten Sie bitte zuerst einmal nur die grau unterlegten Zeilen, also die Bedingung, in der X vorliegt. An unserem Beispiel bedeutet X, dass der Tee Zucker enthält. Jeweils zwei der vier Muster sind in der ersten Zeile identisch. In (a) und (c) tritt Y jeweils fünf Mal auf. Die Testperson sagt in fünf Durchgängen immer „Zucker drin", was ja auch stimmt. In (b) und (d) macht sie jeweils einmal einen Fehler und meint, im Tee sei kein Zucker drin (non-Y). Wenn wir nur die grauen Zeilen betrachten, würden wir aus jedem der Muster schließen, dass man Zucker im Tee riechen kann. Der Schluss ist, wie gesagt, ungerechtfertigt, solange wir die Kontrollbedingung nicht kennen. Also wenn kein Zucker im Tee ist (non-X, weiße Zeilen in Abb. 8.1). Wenn Sie jetzt einmal (a) und (c) vergleichen, so müssen wir aufgrund des Gesamtmusters zu sehr unterschiedlichen Schlüssen kommen, obwohl die erste Zeile identisch ist. In (a) entsprechen sich die Ergebnisse der grauen und weißen Zeilen. Also, in insgesamt 10 Durchgängen wird 5 Mal Zucker richtig erkannt, aber auch 5 Mal falsch erkannt. Hier liegt keine Kovariation vor. Die Testperson in Muster (a) sagt in allen 10 Durchgängen, dass Zucker im Tee sei, unabhängig davon, ob das stimmt oder nicht. Aus diesem Muster müssen wir folgern, dass man nicht riechen kann, ob ein Tee gesüßt ist. In Muster (c) hingegen zeigt sich eine perfekte Kovariation. Immer wenn Zucker im Tee ist, wird er auch erkannt (X & Y). Und immer wenn kein Zucker im Tee ist, wird auch dies richtig erkannt (non-X & non-Y). Hier deutet die perfekte Kovariation an, dass Zucker im Tee tatsächlich am Geruch erkannt werden kann.

Die beiden verbleibenden Muster in Abb. 8.1, (b) und (d), sind Beispiele, die eher dem entsprechen, was wir in der Realität beobachten könnten. Selten sind Kovariationen perfekt. Meist schleichen sich Fehler ein. Trotzdem gibt es mehr oder minder deutliche Zusammenhänge. Die können wir in relativen Häufigkeiten oder

Wahrscheinlichkeiten messen. In Muster (b) fehlt wieder jede systematische Kovariation. Die Werte in der grauen und der weißen Zeile sind identisch. Was zeigen würde: Zucker im Tee kann man nicht riechen. Muster (d) deutet hingegen wieder darauf hin, dass man Zucker im Tee riechen kann. In 8 von 10 Fällen, also in 80 % der Fälle, wird richtig geurteilt – vier Mal in der grauen und vier Mal in der weißen Zeile.

Zur Bestimmung von Kausalität müssen wir alle vier Felder einer solchen Tabelle kennen. Wenn wir nur einen Ausschnitt betrachteten, ließe sich Kovariation nicht schlüssig bewerten. Deshalb vergleichen Experimente Experimental- mit Kontrollbedingungen. In Abb. 8.1 entsprechen die grau unterlegten Zeilen der Experimentalbedingung. Hier ist der Tee gesüßt (X). Die weißen Zeilen entsprechen der Kontrollbedingung. Hier fehlt der Zucker im Tee (non-X).

Kovariation ist eine *notwendige,* aber *keine hinreichende* Bedingung für Kausalität. Das haben wir schon in Kap. 4 gesehen. Korrelationsmaße messen auch Kovariation. Aber aus der Korrelation alleine lässt sich noch nicht auf Kausalität schließen. Ob eine Kovariation oder Korrelation wirklich auf eine kausale Beziehung zwischen den Variablen zurückgeht, hängt von der *Methode* ab, mit der die Daten gewonnen wurden.

Damit eine Variable X die Ursache für eine Variable Y ist, muss sie erstens zeitlich *vor* Y auftreten. Zweitens müssen wir ausschließen, dass andere Variablen mit X systematisch zusammen auftreten. Damit sind wir wieder bei dem Problem der Konfundierung, das wir schon im letzten Kapitel als eine der größten Fehlerquellen unserer Alltagsbeobachtungen identifiziert haben. Egal ob ich ein Medikament gegen meinen Schnupfen nehme oder nicht, das Selbstheilungssystem arbeitet immer. Und danach kann ich nur schwer sagen, an was es gelegen hat, wenn diesmal der Schnupfen nur fünf statt sechs Tage dauerte. An meinem Immunsystem oder an dem Medikament.

Um die zeitliche Logik (X muss vor Y auftreten) sicherzustellen und Konfundierungen zu vermeiden, benötigen wir weitere Techniken der Kontrolle. Korrelativen Studien fehlt diese Kontrolle. Experimentelle Studien hingegen bedienen sich einer Reihe von Techniken, die alle zusammen absichern, dass Kausalität nachweisbar wird.

Eine zentrale Technik ist die der *Manipulation*. Beim Experiment suchen wir in der Regel die Bedingungen nicht auf, sondern wir kontrollieren sie, indem wir sie *herstellen*. Die Kinder auf dem Bauernhof stellten die Experimentalbedingung her, indem sie die Hälfte der Teetassen mit identischen Mengen von Zucker befüllten. In der Kontrollbedingung sorgten sie dafür, dass sich kein Zuckerkristall in die Teetasse verirrte.

Weitere wichtige Techniken sind Maßnahmen zur *Konstanthaltung*. Im Idealfall unterscheiden sich die Experimental- von den Kontrollbedingungen nur darin, dass die mögliche Ursache (X) vorliegt oder nicht (non-X). Wenn alle anderen Umstände identisch sind, dann kann ein Unterschied zwischen Experimental- und Kontrollbedingung nur noch an dem Faktor liegen, dessen Auftreten manipuliert wurde, also an X. Wir können jetzt die Definition des Begriff des Experimentes noch weiter schärfen. *Beim Experiment handelt es sich um Beobachtung von Kovariation unter kontrollierten, konstanten Bedingungen, in denen die Forscher die potenzielle(n) ursächliche(n) Variable(n) manipulieren.*

Die Kinder hatten einen bemerkenswerten Aufwand betrieben, um Konstanthaltung zu erreichen. Sie hielten den Tee auf Stövchen gleich warm, maßen die Menge des Zuckers genau ab und machten immer dieselben Umrührgeräusche, egal ob sie Zucker in den Tee füllten oder dies unterließen. Und selbstverständlich verwendeten sie immer die gleiche Art von Tassen.

Sie nutzten aber noch eine weitere Technik. Die gegen eine wichtige Störquelle schützt, nämlich gegen Erwartungseffekte. Die Versuchsleitung, zuerst war es Konstantin, der die Tassen überbrachte, *wusste nicht,* ob der Tee darin gesüßt war. In der Fachsprache nennt man diese Technik *Verblindung*. Eine blinde Versuchsleitung weiß selbst nicht, ob sie gerade in der Experimental- oder der Kontrollbedingung agiert. Warum ist das wichtig? Menschen sind äußerst empfänglich dafür, kleinste Signale zu deuten, die andere aussenden. Das muss gar nicht bewusst geschehen. Aber die Haltung eines Gegenübers, dessen Mimik, die Sprachmelodie, was und wie etwas gesagt wird, all dies sind Informationen, aus denen Schlüsse gezogen werden können. Nehmen wir an, Konstantin hätte gewusst, wann in einer Tasse Zucker ist. Vielleicht hätte er gerade dann versucht, ein Pokerface aufzusetzen, wenn er einen gesüßten Tee überbrachte. Dies könnte jedoch unnatürlich wirken, sodass Anna daraus den Schluss hätte ziehen können, dass ein Pokerface auf einen gesüßten Tee hindeutet. Wenn Konstantin allerdings „blind" ist, dann wird sich sein Verhalten nicht systematisch zwischen Experimental- und Kontrollbedingung unterscheiden.

Betrachten wir einmal ein anderes Beispiel. Stellen wir uns vor, ein Proband in einer klinischen Studie würde auf die Kontrollbedingung mit einem wirkungslosen Placebo zugewiesen. Und nehmen wir weiter an, der Proband wüsste, dass er eine wirkungslose Substanz verabreicht bekommen hätte. Danach beobachteten wir, dass es diesem Probanden schlechter geht als einer anderen Person, die glaubte, ein wirksames Medikament erhalten zu haben. Das Ergebnis wäre nicht belastbar. Es könnte sein, dass nicht die Substanz zu einer Verbesserung führte, sondern dass in der Placebo-Bedingung psychische Prozesse dazu geführt haben, dass sich der Proband schlechter fühlte. Weil er wusste, dass ihm nur ein Placebo verabreicht worden war, erwartete er eben auch keine Besserung. Diese Erwartung wiederum hätte sich negativ auf die Empfindung seines Zustandes auswirken können. Um solche Quellen von Erwartungseffekten auszuschließen, werden in der medizinischen Forschung in der Regel *Doppelblindstudien* durchgeführt. Hier wissen weder die Person, die etwas verabreicht, noch die Probanden, in welcher Bedingung sie sich befinden. Die Kinder in den Alpen hatten sich ebenfalls der Technik der Doppelblindstudie bedient. Denn weder die Überbringer der Tassen noch die Versuchspersonen, die daran schnupperten, wussten, in welcher Bedingung sie waren.

Gruppenvergleich und der Zufall als williger Helfer: Die Technik der Randomisierung

Experimentieren heißt kontrollieren. Dabei ist Kontrolle kein Selbstzweck. Wir benötigen Kontrolle, um einen Kausalzusammenhang aus dem Gemenge unendlich vieler weiterer Variablen herauszulösen. Insofern sind die experimentellen Kontrolltechniken das, was für den Paläontologen Hammer, Meißel und Pinsel sind. So wie jener verborgene Zeugnisse der Evolution aus dem Stein herauspräpariert, versucht die experimentelle Forschung, vermutete, aber verborgene Zusammenhänge zwischen Ursache und Wirkung sichtbar zu machen. Die Kinder auf dem Bauernhof waren schon auf einige Techniken gekommen, mit denen Kontrolle hergestellt werden kann. Aber eine ganz wichtige Technik fehlt noch. In Experimenten nutzen wir den Zufall aus, um den Einfluss von Störvariablen zu minimieren, die wir nicht direkt kontrollieren können.

Wenn wir Menschen (oder Tiere) untersuchen, haben wir es mit Individuen zu tun. Jedes Individuum stellt ein kleines Universum potenzieller Störvariablen dar. Die kleinen Universen unterscheiden sich voneinander. In puncto Persönlichkeit, Wissen, psychischer und physischer Zustände. Dem einen geht es gerade gut, der andere ist schlechter Laune. Der eine hat gerade einen leichten Infekt, der nächste fühlt sich, als könnte er Bäume ausreißen. Die Liste ist endlos. Als wäre das nicht schon problematisch genug, kommt noch erschwerend hinzu, dass wir die meisten dieser Unterschiede nicht direkt beobachten können. Die Nase einer Person mag uns vielleicht etwas über ihren Gesundheitszustand verraten, sofern sie rot ist und trieft, aber nichts über die Persönlichkeit. Jede dieser individuellen Variablen ist mit der möglichen Ursache, die wir untersuchen, konfundiert. Denn sie liegt ja in der Person zeitgleich mit der möglichen Ursache vor. Wenn wir nur eine einzige Person untersuchen würden, können wir nie ausschließen, dass eine andere Variable als unsere potenzielle Ursache für ein Ergebnis verantwortlich war. Vielleicht verfügte Anna über außergewöhnliche visuelle Fähigkeiten. Vielleicht erkannte sie den Zucker im Tee nicht am Geruch, sondern an minimalen Veränderungen in der Farbe des Tees. Die Annahme, dass man Zucker im Tee riechen kann, müssen wir also an mehreren Personen überprüfen. Das hatten auch schon die Kinder erkannt. Sie wiederholten das Experiment an mehreren Probanden. Prinzipiell wäre es möglich, die Untersuchung mit einer sehr großen Anzahl an Probanden mehrfach zu wiederholen. Wir müssten wahrscheinlich auch noch die Anzahl an individuellen Testdurchgängen erhöhen. Die Kinder hatten nur zehn

Durchgänge pro Person durchgeführt. Da mag es auch per Zufall einmal Unterschiede in die eine oder andere Richtung geben. Hier stoßen wir aber auf ein nächstes Problem. Nicht alle Forschungsfragen lassen sich so untersuchen wie in der Zuckerstudie. Hier wurde Anna sowohl der Experimental- als auch der Kontrollbedingung mehrfach ausgesetzt. Sie bekam fünfmal gesüßten Tee und fünfmal Tee ohne Zucker. Wenn wir jedoch die Wirkung, sagen wir, eines Impfstoffes untersuchen wollten, ist ein solcher Versuchsplan ungeeignet. Stattdessen müssen wir verschiedene Gruppen miteinander vergleichen.[8] Einer Gruppe wird das Vakzin verabreicht, der anderen beispielsweise Kochsalzlösung als Placebo. Danach vergleichen wir die Häufigkeit der Erkrankung in den beiden Gruppen. Beispielsweise bei einer gerade grassierenden Viruswelle. In diesem Fall müssen wir individuelle Störvariablen in den Griff kriegen. Bestimmte Merkmale dürfen sich nicht in einer bestimmten Gruppe häufen. Wenn beispielsweise die Vakzin-Bedingung einen größeren Anteil an physisch und psychisch stabilen Personen enthielte, ließe sich aus dem Ergebnis wenig lernen. Es wäre dann unmöglich zu entscheiden, ob eine geringere Erkrankungsrate in dieser Bedingung auf den Impfstoff oder auf die Resilienz der Probanden zurückzuführen wäre.

Was können wir also tun? Die Lösung des Problems besteht darin, den Zufall nicht als Feind zu betrachten, sondern ihn als nützlichen Helfer in unsere Dienste zu stellen. Die entsprechende Technik heißt *Randomisierung*. Dabei werden Probanden zufällig, beispielsweise durch das Los, den Experimental- und Kontrollbedingungen

---

[8] In der Literatur werden diese unterschiedlichen experimentellen Anordnungen als Innersubjektvergleich *(within-subjects design)* und bei verschiedenen Gruppen als Zwischensubjektvergleich *(between-subjects design)* bezeichnet.

zugewiesen. Bei einer genügend großen Anzahl an Probanden und einer fairen Zulosung werden sich alle *individuellen Störvariablen zufällig* und damit *unsystematisch* über die Bedingungen verteilen. Bei unsystematischer Verteilung der Störvariablen kann es keine systematische Konfundierung mehr geben. Eine bestimmte Störvariable, beispielsweise hohe und niedrige Resilienz, muss ja aufgrund der zufälligen Zuweisung in allen Bedingungen ähnlich häufig auftreten. Wenn sich dann die Ergebnisse, die spätere Erkrankungshäufigkeit, zwischen den Bedingungen unterscheidet, kann es nicht mehr an der unterschiedlichen Resilienz der Probanden gelegen haben. Dasselbe gilt für alle weiteren individuellen Unterschiede. Wenn die Gesamtheit aller individuellen Störvariablen unsystematisch, also zufällig über die Bedingungen verteilt ist, kann ein Unterschied in der Erkrankungshäufigkeit der Probanden nur noch an der Manipulation gelegen haben. Denn nur hinsichtlich dieser Manipulation, Vakzin versus Placebo, unterschieden sich die Bedingungen systematisch.

Stellen wir uns vor, 100 Freiwillige würden gerne an dem Zucker-Experiment der Kinder teilnehmen. Ein bunter Haufen von Individuen. Per Los werden sie einer von zwei Gruppen zugelost. Die Probanden der ersten Gruppe bekommen jeweils eine Tasse Tee mit Zucker vorgesetzt (Experimentalbedingung), die Probanden der zweiten Gruppe einen ungesüßten Tee (Kontrollbedingung). Die Probanden und die Versuchsleiter wissen natürlich nicht, in welcher Gruppe sie sind (Verblindung). Gemessen wird wieder das Urteil nach Geruchsprobe, also ob die Probanden meinen, dass sie Zucker gerochen hätten oder nicht. Angenommen das Ergebnis würde lauten: 70 % der Probanden in der Experimentalbedingung meinten, dass der Tee gesüßt wäre. In der Kontrollbedingung sagten aber nur 20 %, dass Zucker im Tee sei. Oder anders ausgedrückt, die Mehrheit in der Zucker-Gruppe identifizierte den Zucker korrekt. In der Kein-Zucker-Gruppe stellte ebenfalls die Mehrheit (80 %) korrekt fest, dass der Tee ungesüßt war. Dieses Ergebnis würde tatsächlich auf einen Kausalzusammenhang hinweisen: *Wenn Zucker im Tee ist, dann kann man ihn riechen.* Es ist hingegen sehr unwahrscheinlich, dass das Ergebnis durch individuelle Unterschiede der Probanden zustande kam. Denn es wurde ja randomisiert, also die Personen zufällig auf die Bedingungen zugewiesen. Damit dürfte es kein systematisches Zusammentreffen von individuellen Variablen und der Manipulation geben. Die Technik der Randomisierung bietet somit ein mächtiges Mittel, um den Einfluss individueller Störvariablen, bekannt oder unbekannt, zu kontrollieren. Und damit diese Quelle der Konfundierung auszuschalten.

Ein Wiedersehen mit den Globuli

Sie kennen jetzt zentrale methodische Prinzipien, die die experimentelle Forschung leiten sollten. Ich hoffe auch, dass es mir gelang, Sie von der Nützlichkeit des Experimentes im Erkenntnisprozess zu überzeugen. Besonders am Herzen liegt mir, dass Sie kritischer bei der Beurteilung von Erkenntnissen werden. Wissenschaftlich denken bedeutet, dass die *Kontrolle über den Beobachtungsprozess* der zentrale Maßstab unserer Bewertung bei empirischer Evidenz wird. Nachweise von Kausalbeziehungen werden umso belastbarer, je eher sie auf hochkontrollierten, experimentellen Verfahren beruhen. Leider erreichen viele Studien nicht einmal das Niveau an Kontrolle der Zuckerstudie, die immerhin von Kindern ausgedacht wurde.

Um Sie für die Frage der methodischen Qualität zu sensibilisieren, entwerfen wir zuerst auf dem Reißbrett ein hochkontrolliertes Experiment. Ein Ideal sozusagen. Dann betrachten wir ein reales Beispiel. An ihm werde ich zeigen, wie mangelhafte Kontrolle zu Fehlschlüssen über Kausalzusammenhänge führen kann. Als Beispiel dient mir hier die Forschung zu Homöopathie. Ich habe dieses Feld ausgewählt, weil es dort viele Studien gibt, deren Autoren behaupten, einen Nachweis über die Wirkung homöopathischer Präparate erbracht zu haben. Eine Behauptung, die nicht haltbar ist, wenn man die methodischen Kriterien anlegt, die eine wissenschaftliche Überprüfung erfordert. Deshalb eignet sich dieses Feld ganz besonders, um die Idee der kontrollierten Beobachtung, auf der das Experiment beruht, zu illustrieren.

Wie sollte ein gutes Experiment aussehen?

Die Behandlung eines Schnupfens ist ein Paradebeispiel für eine gemeine Lernumwelt. Immer sind mehrere Variablen gleichzeitig am Werke. Ein Selbstversuch erlaubt in der Regel keine schlüssigen Erkenntnisse über die zeitversetzte Wirkungsweise von Arzneimitteln, die eine milde oder gar keine Wirkung haben. Immer besteht die Möglichkeit, dass andere Faktoren am Werke waren – Stichwort *Konfundierung*. Ohne kontrollierte Beobachtung, also ohne den Einsatz der experimentellen Methode, kommen wir hier nicht weiter.

Fast jeder zweite Deutsche hat schon einmal homöopathische Präparate, häufig in Form kleiner Zuckerkügelchen (Globuli), eingenommen.[9] Die Industrie und die Apotheken machen damit ein gutes Geschäft, vor

---

[9] GESIS – Leibniz Institute for the Social Sciences (2013). ALLBUS/GGSS 2012 (Allgemeine Bevölkerungsumfrage der Sozialwissenschaften/German General Social Survey 2012). GESIS Data Archive, Cologne. ZA4614 Data file Version 1.1.1. 10.4232/1.11753.

allem wenn es um die Behandlung kleinerer Wehwehchen wie Husten und Schniefnase geht.[10] Aber wirken diese Präparate? Immerhin lässt sich bei den meisten homöopathischen Verabreichungen der Wirkstoff gar nicht mehr nachweisen, weil das Präparat einen Prozess der hochpotenzierten Verdünnung durchlaufen hat. Man kann sich natürlich fragen, ob es überhaupt sinnvoll ist, Untersuchungen zur Wirkung von Zuckerkügelchen vorzunehmen, die keine chemisch nachweisbare Arznei enthalten.[11] Immerhin kostet das viel Geld, welches in anderen Bereichen möglicherweise besser investiert wäre. Tatsächlich existieren aber sehr viele Untersuchungen zur Wirkung homöopathischer Präparate. Bevor wir zur Befundlage und deren Bewertung kommen, lassen Sie uns einmal überlegen, wie ein Experiment beschaffen sein müsste, das schlüssig überprüft, ob Globuli wirksam sind.

Die bisher angesprochenen Kontrolltechniken wie Manipulation, Vergleich zwischen Experimental- und Kontrollbedingung, Konstanthaltung, blinde Versuchsleitung und Randomisierung sind Werkzeuge, die uns helfen, einen Kausalzusammenhang zu identifizieren. Allerdings ist es nicht immer möglich, alles zu kontrollieren, was wünschenswert wäre. Gerade bei der Forschung an Menschen sind der Kontrolle aus ethischen Gründen Grenzen gesetzt. Im idealen Experiment zur Untersuchung der Wirkung von Globuli auf die Heilung des Schnupfens müssten wir auch die Erkrankung

---

[10] Der Umsatz homöopathischer Präparate in Deutschland betrug im Jahr 2018 mehr als 660 Mio. EUR: https://de.statista.com/statistik/daten/studie/526063/umfrage/apothekenumsatz-mit-homoeopathischen-arzneimitteln-nach-vertriebsweg/, abgerufen am 1.3.2021.
[11] So wird gefordert, Forschung zur Wirkung von Homöopathie ganz einzustellen: Gorski, D.H.; Novella, S.P. (2014): Clinical trials of integrative medicine: Testing whether magic works? *Trends in Molecular Medicine, 20*, 473–476. https://doi.org/10.1016/j.molmed.2014.06.007.

manipulieren. Also gesunde Probanden mit den Erregern infizieren, die Schnupfensymptome auslösen. So etwas wird in der klinischen Forschung tatsächlich gemacht, in der Regel jedoch im Tierversuch.[12] Also begnügen wir uns einmal mit der Messung. Die medizinische Labordiagnostik erlaubt uns, Personen zu identifizieren, die einen grippalen Infekt haben (vulgo Schnupfen). Vor allem müssen wir ausschließen, dass es sich um andere Erkrankungen handelt, wie z. B. um eine echte Grippe, SARS-CoV-2, Pneumonie oder eine Allergie. Unser reichhaltiges Wissen über Erkrankungen und deren Symptomatik einerseits und die Mittel der Labordiagnostik andererseits versetzen uns in den Stand, aus einer Stichprobe von Freiwilligen die Personen herauszufinden, die genau an der Krankheit erkrankt sind, die wir behandeln wollen. Denn es wäre ja unfair, wenn wir bestimmte Globuli, die gegen einen grippalen Infekt helfen sollen, an einer Gruppe von Personen testen, die an einer anderen Krankheit leiden.

Wenn wir eine Gruppe von Schnupfenpatienten eindeutig identifizieren und für die Teilnahme an unserer Studie gewinnen konnten, werden wir nun die starken Geschütze der Kontrolle auffahren. Der Vergleich von Bedingungen. Im Minimalfall gibt es zwei. Die Globuli-Bedingung und eine Placebo-Bedingung.

Darüber hinaus wäre es sinnvoll, noch über andere Bedingungen nachzudenken. Zum Beispiel könnte einer weiteren Gruppe gar nichts verabreicht werden.

---

[12] Obwohl dies nicht grundsätzlich ausgeschlossen ist. 2021, ein Jahr nach Ausbruch der Covid-Pandemie, starteten britische Wissenschaftler ein Projekt, bei dem 90 Freiwillige in einer sogenannten Human-Challenge -Studie mit SARS-CoV-2 infiziert werden sollten, um Immunreaktionen und die Reaktion auf spätere Impfung unter hochkontrollierten Laborbedingungen zu testen https://www.tagesschau.de/ausland/europa/corona-studie-105.html, abgerufen am 20.2.2021.

Wenn man später die Ergebnisse dieser Gruppe mit der Placebo-Bedingung vergleicht, lässt sich der pure Placeboeffekt bestimmen. Placeboeffekte sind weit verbreitet. Sie können in zwei Richtungen gehen. Wenn die Person sich darüber im Klaren ist, ein Placebo erhalten zu haben, kann dies den Krankheitsverlauf negativ beeinflussen. Das hatte ich weiter oben schon als Beispiel eines Erwartungseffektes erwähnt. Wenn die Person aber nicht weiß, dass es sich bei einer verabreichten Substanz um ein Placebo handelt, kann es zu positiven Placeboeffekten kommen. Allein der Akt der Einnahme einer (wirkungslosen) Substanz stellt eine Aktion dar. Der Krankheit wird begegnet. Das aktiviert positive Erwartungen und Emotionen. Jetzt muss ich mir weniger Sorgen machen. Bin entspannter. Was sich insgesamt positiv auf den Heilungsprozess auswirkt. So kann es sein, dass Patienten in der Placebo-Bedingung rascher genesen als Personen, denen gar nichts verabreicht wurde.

Zentral ist in jedem Fall, dass die Zuweisung zu allen Bedingungen zufällig geschieht. Dass wir randomisieren. Ohne Randomisierung sind dem Einfluss individueller Störvariablen Tür und Tor geöffnet. Im allerschlimmsten Fall dürften die Probanden selbst die Bedingung aussuchen. Dann würden die Personen, die auf Globuli schwören, sich wohl mehrheitlich für die Globuli-Bedingung entscheiden, während die Homöopathiegegner höchstwahrscheinlich diese Bedingung meiden würden. Mit der Selbstwahl auf die Bedingung würde wieder eine klassische Konfundierung vorliegen, wie sie unseren Alltag prägt. Eine solche Studie wäre nichts Weiteres als Vergeudung von Ressourcen. Denn wir wollen ja nicht untersuchen, ob das *Vertrauen* in eine bestimmte Behandlungsmethode eine heilsame Wirkung hat, sondern ob das Medikament wirkt.

Zusätzlich müssen die Probanden und die Versuchsleitung „verblindet" werden. Wenn die Probanden wüssten, was sie bekommen, dann stünden wir wieder vor dem Problem, dass sich persönliche Einstellungen, Überzeugungen und Glaubenshaltung auf das Ergebnis auswirken können. Es versteht sich von selbst, dass wir auch viel Sorgfalt auf die Herstellung der „Arznei" legen. Die muss in den Gruppen, in denen etwas verabreicht wird, in ihrer äußerlichen Erscheinung und ihrem Geschmack völlig identisch daherkommen. Einziger Unterschied darf nur der Inhalt sein bzw. deren Herstellungsverfahren (z. B. nach Regeln der Homöopathie in der Experimentalbedingung). Wenn äußerlich nicht zu erkennen ist, was die vergebene Substanz enthält, dann funktioniert Verblindung auch ohne verbundene Augen. Dies trifft auf die Probanden zu und auf die Person, die die Substanz verteilt. Damit hätten wir eine Doppelblindstudie.

Für ein gutes Experiment reichen diese Kontrolltechniken aber noch nicht aus. Wir müssen zusätzlich die Untersuchungsbedingungen möglichst konstant halten. Unter Alltagsbedingungen ist dies kaum möglich. Das Verhalten der Probanden würde wahrscheinlich stark variieren. Der eine legt sich zu Hause mit seiner Erkältung auf die Couch und trinkt einen Tee, während der andere die Wohnung putzt. Und schon hätten wir wieder einen Unterschied in einer relevanten Variable, die den Genesungsverlauf beeinflusst. Da müssen wir wohl in den sauren Apfel beißen. Geld in die Hand nehmen und die Probanden ordentlich entlohnen. Dann können wir sie für den Untersuchungszeitraum stationär aufnehmen und einem geregelten Tagesablauf unterwerfen. Ruhezeiten, Aktivitäten, Kontakt mit Dritten (damit keine weiteren Ansteckungen erfolgen) und natürlich die Ernährung können weitestgehend kontrolliert und konstant gehalten werden.

8 Mit uns keine Experimente

Nun wurden also unsere Probanden zufällig den Bedingungen zugewiesen, die Manipulation – also die Herstellung und die Vergabe der Substanzen – ist erfolgt und unsere Patienten befinden sich in unserer Obhut unter kontrollierten Bedingungen. Jetzt aber geht die Arbeit erst richtig los. Wieder müssen wir messen. Natürlich steht an vorderster Stelle die Messung der Genesung. Wir müssen die Wirkung der Substanzen quantifizieren, um sie zwischen den Gruppen vergleichen zu können. Wie sollen wir aber Genesung messen? Natürlich können wir die Probanden einfach nach ihrem Befinden fragen: „Sagen Sie mir bitte, wie fühlen Sie sich denn heute? Antworten Sie auf einer Skala von 1 (sehr gut) bis 6 (sehr schlecht)." Das subjektive Empfinden ist sicherlich ein wichtiger Aspekt der Genesung. Und der Hausarzt fragt ja auch zuerst, wie man sich fühlt. Aber würden Sie sich als kritischer Mensch allein auf die Ergebnisse verlassen, die mit einer solchen Frage gewonnen werden? Also, mein Großvater gab auf diese Art Fragen immer dieselbe Auskunft: „Danke, gut." Egal ob er gerade ein Bier an einem Sommerabend trank oder als er aus der Narkose erwachte, nachdem er im Garten von der Leiter gestürzt war und drei Stunden lang an der Hüfte operiert werden musste. Dann gibt es Mitmenschen, die können gar nicht genug klagen – auch recht unabhängig von den Umständen (zu dieser Gruppe zählt leider auch der Enkel meines Großvaters). Kurz und gut, wir benötigen weitere Messungen, die sich nicht allein auf subjektive Selbstauskünfte verlassen. Auch hier bietet uns die Labordiagnostik eine Palette an Möglichkeiten. Wir bestimmen Blutwerte, testen Rachenabstriche auf Erreger. Sicherlich kommt das gute alte Stethoskop zum Einsatz. Und vielleicht werden wir auch ein bisschen kreativ und zählen die Anzahl der Taschentücher, die die Person verbraucht. Hier gilt: Viele Variablen messen hilft. Denn mit der Anzahl der

Messungen erhöht sich die Zuverlässigkeit. Nicht jedes Maß wird bei jeder Person gleich sensitiv sein. Auch wird es Tagesschwankungen geben, die nicht auf ein Medikament zurückgehen. Aber alle zusammen können die Schwächen des jeweils anderen kompensieren. Wenn diese Maße statistisch zusammenhängen, also korrelieren, dann können wir aus dem Gesamtbild eine gute Schätzung des Genesungsverlaufes erreichen. Unlauter und unwissenschaftlich wäre es allerdings, wir würden später nur das Ergebnis auf einem einzigen Maß berichten und die anderen verschweigen. Richtig böse wäre es, wenn wir uns später diejenige Messung heraussuchen, die ein Ergebnis aufweist, das uns in den Kram passt. Das widerspräche nicht nur den Prinzipien guter wissenschaftlicher Praxis. Zudem würden wir uns selbst in die Tasche lügen.

Deshalb wenden wir noch eine weitere Kontrolltechnik an. Eine, die uns selbst kontrolliert. Vor der Durchführung des Experimentes legen wir genau fest, welche Messungen wir durchführen werden. Außerdem bestimmen wir vor dem Experiment, welches Gesamtergebnis wir als Indikator für eine Genesung akzeptieren. All dies veröffentlichen wir vor der Durchführung der Studie. Diese Form der wissenschaftlichen Transparenz heißt Präregistrierung.[13] Sie findet auf Plattformen im Internet statt, die öffentlich zugänglich sind. Einmal präregistriert, werden unsere Festlegungen eingefroren. Alles, was wir später berichten und veröffentlichen, kann daran gemessen werden.

---

[13] Große Plattformen werden unentgeltlich für Nutzer betrieben. Hier ist vor allem das Open Science Framework, https://osf.io/, zu nennen, dessen Datenbanken und Portal durch eine Non-Profit-Organisation unterhalten werden. Die Finanzierung erfolgt über Spenden und staatliche Zuwendungen.

Ein Blick in die Realität: Es gibt leider auch schlechte Experimente

Die Qualität wissenschaftlicher Studien können wir recht verlässlich bewerten. Dafür haben wir ja einen Katalog methodischer Standards. Wenn beispielsweise Kontrollgruppen fehlen, lässt sich über Kausalität nicht wirklich etwas Belastbares aussagen. Die methodischen Standards, vor allem für Experimente, sind weit über die empirischen Wissenschaften geteilt. Trotzdem unterscheiden sich publizierte Studien hinsichtlich ihrer Qualität. Nicht jeder Forschungsgegenstand und jede Forschungsfrage lässt sich unter maximal kontrollierten Bedingungen erforschen. Vor allem in der medizinischen Forschung ergeben sich auch ethische Probleme. Während bei Versuchstieren Krankheiten manipuliert werden können, verbietet sich dies in der Regel bei Experimenten mit Menschen. Zudem unterscheiden sich Disziplinen und Publikationsorgane in der Rigidität, mit der methodische Standards eingefordert werden.[14]

Es existieren jedoch ganze Forschungsbereiche, in denen über weite Strecken wissenschaftliche Qualitätsstandards verletzt werden. Das muss man leider für die Forschung zur Wirkungsweise von Homöopathie konstatieren. Dies

---

[14] Was zum Teil auch in der fachlichen Ausbildung begründet sein könnte. Die Anteile an methodischer Ausbildung von beispielsweise Psychologen und Medizinern in Deutschland unterscheiden sich gravierend. Im Jahre 2021 musste ein BA-Studiengang in Psychologie methodische Module im Umfang von mindestens 900 Arbeitsstunden enthalten, um das Qualitätssiegel der Fachorganisation zu erhalten (DGPs, Stand 4.12.2020).

Im deutlich längeren Studiengang Medizin der Charité in Berlin, die sicherlich ein hervorragender Ausbildungsort ist, findet sich im gesamten Studienplan kein einziges Modul, das sich primär der Forschungsmethodik widmet. https://www.charite.de/fileadmin/user_upload/portal/studium/international/service/formulare_materialien/ECTS_Credits_deutsch[1].pdf, abgerufen am 20.2.2021.

ist nicht meine persönliche Meinung, sondern das Ergebnis von methodischen Übersichtsarbeiten. Die wichtigsten und am weitesten beachteten stammen von Robert Mathie, über lange Jahre der Herausgeber der internationalen Zeitschrift „Homeopathy". In der Gemeinde der Befürworter der Homöopathie wird er häufig als Redner geladen und vielfach zitiert. Seine Loyalität gegenüber dem Fach ist über jeden Zweifel erhaben. Mit seinem Team hat er sich einer Mammutaufgabe gestellt. Der Sammlung, der methodischen Bewertung und der Analyse der empirischen Befunde zur Wirkung von homöopathischen Präparaten. Er publizierte diese Ergebnisse in mehreren internationalen Fachartikeln. Seine wiederholte Schlussfolgerung lautet, dass aufgrund der geringen Qualität der Studien Vorsicht bei deren Interpretation geboten sei.[15]

Schauen wir uns das einmal in Zahlen und danach anhand eines konkreten Beispiels an. Aus mehreren Hunderten von Veröffentlichungen schied Robert Mathie erst einmal diejenigen aus, die aufgrund der Anlage der Studien gar keine Kausalschlüsse erlaubten. Dazu zählen beispielsweise sogenannte prospektive Studien ohne Kontrollgruppen. Hier finden Beobachtungen unter realen Bedingungen im Feld statt, was der Konfundierung und vielen weiteren Fehlern Tür und Tor öffnet. In einem Vortrag im Jahre 2019[16] fasste er den Ertrag seiner Übersichtsarbeiten zusammen. Nach der Bereinigung des Pools um

---

[15] Z. B. „The low or unclear overall quality of the evidence prompts caution in interpreting the findings." Mathie, R.T., Lloyd, S.M., Legg, L.A., Clausen, J., Moss, S., Davidson, J.R., & Ford (2014). Randomised placebo-controlled trials of individualised homeopathic treatment: systematic review and meta-analysis. *Systematic Reviews, 3*, article number 142. 10.1186/2046-4053-3-142.

[16] Mathie, R.T. (2019). *The high-quality randomized controlled trials of homeopathic treatment, as defined by systematic review and meta-analysis.* 4th HRI International Homeopathic Research Conference, London.

die vielen aussagelosen Studien blieben 131 als Kandidaten übrig, die er einer genaueren methodischen Prüfung unterzog. In dieser Teilmenge „hoffnungsvoller" Kandidaten ließen sich jedoch nur fünf Studien identifizieren, die auf hohem methodischem Niveau rangierten. Noch mal: fünf aus 131, die wiederum aus einem noch viel größeren Pool schlechterer Studien stammten. Die fünf „guten" Studien erforschten unterschiedliche Krankheiten mit unterschiedlichen homöopathischen Behandlungsmethoden. So existiert zu keiner einzigen eine Wiederholung oder Replikation – wir kommen im nächsten Kapitel auf dieses Problem zurück.

Betrachten wir einmal die jüngste aus diesen fünf Studien, die laut Robert Mathie „sehr zuverlässige Evidenz" lieferten. Die Studie wurde von einem Team um die englische Chemikerin und Gesundheitswissenschaftlerin Emily Peckham durchgeführt. Behandelt wurden Patienten mit Reizdarmsyndrom *(Colon irritabile)*. Darunter wird eine Funktionsstörung des Verdauungstraktes verstanden, die sich unter anderem in Blähungen und Durchfall äußert. Die Ursachen sind unklar. Betroffene können ein Leben lang mit den Beschwerden behaftet sein. Die Behandlung erfolgt in der Regel symptomatisch mit Medikamenten, die die akuten Beschwerden lindern sollen. Auch Änderungen in der Ernährung und Lebensführung werden angeraten. Allerdings gibt es bis heute keine Therapie, die nachweislich eine dauerhafte Heilung verspricht. Bei solchen und ähnlichen Erkrankungen suchen viele Betroffene Hilfe bei alternativen Heilverfahren.

Der deutsche Arzt und Schriftsteller Samuel Hahnemann (1755–1843), der Begründer der Homöopathie, verfolgte einen, wie wir heute gerne sagen, ganzheitlichen Ansatz. Die spannende Idee dahinter war, dass die Symptomatik allein nicht hinreicht, um ein Krankheitsbild zu erfassen. Der Behandelnde muss sich vielmehr einen tiefen und umfassenden Eindruck über den Patienten bilden, um zu erkennen, was die wirklichen Ursachen von Beschwerden sind. Anders ausgedrückt, ein ähnliches Symptom kann bei zwei Patienten zweierlei Ursachen haben. Deshalb pochen Homöopathen darauf, dass die Vergabe homöopathischer Präparate immer nur *individualisiert* erfolgen kann. Auf der Seite der empirischen Untersuchbarkeit widerspricht dies erst einmal dem Prinzip der Konstanthaltung. Ein fairer Test der Wirkungskraft homöopathischer Präparate verlangt aber, dass man den Annahmen der Theorie folgt. Und genau dies realisierten Emily Peckham und ihre Kollegen. In der Homöopathie-Bedingung ihrer Studie erhielten Reizdarmpatienten individualisiert zugewiesene Substanzen. Diese wurden von einer Gruppe erfahrener Homöopathen verordnet. In einer Kontrollbedingung wurden Reizdarmpatienten konventionell behandelt. Die Zuweisung auf die beiden Bedingungen erfolgte zufällig.[17] So weit, so gut. Daraus ergibt sich aber ein Problem. Eine individualisierte Zuweisung von Substanzen erfordert eine aufwendige Anamnese. Sie ist vor allem dadurch gekennzeichnet, dass sich der Therapeut intensiv mit dem Patienten unterhält. Damit sind in der Homöopathie-Bedingung zwei Variablen konfundiert. Die Probanden erhalten einerseits ein homöopathisches Präparat. Sie erhalten aber andererseits auch noch Aufmerksamkeit und eine Interaktion mit einem Gegenüber, das sich für ihre Probleme interessiert. In der Kontrollbedingung wird einfach die Behandlung aufrechterhalten, die die Patienten schon davor erfahren hatten, zum Beispiel Mittel gegen Blähungen, Verstopfung oder Durchfall. In der Homöopathie-Bedingung der Studie sind aber psychologische Faktoren mit der Vergabe einer

---

[17] Nach einem gewichteten Zufallsprinzip, sodass deutlich mehr Personen in der Kontrollbedingung (60) als in der Homöopathiebedingung (16) landeten. Der Unterschied in der Anzahl ist aus verschiedenen Gründen suboptimal, soll aber hier nicht weiter diskutiert werden.

Substanz konfundiert. Sollte sich danach ein Heilungserfolg einstellen, wüssten wir nicht, woran der gelegen hätte. An der zeitintensiven Zuwendung durch den Therapeuten oder an der Substanz oder an beidem gemeinsam.

Dessen waren sich die Autoren der Studie jedoch wohl bewusst. Deshalb führten sie eine weitere Bedingung ein. Eine dritte Gruppe von 18 Reizdarmpatienten erhielt ein „Angebot des unterstützenden Zuhörens"[18]. Auch diese Probanden waren ihrer Bedingung zufällig zugewiesen. Sie trafen auf psychologisch geschulte Therapeuten, die sich ihnen ebenso lange widmeten, wie die Anamnese in der Homöopathie-Bedingung dauerte. Insofern war die Dauer der Zuwendung (nicht jedoch deren Inhalt) in den beiden Interventionsgruppen konstant.

Vor der Untersuchung und 26 Wochen danach wurden die Probanden aller Bedingungen gebeten, den Schweregrad der Symptomatik ihres Reizdarms einzuschätzen. Dazu verwendeten die Forscher einen standardisierten Fragebogen[19]. Er besteht aus fünf Fragen zur Selbsteinschätzung der Stärke und Dauer der Bauchschmerzen und Blähungen sowie von Stuhlgang und Beeinträchtigung des Lebens im Allgemeinen. Beispiel: „Wie zufrieden sind Sie mit Ihrem Stuhlgang?" (Antwort auf Prozentskala mit Endpunkten: 0 % sehr zufrieden / 100 % sehr unzufrieden).

Die Werte der Antworten zu allen fünf Fragen werden aufsummiert. Das Ausmaß an Schwere der Symptome kann so zwischen 0 und 500 rangieren, wobei Werte kleiner als 175 als milde Beschwerden und Werte über 300 als starke Beschwerden gelten.

---

[18] „offer of supportive listening".
[19] IBS-SSS: Francis, C.Y., Morris, J., & Whorwell, P.J. (1997). The irritable bowel severity scoring system: a simple method of monitoring irritable bowel syndrome and its progress. *Alimentary Pharmacology and Therapeutics, 11*, 395–402. https://doi.org/10.1046/j.1365-2036.1997.142318000.x.

Die Forscher berechneten die mittlere Veränderung zwischen der Messung vor und nach der Intervention. In allen Gruppen ergab sich eine leichte Verbesserung zwischen 10 und 70 Punkten auf der 500er-Skala, was insgesamt eine recht kleine Verbesserung ist, aber immerhin. Bei so geringen Unterschieden ist es unabdingbar, zu prüfen, ob diese nur aufgrund von Zufallsschwankungen zustande kamen oder ob sie überzufällig waren. Um dies zu beurteilen, führten die Autoren Analysen der schließenden Statistik durch, was ebenfalls Standard in den empirischen Wissenschaften ist. Und siehe da: Die Personen in der Homöopathie-Bedingung unterschieden sich signifikant, also überzufällig, von denen, die ein Standardmedikament bekommen hatten. Im Schnitt waren die Selbstberichte nach der individualisierten homöopathischen Behandlung um 59 Skalenpunkte besser als bei konventioneller Behandlung, was einer Verbesserung um etwa 12 % auf der Skala entspricht. Daraus schlossen die Autoren auf einen „vielversprechenden Effekt der homöopathischen Behandlung".

Aber können wir wirklich daraus schließen, dass es die homöopathischen Präparate, die Globuli waren, die diesen Effekt bewirkten? Dazu müssen wir die Ergebnisse in der dritten Bedingung betrachten. Die Probanden, die den Psychotherapeuten ihr Leid klagen konnten („unterstützendes Zuhören"), fühlten sich ebenfalls besser als die Probanden der konventionellen Bedingung. Dies zeigt, dass Zuwendung hilft. Entscheidend ist aber nun, ob es den Probanden in der Homöopathie-Bedingung *besser* ging als denen, die lediglich Zuwendung erhielten. Denn nur dieser Unterschied würde ja auf eine Wirkung des homöopathischen Präparats hinweisen. Nun berichten aber die Personen in der Zuhör-Bedingung ebenfalls eine Verbesserung (im Mittel um 45,7 Punkte auf der Skala). Wenn man diese Gruppe als Vergleich heranzieht, beträgt der Vorsprung der Homöopathie-Bedingung nur noch 24,2 von 500 auf den Selbstberichten. Das sind nur noch 4,8 % Unterschied auf der Skala. Handelt es sich hier nun um Zufallsschwankungen oder verbirgt sich darin ein systematischer Effekt? Tatsächlich ist dieser Unterschied zu klein, als dass er bei statistischer Prüfung signifikant würde. Das bedeutet, die Studie liefert keine belastbare Evidenz dafür, dass die homöopathische Behandlung eine besondere Wirkung gehabt hätte. Das homöopathische Gespräch im Zuge der Anamnese wirkt also nicht signifikant stärker als ein psychotherapeutisches Gespräch.

Jetzt werden Sie vielleicht einwenden: Was soll mir die Statistik! Und wenn nur die Chance auf 4,8 % Verbesserung meines Stuhlgangs bestünde, dann ist doch dieses Strohhälmchen besser als keins. Dann wirkt die Homöopathie eben doch, wenn auch nur zu einem homöopathisch kleinen Quäntchen. Also gut. Nehmen wir an, der Unterschied zwischen der Zuhör- und der Homöopathie-Bedingung *wäre* in dieser Studie signifikant, also statistisch belastbar gewesen. Das würde aber nichts an ihrer Aussagekraft verändern. Denn aufgrund eines fundamentalen methodischen Fehlers vermag diese Studie rein gar nichts über die Wirkung homöopathischer Präparate auszusagen. Ihr fehlt nämlich die zentrale Kontrollgruppe.

Die homöopathische Theorie nach Hahnemann behauptet, dass ein Heilungserfolg kausal über bestimmte hochverdünnte Substanzen erreicht wird, selbst wenn deren Existenz im Trägermedium nicht mehr nachweisbar ist. Zur Überprüfung der Wirkung von Globuli und Co ist die Studie von Emily Peckham ungeeignet. Denn ihr fehlt die Placebo-Bedingung. In der hätte eine Anamnese nach homöopathischer Manier erfolgen müssen, aber *ohne* dass homöopathische Präparate verabreicht wurden. Zuwendung (während der eingehenden Anamnese) und die Verabreichung der homöopathischen Arznei waren in dieser Bedingung gleichzeitig präsent, also konfundiert. Sollten Globuli wirken, dann müssten sich Personen in der Placebo-Bedingung schlechter fühlen als die Probanden, die das homöopathische Präparat tatsächlich erhalten hatten. Ohne diese Kontrollgruppe lässt sich die Konfundierung in der Homöopathie-Bedingung nicht auflösen. Ein Nachweis der Wirkung homöopathischer Präparate ist damit nicht erbracht.

Neben der fehlenden kritischen Kontrollgruppe gibt es weitere Schwächen. Erwartungseffekten sind Tür und Tor geöffnet. Die Autoren geben zu, dass in ihrer Versuchsanordnung eine Verblindung nicht möglich war. Die Personen, die die Anamnese erstellten, waren von der Wirkung der Homöopathie überzeugt! Es handelte sich ja um Homöopathen. Damit hatten sie eine starke Erwartung an die Patienten, die sie behandelten. Und diese wiederum waren sich auch bewusst, dass sie homöopathisch behandelt wurden. Schlussendlich bedeutet das nichts anderes, als dass die „Heilungserfolge" allein durch psychologisch erklärbare Prozesse entstanden. Zudem kann man die fehlende Konstanthaltung bemängeln. Die Gruppen waren über Wochen sich selbst überlassen. Eine Kontrolle von Störvariablen über Konstanthaltung wurde damit unterlassen. Was die Messung der Wirkung der Behandlung betrifft, so verwendeten die Autoren Selbstberichte. Laborphysiologische Messungen (z. B. anhand von Stuhlproben) fanden nicht statt. Insofern weist die Studie von Emily Peckham und Kollegen eine Reihe substanzieller methodischer Mängel auf. In einem Satz: *Es handelt sich um ein schlechtes Experiment.* Aus dessen Ergebnissen wir überhaupt nichts Sinnvolles lernen können. Und dabei zählt die Studie nach Robert Mathie zur Spitzengruppe in der Forschung zur Homöopathie. Nach methodischen Kriterien gibt es bisher keine belastbare empirische Evidenz für die Wirkung von Homöopathika. Was auch nicht verwunderlich ist, weil schon die Annahmen der Theorie der Hochpotenzierung den Gesetzen der Natur zuwiderlaufen.

Die Sache mit der Effektstärke

Mit dem obigen Beispiel aus der Homöopathieforschung wollte ich Ihnen verdeutlichen, wie man durch methodische Prüfung die Aussagekraft von Studien bewertet. Mit der Auswahl einer bestimmten Studie setzt man sich natürlich immer dem Vorwurf der Selektivität aus. Vielleicht hätte es ja eine andere Studie gegeben, die wirklich gut gemacht ist und einen Nachweis der Wirkung homöopathischer Präparate erbringt. Tatsächlich ist dies möglich. Denn während der Zeitspanne, die ich darauf verwende, etwas aufzuschreiben, könnten ja schon wieder weitere Studien publiziert worden sein. Die Forschung schreitet voran. Und wir vermögen heute nicht vorherzusagen, welche Erkenntnisse uns morgen erwarten. Aber diese Argumentation ist wiederum selektiv. Denn sie vernachlässigt die Erkenntnisse der bisherigen Forschung. Neben den Metaanalysen von Robert Mathie gibt es noch einige weitere, zum Teil von sehr angesehenen Wissenschaftskooperationen und unabhängigen Instituten.[20] Alle diese Übersichtsstudien zur Homöopathie kommen im Kern zu demselben Ergebnis: Ein methodisch belastbarer Nachweis der Wirkung homöopathischer Präparate

---

[20] International das Kooperationsnetzwerk Cochrane, https://www.cochrane.org/. In Deutschland beispielsweise das Informationsnetzwerk Homöopathie (INH), https://netzwerk-homoeopathie.info/wer-wir-sind-was-wir-wollen-warum-wir-da-sind/. Beides abgerufen am 6.3.2021.

existiert nicht.[21] Die fehlende Evidenz für die Wirkung von Homöopathika wird auch von Teilen der Befürworter der Homöopathie nicht geleugnet. Der entscheidende, schlagende Nachweis stehe einfach noch aus, wird da argumentiert. Deshalb müsse man weitere Forschungen finanzieren.[22]

Nach diesem Schluss müssten wir die bisherige Forschung vernachlässigen, oder besser sogar vergessen. Und dann forschen wir munter so lange weiter, bis wir Evidenz im Sinne unserer Annahme gefunden haben. Tatsächlich funktioniert der Erkenntnisprozess genau andersherum. *Zuerst müssen wir empirisch einen belastbaren Nachweis gefunden haben. Dann beginnen wir, diesen Nachweis zu wiederholen.* Anfangs versuchen andere Wissenschaftler, den Befund mit genau denselben Manipulationen, Prozeduren und Messungen zu wiederholen. Das nennt man *Replikation*. Dann mit veränderten Anordnungen. Das nennt man konzeptuelle Replikation. Und erst wenn sich der Befund stabil wiederholen lässt, sprechen wir von einer gesicherten Erkenntnis. Der Befund wird sich nicht immer wiederholen lassen, weil nicht alle Störvariablen völlig ausgeschaltet

---

[21] Grams, N. (2018). *Homöopathie neu gedacht – Was Patienten wirklich hilft*. Heidelberg Springer. Sowie die große Übersichtsstudie der australischen Gesundheitsbehörde: National Health and Medical Research Council. 2015. *NHMRC Information Paper: Evidence on the effectiveness of homeopathy for treating health conditions*. Canberra: National Health and Medical Research Council; 2015. Über die Reaktionen auf diesen Bericht informiert: https://netzwerk-homoeopathie.info/stellungnahme-des-informationsnetzwerks-homoeopathie-zur-beschwerde-des-hri-ueber-das-review-des-australischen-gesundheitsministeriums-nhmrc/, abgerufen am 6.3.2021.

[22] Im November 2019 beschloss der Bayerische Landtag, eine Studie in Auftrag zu geben, ob mithilfe von Homöopathie der Einsatz von Antibiotika reduziert werden könnte. Darauf gab es heftige Reaktionen: https://www.aerzteblatt.de/nachrichten/107731/Bayerns-Plaene-fuer-Homoeopathiestudie-loesen-Kritik-aus, abgerufen am 6.3.2021.

werden können oder weil der Zusammenhang nicht deterministisch, sondern probabilistisch ist. Deshalb benötigen wir statistische Verfahren, um über viele Studien abzuschätzen, ob ein Befund nicht nur aufgrund von Zufallsvariationen zustande gekommen war.

Wenn Sie bis hierher aufmerksam mitgelesen und mitgedacht haben, könnten Sie mich am Schlafittchen packen. Moment, die meisten Studien zu Homöopathie weisen doch methodische Mängel auf. Dann ist es doch sinnvoll, einen Neustart zu unternehmen. Und sehr gute Experimente zu finanzieren, um den ersten belastbaren Nachweis zu erbringen. Danach können wir in die Replikation einsteigen. Also, Herr Betsch, nach Ihrer Argumentation, die gut gemachte Experimente einfordert, müssten wir doch gerade weitere Forschung zu Homöopathie durchführen! Denn gute Studien sind in diesem Feld, wie auch Robert Mathie, ein Befürworter der Homöopathie, feststellt, offensichtlich Mangelware.

Das bringt uns zu einem ganz wichtigen Punkt und der Überleitung zum nächsten Kapitel. Dem Wumms. Genauer, dem Wumms und seiner Verteilung. Mit dem statistischen Fachbegriff bezeichnet man Wumms als *Effektstärke*. Es geht darum, wie stark beispielsweise ein Kausalzusammenhang ist. Das Gift einer Höllenotter hat einen stärkeren Wumms als, sagen wir, der Stachel einer Brombeere. Das Gift verursacht zuverlässig einen deutlich heftigeren Schmerz als der Piks an einem Brombeerbusch, und der tritt auch ausnahmslos auf, wenn man gebissen wurde. Egal wie schlecht ich eine Studie zu Schlangenbissen durchführe, der Kausalzusammenhang wird sich immer bemerkbar machen. Nun kann aber auch ein Piks an einem Brombeerbusch wehtun. Aber vielleicht bemerke ich den weniger, wenn ich gerade mit anderen Dingen beschäftigt bin, wie beispielsweise Brombeeren zu pflücken. In methodischen

Begriffen: wenn mehr Störvariablen am Werke sind. Der Kausalzusammenhang zwischen Brombeerstachel und Schmerzempfinden wird also nicht immer eintreten und ist auch nicht so spektakulär. Deshalb wird er in *schlechten* Studien, die Störvariablen, wie beispielsweise Ablenkung, nicht kontrollieren, *auch nicht verlässlich* auftreten. In *kontrollierten* Studien hingegen schon.

Wenn man sich nun die Übersichtsarbeiten zur Wirkung von homöopathischen Präparaten anschaut, dann zeigt sich das Gegenteil. Je schlechter die Studie gemacht ist, umso dramatischere Wirkungen der homöopathischen Behandlung werden berichtet. Da meint man schon, man hätte es in puncto Wumms mit dem Biss einer Schlange zu tun. Der Effekt verschwindet aber zusehends, je stärker die Beobachtung kontrolliert wird. Denken wir zurück an die Studie von Emily Peckham und Kollegen. Hier betrug der Unterschied zwischen homöopathischer Behandlung und therapeutischem Zuhören gerade noch 24 Punkte von 500 auf einer Skala, die nur eine subjektive Anmutung erhob. Dieser Unterschied liegt im Bereich der zufälligen Variation. Statistisch bedeutsam (signifikant) ist er nicht. Von Wumms müssen wir schon gar nicht reden. Die Autoren enthielten sich deshalb auch, Maße der Effektstärke überhaupt zu berichten (was wissenschaftlich bedenklich ist).

Gäbe es wirklich einen Effekt für Globuli und Co, dann müsste er in den Studien mit höherer Kontrolle *verlässlicher* auftreten als in den weniger kontrollierten, weil dort viel mehr Störvariablen ihren Einfluss ausüben. Aber genau dies passiert nicht. Insofern sind die bisherigen Studien in ihrer Gesamtschau durchaus wichtig, eben weil sie sich hinsichtlich der methodischen Qualität und Effektstärke unterscheiden. Und da ist die Erkenntnis doch sehr eindeutig. Kontrolle führt zu weniger oder gar keinem Wumms. Und wo der Wumms fehlt, ist es auch unwahrscheinlich, dass an dem angenommenen Kausalzusammenhang etwas dran ist. Deshalb handelt es sich bei der Homöopathieforschung um ein Feld, in dem es äußerst unwahrscheinlich ist, dass weitere Untersuchungen unsere Erkenntnis vermehren. In den Bereichen aber, in denen gut gemachte Studien starke Evidenz mit hohen Effektstärken hervorbringen, dort ist es angeraten, die Forschung weiter zu intensivieren.

Gute Experimente bitte – und möglichst viele davon

Wissenschaftliches Denken kulminiert in den Kriterien zur Überprüfung von Kausalität. Die Forschungsmethode, die dies ideal einlöst, ist das Experiment. Experimentieren ist harte Arbeit. Kein bloßes Herumprobieren. Sondern das Bemühen, die Existenz eines angenommenen Kausalzusammenhangs belastbar und wiederholbar zu überprüfen. Gelingt der Nachweis seiner Existenz, wird die Annahme vorläufig aufrechterhalten. Gelingt der Nachweis nicht, ist die Annahme erst einmal gescheitert. Experimente sind damit das schärfste Instrument der kritischen Erkenntnis. Aber ein Experiment allein schafft noch keine gesicherte Erkenntnisgrundlage. Keine Untersuchung, egal wie gut sie gemacht ist, wird die Welt abschließend erklären. Ein positiver wie ein negativer Befund in einem ideal kontrollierten Experiment kann auch zufällig zustande gekommen sein. Wenn es sich um einen sehr starken Effekt handelt, ist dies zwar vergleichsweise unwahrscheinlich, aber möglich. Deshalb setzen wir in den empirischen Wissenschaften auf Replikation. Auf die Wiederholung von Studien.

Erst aus der Gesamtschau vieler Replikationen vermögen wir verlässlich einzuschätzen, wie es um einen Kausalzusammenhang bestellt ist, wie eine Theorie sich bewährt. Dabei helfen uns die Wahrscheinlichkeitstheorie und die Statistik. Und dies leitet zum nächsten Kapitel über. Ich werde dort auf *gute* Studien zu sprechen kommen. Und wie man mithilfe der Statistik die (relative) Stärke von Kausalzusammenhängen über viele Studien bestimmen kann. Und keine Angst. Sie werden nicht rechnen müssen.

9

Traue keiner Statistik

Es gibt drei Arten von Lügen: Notlügen, Lügen und Statistiken.
Bonmot aus dem angloamerikanischen Sprachraum (Urheberschaft
nicht schlüssig nachweisbar)

Trauen Sie Rohrzangen? Was für eine dämliche Frage. Bei der Rohrzange handelt es sich um ein Werkzeug. Wir können es mehr oder minder zweckdienlich einsetzen. Wenn Ihr Zahnarzt mittels einer Rohrzange versuchen sollte, Ihnen eine Krone zu entfernen, dann handelte es sich in der Tat um einen unsachgemäßen Einsatz dieses Werkzeuges. Der Rohrzange ist dies schwerlich vorzuwerfen. Geradezu unsinnig wäre es, aus diesem Anlass über die Vertrauenswürdigkeit von Rohrzangen oder anderen Werkzeugen zu disputieren. Jedoch wären wohl Zweifel an der Fachkompetenz Ihres Zahnarztes angebracht. Statistik kann man sich wie einen Werkzeugkasten vorstellen. Wenn es um Vertrauen geht, dann müssen wir uns den Menschen zuwenden, die sich der

Werkzeuge aus diesem Kasten bedienen. In der Regel entstehen Probleme viel seltener aus niederträchtigen Motiven denn aus mangelndem Sachverstand.

Eine der ersten Originalarbeiten, die ich als Student in einem Seminar der Sozialpsychologie las, war ein Beitrag zur Entstehung von Normen[1]. Es handelte sich um einen Klassiker aus der Literatur. Der Autor zeigte, dass Menschen automatisch gemeinsame Normen für Verhalten ausbilden, sofern noch keine vorliegen. „Anarchie ist machbar – Herr Nachbar" lautete ein Spontispruch der 1970er-Jahre. Nach dieser Forschung eben nicht. Deshalb fand ich das Buch spannend. Aber es zu lesen fiel mir wirklich schwer. Das lag zum einen an der Fachsprache. Zum anderen hatte dies mit der Präsentation der Ergebnisse zu tun, die sich über eine quälend große Anzahl von Seiten erstreckte. Und da fiel es mir auf: Der Bericht enthielt keinerlei Statistik![2] Weder Balkendiagramme über Häufigkeiten noch Mittelwerte. Die Autoren listeten die Ergebnisse *jedes einzelnen* Probanden minutiös auf. Der Text stammte aus den 1930er-Jahren. Natürlich gab es da schon Statistik. Aber sie wurde noch nicht überall verwendet.

Zuerst, was ist denn eigentlich Statistik? Grob unterscheiden lassen sich zwei Bereiche. Die *beschreibende* und die *schließende* Statistik. Der beschreibenden Statistik bedienen wir uns ständig. Sobald wir einen Mittelwert errechnen, werden wir zu Statistikern. Das bedeutet, wir gehen über den Einzelfall hinaus und versuchen eine Menge von Einzelwerten oder Fällen zu beschreiben. Eine Menge von Werten wird als Verteilung bezeichnet.

---

[1] Sherif, M. (1936). *The psychology of social norms.* New York & London: Harper & Brothers Publishers.
[2] Vgl. in Sherif (1936) z. B. S. 102 f., https://ia801603.us.archive.org/1/items/in.ernet.dli.2015.264611/2015.264611.The-Psychology_text.pdf.

Wenn Hans nach Hause kommt und stolz seine Eins im Mathetest präsentiert, da werden die Eltern nicht so sehr an der Verteilung interessiert sein. „Eine Eins. Toll!" Was aber wird passieren, wenn Hans eine Fünf geschrieben hat? Jetzt könnte auf einmal Interesse an der Verteilung aufkommen. Wie war der Klassenschnitt? Gab es überhaupt Einsen oder Zweien? Und da haben wir sie, die deskriptive Statistik. Die Beschreibung von Verteilungen. Sollte sich herausstellen, dass der Klassenschnitt bei 4,7 lag und die Noten der Schüler zwischen Vier und Sechs rangierten, dann würde man die Verantwortung für die schlechte Note nicht Hans, sondern vielleicht eher dem Lehrer zuschreiben. Die deskriptive Statistik beschreibt Merkmale der Verteilung. In der Regel das arithmetische Mittel. Oder den Median, den Wert, der in der Mitte der geordneten Verteilung liegt. Mittel und Median sind Beispiele für Maße der sogenannten zentralen Tendenz. Darüber hinaus gibt es Maße der Streuung. Beispielsweise die Streuungsbreite, die den kleinsten und den größten Wert der Verteilung nennt.[3] In der beschreibenden Statistik verschwindet das Individuum, weil ja Merkmale der Verteilung der Stichprobenwerte beschrieben werden. Aber genau dies macht sie so nützlich. Weil wir damit Gruppen, also unterschiedliche Verteilungen, vergleichen können. Sollten in Hans' Klasse die mittleren Noten in Mathematik deutlich und systematisch von denen in anderen Klassen abweichen, wäre es unter Umständen angeraten, mal mit dem Lehrer zu sprechen und nach den Ursachen dieser Unterschiede zu fahnden.

---

[3] Neben einer Reihe von weiteren Maßen zur Bestimmung der zentralen Tendenz (oder auch Lagemaße) und Maßen der Streuung umfasst die beschreibende Statistik auch die Quantifizierung von Zusammenhängen und Stärken von Unterschieden.

Die zweite große Kategorie umfasst Verfahren der schließenden Statistik. Wann unterscheiden sich denn die Mittelwerte zweier Gruppen wirklich? Klar, es gibt eindeutige Fälle. Wenn bei Lehrer Meier der Matheschnitt über viele Klassen und viele Tests regelmäßig um die Note Vier rangiert und bei Lehrer Schmidt immer um die Note Zwei, dann handelt es sich wohl um einen bedeutsamen Unterschied. Vielleicht schreibt Lehrer Meier schwierigere Tests oder macht den schlechteren Unterricht. Oder vielleicht unterrichtet er die schwierigeren Klassen. Was auch immer die Ursache dafür sein mag, der Unterschied ist augenfällig und verlässlich, weil er über viele Klassen und Jahrgangsstufen bei diesen Lehrern auftritt.

Selten jedoch sind die Entscheidungen so einfach wie in diesem Beispiel. Zufallsschwankungen verzerren das Bild. Ist die Klasse 9a mit einer Durchschnittsnote von, sagen wir, 2,7 wirklich schlechter in Mathe als die Klasse 9b mit einem Durchschnitt von 2,5? Bei solcher Art Entscheidungen hilft uns die *schließende* oder Inferenzstatistik. Mithilfe der Wahrscheinlichkeitstheorie und anhand von Standardverteilungen von Werten kann man abschätzen, wie hoch die Chance ist, dass bestimmte Mittelwerte nur auf Zufallsschwankungen zurückgehen oder eher einen echten Unterschied darstellen.

In diesem Kapitel wird es um den Nutzen von Statistik gehen, aber auch um den falschen Umgang damit. Dabei steht die Inferenzstatistik, die schließende Statistik, im Vordergrund. Ich weiß aus meiner eigenen Erfahrung als Student und meiner späteren als Dozent, dass Statistik so begehrt ist wie sauer Bier. Denn da lauern die Hirnbeschwerer Mathematik und, noch schlimmer, Wahrscheinlichkeitstheorie hinter jedem Busch. Aber ich versichere Ihnen, hier wird es keine Formeln zu berechnen geben. Ich biete Ihnen lediglich ein paar Rosinen an, die

Sie sich picken dürfen. Süße Rosinen. Wahres Doping für kluges Denken.

Irrtum und Fakt

Statistiken gehören zu unserem Alltag. Die Medien füttern uns täglich mit neuen statistisch aufbereiteten Daten. Das Publikum hat nicht nur zu deren Inhalten eine Meinung, sondern auch zu der Form. Wenn man sich in den Kommentarspalten der Onlinemedien tummelt oder in die sozialen Medien schaut, aber auch in persönlichen Diskussionen, immer wieder sticht dieses Stereotyp durch. Statistiken haftet etwas Zweifelhaftes an. Weil sie eben auch instrumentalisiert werden können. Als scheinbar unbestreitbarer Beleg der Position und der Kompetenz ihres Kommunikators. Und war dieser selbst an ihrer Erstellung beteiligt, wird die Sache vollends suspekt. Wer hat schon Einblick in deren Alchimistenküche? Wo die Daten gekocht werden. Und statt Blei in Gold Meinungen in Fakten verwandelt werden.

Dieses Stereotyp über die Statistik und Statistiker basiert auf der Unterstellung, Statistik werde fabriziert. Eine formbare Masse unter den Händen ihrer versierten Schöpfer. Die sie nach ihren Absichten biegen und beugen, wie es ihnen in den Kram passt. Statistiken seien also grundsätzlich fragwürdig[4], uneindeutig und im schlimmsten Falle das Produkt einer Täuschungsabsicht.

Die arme Statistik. Zwar Kind geschätzter Ahnen, wie der Mathematik, aber Ziel von Anwürfen, denen jene nie

---

[4] In unserer repräsentativen Befragung, über die ich kurz in der Einleitung berichtete, bezweifelten über 40 % der Befragten, dass Statistik verlässliche Verfahren zur Bewertung von Forschungsergebnissen bietet!

ausgesetzt war. Und obwohl jeder von uns, zumindest in jungen Jahren, der Mathematik Gewalt antat, dass es ein Jammer war, würde wohl niemand sich dazu versteigen, die ganze Disziplin als fragwürdig zu bezeichnen. Nehmen wir einmal die Addition. Wenn wir falsche Werte in den Taschenrechner eingeben oder gar mit Absicht die wahren Werte verändern (z. B. um eine Bilanz zu schönen) oder Addition die unangemessene Operation ist (weil wir die Werte eigentlich hätten multiplizieren sollen), dann werden wir auch falsche Ergebnisse erhalten. Das liegt aber an uns und nicht an der Arithmetik. Warum werden Fehler im Bereich des Rechnens der Person zugeschrieben, während im Bereich der Statistik eine ganze Disziplin mit einem Vorbehalt beladen wird? Die Antwort ist möglicherweise ganz einfach. Rechnen lernen wir schon in der Grundschule. Die meisten erwachsenen Menschen kennen sich dann damit aus – zumindest bis zu einem gewissen Grade. Mit Statistik, vor allem der Inferenzstatistik, kennen sich vergleichsweise weniger Menschen aus. Aus Unkenntnis resultieren Irrtümer und unzulässige Verallgemeinerungen. Natürlich machen Menschen Fehler und manche handeln in unlauterer Absicht.

Der Irrtum besteht darin, die menschlichen Fehler und Schwächen auf das Werkzeug zu verallgemeinern.

Fakt ist, die Statistik selbst lügt oder täuscht nicht. Sie folgt gut begründeten Regeln. Bei einer soliden Datengrundlage und ordentlicher Anwendung der Regeln erweist sich die Statistik als äußerst nützlich. Erstens hilft sie uns, Informationen zu kommunizieren. Sie führt uns aus dem Dickicht der unzähligen einzelnen Beobachtungen hinaus und erlaubt uns, den Wald der Daten aus der Distanz zu überblicken. So offenbaren sich Strukturen, Zusammenhänge, Gemeinsamkeiten, Tendenzen, Verhältnisse und Unterschiede. Ganze Datenlandschaften lassen sich mit wenigen, charakteristischen

Merkmalen beschreiben und so anderen Menschen mitteilen.

Zweitens hilft uns die Statistik, Erkenntnisentscheidungen zu treffen. Sie nimmt sie uns nicht ab. Aber sie stellt Strukturen zur Bewertung von Daten zur Verfügung. Eine prima Sache. Wie das funktioniert, werde ich Ihnen in den nächsten Abschnitten erläutern.

Ist das nur Zufall? Prüfung auf Signifikanz

Gottheiten sind über die Gesetze der Natur erhaben. Sie zu brechen, steht in ihrer Macht. Wenn sie dies tun, sprechen die Menschen von Strafen, Wundern oder Vorsehung. Wird ein solcher Eingriff, eine Wunderheilung oder eine jungfräuliche Empfängnis, dokumentiert und weitergegeben, dann mag das dem Gottsuchenden als Beweis der Existenz des höheren Wesens gelten. Wie Woody Allen in seiner Rolle als Boris Gruschenko[5] so schön meinte: „Wenn ich nur ein Wunder sehen könnte, nur *ein* Wunder. Einen brennenden Busch, oder wie sich das Meer teilt, oder dass mein Onkel Sascha einen Scheck begleicht." Das außergewöhnliche Ereignis führt aus dem Zweifel in den Glauben. Deshalb ist die Geschichte der Religionen auch eine Geschichte der Suche nach außergewöhnlichen, überzufälligen Ereignissen.

John Arbuthnott (1667–1735) war einer, der danach strebte, die Existenz Gottes zu beweisen. Einer seiner Bei-

---

[5] Joffe, C. H.; Allen, W. (1975). *Love and Death [Die letzte Nacht des Boris Gruschenko]*. F/USA: Rollins & Joffe/United Artists. https://www.scripts.com/script-pdf/12904.

träge erreichte große Berühmtheit.[6] Dabei bediente er sich einer damals noch recht jungen Erfindung – der Wahrscheinlichkeitstheorie. Heute würden wir sein Vorgehen als einen *Test auf Signifikanz* bezeichnen. Einen Versuch, die Frage zu beantworten: Ist da etwas, das über den Zufall hinausgeht?

Wahrscheinlichkeit, wie wir schon in Kap. 5 besprochen haben, gründet unter anderem auf dem Gesetz der großen Zahl.[7] Die Vorhersage eines einzelnen Ereignisses, beispielsweise die Zahl, die ein Würfel beim nächsten Wurf zeigen wird, ist unmöglich. Die Vorhersage der Verteilung der Ergebnisse vieler Würfe ist dagegen sehr wohl vorhersagbar. Die relative Häufigkeit der Zahl Eins wird bei einer sehr großen Anzahl von Würfen nahe bei 1/6 liegen. Das ist der theoretische Wert der Wahrscheinlichkeit jeder möglichen Zahl, die ein 6-flächiger Würfel nach einem Wurf anzeigen kann. Bei wenigen Würfen wird die relative Häufigkeit von Eins oder Sechs stark von der theoretischen Wahrscheinlichkeit abweichen. Das Gesetz der großen Zahl kann man auch so interpretieren, dass wahre Wahrscheinlichkeiten sich erst bei sehr vielen Beobachtungen oder großen Stichproben offenbaren. John Arbuthnott nahm die Wahrscheinlichkeitstheorie mit ihren Annahmen über große Verteilungen als Norm. Als gesetzmäßigen Standard. Sollten Vorkommnisse in der realen Welt davon abweichen, wäre dies ein Hinweis auf die göttliche Hand.

---

[6] Arbuthnott, J. (1710). An argument for divine providence, taken from the constant regularity observ'd in the births of both sexes. *Philosophical Transactions of the Royal Society, 27 (328)*, 186–190. http://doi.org/10.1098/rstl.1710.0011.

[7] Das trifft zumindest auf frequentistische Ansätze der Wahrscheinlichkeit zu.

Im Vertrauen auf einen väterlich-fürsorglichen Gott suchte Arbuthnott nach hilfreichen Eingriffen dieser Hand. Wessen bedurfte seine Welt am meisten? Wenn Sie jetzt an Friede, Freude und Eierkuchen für alle denken, dann liegen Sie falsch. Wessen John Arbuthnotts Welt zuvorderst bedurfte, waren seiner Ansicht nach – *Männer.* Jawoll. Denn die hatten es am schwersten. Sie besorgten das Einkommen der Familie, verteidigten Monarchie und Vaterland in Kriegen und engagierten sich in Politik und Gesellschaft. Zusammen mit ihrer Neigung zu übermäßigem Alkoholkonsum reduzierte dies die Lebenserwartung des wackeren Geschlechts. Immer neue Männer brauchte das Land und besser mehr davon als Frauen. Darum sollte sich ein fürsorglicher Gott bemühen.

Nun führten Londons Pfarreien schon früh Buch über den Nachwuchs. Mit dem kirchlichen Taufregister seiner Heimatstadt stand Arbuthnott ein Datensatz zur Verfügung, der mehr als 700.000 Fälle über eine Zeitspanne von 1629 bis 1710 enthielt. Eine beeindruckend große Stichprobe. Und siehe da: In jedem dieser 82 Jahre verzeichnete das Register eine größere Anzahl an Täuflingen männlichen Geschlechts. Mit dieser Beobachtung hätte man es bewenden lassen können. Hier offenbarte sich ja wohl eindrücklich das Werk Gottes. Der in seiner Vorhersehung die Menschheit (zumindest das britische Königreich) mit einem Überschuss an Männern versorgte. Aber allein mit einem Vergleich von Häufigkeiten gab Arbuthnott sich nicht zufrieden. Er wollte schlüssig beweisen, dass es sich bei diesen Unterschieden nicht um Zufallsschwankungen handelte. Wenn Gott zur Bestimmung des Geschlechtes einen himmlischen Dukaten werfen würde, müssten zu gleichen Teilen Jungen und Mädchen das Licht der Welt erblicken. Auch wenn in einem Jahr schon eine recht große Zahl an Geburten erreicht wird, könnte es trotzdem einmal zu zufälligen

Schwankungen kommen. Je häufiger allerdings ein Überschuss an Jungen sich wiederholt, umso unwahrscheinlicher wäre dies.

Also, wie hoch ist die Wahrscheinlichkeit, dass im ersten Jahr mehr Jungen geboren werden und im nächsten und im übernächsten und so weiter? Über 82 Jahre hinweg? Nach den Regeln der Wahrscheinlichkeitsrechnung muss dafür die theoretische Wahrscheinlichkeit der Geburt von Jungen 82 Mal miteinander multipliziert werden, also .50 hoch 82. Das ist eine sehr kleine Wahrscheinlichkeit. Wohlgemerkt, unmöglich ist das nicht, aber eben äußerst unwahrscheinlich. Nun zeigten aber die Kirchenbücher, dass genau dieser unwahrscheinliche Fall faktisch eingetreten war. Über 82 Jahre in Folge wurden mehr Jungen als Mädchen getauft. Das kann doch kein Zufall mehr gewesen sein! Sondern hier muss eine Systematik dahinterstehen. In diesem Fall der Wille Gottes.

Vergegenwärtigen wir uns, wie John Arbuthnott vorging. Zuerst bestimmte er Merkmale einer Zufallsverteilung. Die entspricht einer unendlichen Reihe von Münzwürfen. Es gibt dabei zwei Ereignisse, die jeweils mit derselben theoretischen Wahrscheinlichkeit auftreten. Kopf oder Zahl, Junge oder Mädchen, fifty-fifty also. Diese Verteilung bietet die Referenz, die Norm oder das, was wir nach dem Gesetz der großen Zahl erwarten würden. Damit verglich Arbuthnott seine Beobachtung. Hier die tatsächliche Verteilung von geborenen Jungen und Mädchen. Er bestimmte die Wahrscheinlichkeit der Beobachtung und nahm die theoretische Verteilung der Münzwürfe als Referenz. Seine Entscheidung darüber, ob eine Beobachtung zufällig eingetreten war, gründete er auf diesem Vergleich. Je kleiner die Wahrscheinlichkeit, dass eine tatsächliche Beobachtung zu erwarten gewesen wäre, umso eher können wir davon ausgehen, dass dies *kein* Produkt des Zufalls war. In modernen Worten, dass der gefundene Unterschied überzufällig zustande kam und damit *signifikant* ist. Obwohl der Begriff der Signifikanz erst viel später geprägt wurde, entwarf John Arbuthnott in Grundzügen die Methode eines statistischen Testes auf Signifikanz.

Dieser Test ist objektiv nachvollziehbar und wiederholbar. Jeder kann sich die Daten vornehmen und die Wahrscheinlichkeiten nachrechnen. Der statistische Schluss, die Inferenz auf Überzufälligkeit, folgt damit den allgemein geteilten Regeln der Wahrscheinlichkeitstheorie. Hier werden die Vorteile der Statistik deutlich. Sie hilft uns, Entscheidungen zu treffen. Ist da etwas, was über den Zufall hinausgeht? Und sowohl der Prozess der Entscheidung als auch deren Ergebnis lassen sich kommunizieren. Gleichzeitig werden an dem Beispiel aber auch die Grenzen der Statistik deutlich. Wie gesagt, die Statistik lügt nicht. Aber das Ergebnis eines Tests auf Signifikanz ist für sich allein noch kein Beweis für oder gegen die Inhalte einer Theorie. John Arbuthnott hielt das Ergebnis seiner Analysen für einen Beweis für die göttliche Vorhersehung. Für seine Theorie: Gott existiert und sorgt für eine Überzahl an Männern. Ein Test auf Signifikanz hilft uns aber nur, die Wahrscheinlichkeit von beobachteten Werten und deren Unterschiede zu einem Standard zu bewerten. Dabei schert es die Statistik nicht, wie die Daten zustande kamen. Erkenntnisentscheidungen verlangen zusätzlich die Prüfung der Methode und der Vertrauenswürdigkeit der Daten. Und da muss man John Arbuthnott entgegnen: Die Daten taugen leider nicht zur Prüfung seiner Hypothese. Ihm stand nur das kirchliche *Tauf*register zur Verfügung. Über das Geschlechtsverhältnis der tatsächlichen Geburten sagt dies erst einmal nichts aus. Heute verfügen wir über verlässliche Geburtsregister weltweit. Über alle Kulturen hinweg werden tatsächlich etwas mehr Jungen als Mädchen geboren, im Durchschnitt 51 zu 49 %. Dieser Unterschied ist viel kleiner als der in den damaligen Taufregistern. Aber er ist statistisch verlässlich oder signifikant.

Rechtfertigt dieser Unterschied zwingend den Schluss auf die Existenz Gottes? Natürlich nicht. Eine Vielzahl anderer Mechanismen könnten diesen Unterschied bewirken. Wissenschaftler aus dem Fresh Pond Research Institute in Cambridge, USA, haben gezeigt, dass bei der Zeugung gleich viele männliche und weibliche Kinder entstehen.[8] Allerdings unterscheiden sich männliche und weibliche Föten im Verlauf ihrer Reifung hinsichtlich ihrer Anfälligkeit zu unterschiedlichen Zeitpunkten. Aufgrund genetischer Ursachen sind männliche Kinder zu Beginn und zum Ende der Schwangerschaft anfälliger und sterben eher als Mädchen. Zu weiblichen Fehlgeburten kommt es dagegen häufiger in der Phase dazwischen, die jedoch *länger* ist, sodass insgesamt etwas mehr Jungen überleben. Insofern deuten die Untersuchungen von Biologen und Genetikern auf ein komplexes Zusammenspiel von genetischen Faktoren und weiteren Einflussvariablen im Zeitverlauf hin. Das schließt noch nicht die wirkende Hand Gottes als Erklärung aus. Aber es ist eben auch wegen der komplexen Ursache-Wirkungs-Zusammenhänge kein Beleg für Letztere. Welche Faktoren nun genau und in welcher Wechselwirkung für das Geschlechterverhältnis in den Geburten verantwortlich sind, lässt sich nicht ausschließlich mithilfe statistischer Verfahren

---

[8] Orzack, S. H., Stubblefield, J. W., Akmaev, V. R., Colls, P., Munné, S., Scholl, T., Steinsaltz, D., & Zuckerman, J. E. (2015). The human sex ratio from conception to birth. *Proceedings of the National Academy of Science, USA 112(16)*:E2102-11. https://doi.org/10.1073/pnas.1416546112.

bestimmen.⁹ Die methodische Qualität der Daten gibt das nicht her. Denn wir verfügen nur über Beobachtungsdaten. Wir können lediglich messen, wie viele Jungen und Mädchen geboren werden. Um das komplexe Gefüge der verursachenden Faktoren zu kontrollieren, um Konfundierungen zu erkennen und auszuschließen, dazu müssten wir die menschliche Fortpflanzung experimentell untersuchen. Und das verbietet sich natürlich.

Zeit für ein Zwischenfazit. Die schließende Statistik bietet uns mit dem Test auf Signifikanz eine Entscheidungshilfe. Sie liefert uns Kriterien für die Entscheidung, ob ein beobachteter Unterschied eher zufällig oder überzufällig zustande kam. Signifikanz sagt aber nichts über die Bedeutung des Unterschiedes aus. Selbst kleine Unterschiede können statistisch signifikant sein. Erkenntnistheoretisch ist ein Signifikanztest alleine bedeutungsarm. Ob hinter dem Befund eine bestimmte Kausalität steckt, kann der Signifikanztest nicht ermitteln. Der Erkenntniswert einer Studie hängt immer noch von ihrer methodischen Qualität und den sie leitenden theoretischen Annahmen ab. Aus unkontrollierten Beobachtungen können wir nicht auf Kausalität schließen. Da hilft auch die Bestimmung von Signifikanz nichts.

---

[9] Strahlenschutzkommission des Bundesministeriums für Umwelt, Naturschutz und nukleare Sicherheit (2014). Einflussfaktoren auf das Geschlechtsverhältnis der Neugeborenen unter besonderer Beachtung der Wirkung ionisierender Strahlung. Bonn. https://www.ssk.de/SharedDocs/Beratungsergebnisse_PDF/2014/Geschlechtverhaeltnis.pdf?, abgerufen am 21.3.2021.

Experimentelle Evidenz und deren Bewertung

Wie verhält es sich jedoch bei Experimenten? Können wir hier ein Ergebnis mithilfe des Signifikanztests „beweisen"? In Experimenten testen wir Hypothesen über kausale Wirkungen. Beispielsweise die Vermutung, dass ein neues Medikament eine Heilwirkung hat, oder dass aggressive Medien aggressiv machen. Es geht also um Unterschiede zwischen Experimental- und Kontrollbedingungen. In der Regel werden die Messungen in Mittelwerten zusammengefasst. Dann stehen wir vor der Frage: Ist ein Unterschied zwischen Mittelwerten bedeutsam oder nur ein Ausdruck von zufälligen Schwankungen? Wenn ein Unterschied in Richtung unserer Hypothese weist, dann wären wir natürlich froh, wenn dieser Unterschied überzufällig wäre, also signifikant. Denn dies würde ja unsere Hypothese belegen. Wenn ein Mittelwertsunterschied signifikant ist, wird dies aber häufig falsch interpretiert. Nehmen wir an, in einem Experiment verglichen Forscher die Wirkung aggressiver mit der neutraler Videos auf Jugendliche. Nehmen wir ferner an, dass die Probanden, die zuvor aggressiv stimuliert worden waren, auch signifikant häufiger ärgerlich wurden, Schimpfworte gebrauchten und Drohgebärden einnahmen als Probanden in der Kontrollbedingung. In einem Zeitungsartikel lesen wir nun, dass die Forschung mit diesem Experiment bewiesen habe, dass aggressive Stimulation bei Jugendlichen Gewalt befördere. Deshalb sollte sich die Politik darum bemühen, den Zugang Jugendlicher zu aggressiven Medien einzuschränken.

Gehen wir davon aus, das Experiment wäre methodisch sehr sorgfältig durchgeführt worden. Da die Ergebnisse zudem signifikant waren, handelt es sich um ein Stück belastbare Evidenz für eine Theorie, die besagt, dass durch aggressive Stimulation auch aggressive Emotionen und Verhaltensmuster im Betrachter aktiviert werden können.[10] Ein signifikantes Ergebnis allein sagt jedoch nichts über den Bewährungsgrad der Theorie aus. Dazu benötigen wir viele Studien. Nur aus der Verteilung von Ergebnissen, von Falsifikationen und Bestätigungen ihrer Hypothesen lässt sich die Güte einer Theorie bestimmen. Insofern enthielt der fiktive Zeitungsartikel eine Falschmeldung. Das signifikante Ergebnis des Experimentes kann den vermuteten Kausalzusammenhang nicht beweisen. Der zweite Fehler besteht in der Empfehlung, die dann ausgesprochen wurde. Der liegt nicht nur die falsche Annahme zugrunde, dass die Theorie bewiesen wäre, sondern zusätzlich, dass es sich bei dem Ergebnis um einen *sehr starken Effekt* handelte. Dahinter steckt ein fundamentales Missverständnis. Signifikanz misst die Bedeutsamkeit eines Unterschiedes aus wahrscheinlichkeitstheoretischer Perspektive. Sie sagt aber *rein gar nichts darüber aus,* wie groß oder stark ein Effekt ist. Auch kleine Unterschiede werden signifikant, wenn sie sehr verlässlich auftreten. Wie beispielsweise der Unterschied des Geschlechtsverhältnisses in den Geburten. Immer wieder laufen wir Gefahr, aus der Signifikanz auf praktische Bedeutung zu schließen. Um die zu bestimmen, benötigen wir jedoch andere Kriterien. Auch da hilft uns die Statistik. Denn mit ihrer Hilfe können wir den Wumms bestimmen, die Stärke von Effekten. Und zudem stellt sie Werkzeuge zur Verfügung, wie wir dies nicht nur für eine einzelne Studie, sondern über viele Studien hinweg tun können.

---

[10] Berkowitz, L. (1993). *Aggression: Its causes, consequences, and control.* McGraw-Hill Book Company.

Effektstärke – Kleine Schubse und der große Wumms

Die Psychologie ist eine vergleichsweise junge Wissenschaft. An den Universitäten begann sie sich als eigenständiges Fach erst zu Beginn des letzten Jahrhunderts zu etablieren. Nach dem Zweiten Weltkrieg erlebte sie einen bemerkenswerten Aufschwung. Die Forscher bedienten sich immer häufiger empirischer Verfahren, und vor allem der naturwissenschaftlichen Methode des Experimentes. Neue Theorien entstanden. Hypothesen wurden daraus abgeleitet und empirisch getestet. Der Signifikanztest avancierte zum Goldstandard bei der Überprüfung der Hypothesen. Einem Herrn passte das überhaupt nicht. Jacob Cohen (1923–1998) lehrte Psychologie und Forschungsmethoden an der New York University. Seines Erachtens wurde der Signifikanztest regelmäßig falsch interpretiert. Und zudem seien die Forschungen aufgrund ihrer oftmals viel zu kleinen Stichprobengröße kaum in der Lage, belastbare Erkenntnisse zu erbringen.

Wann ist eine Erkenntnis eine Erkenntnis? Allein dass ein Befund einer Studie signifikant ist, sagt noch lange nichts über dessen Bedeutung aus. Hier können wir zumindest zwei Aspekte unterscheiden. Erstens den theoretischen. Für die Bewertung einer Theorie können auch kleine Veränderungen und Unterschiede in der Realität von großem Erkenntnisgewinn sein. Kleine Schwankungen in den Signaturen, die atomare Kräfte auf Messinstrumenten hinterlassen, mögen auf die Existenz von bisher verborgenen Elementarteilchen hinweisen. Der zweite Aspekt ist relativ zu bestimmen. Nicht jeder Faktor in einem multiplen Ursache-Wirkungs-Gefüge ist gleich bedeutsam. Auch mit Bezug auf die Anwendbarkeit wissenschaftlicher Erkenntnisse ist es wichtig zu wissen, wie stark ein Faktor (im Vergleich zu anderen) seine Wirkung entfaltet. Ganz besonders bedeutsam wird diese Frage sicherlich in der medizinischen Forschung. Hier reicht Signifikanz nicht aus. Wenn ich ein Schmerzmittel benötige, dann will ich eines, das den Schmerz merklich reduziert, also einen starken Effekt hat.

Jacob Cohen leistete wichtige Beiträge auf verschiedenen Gebieten. Aber am bekanntesten wurden seine Vorschläge zur Bestimmung der Stärke von Effekten. Sein Ansatz erschließt sich intuitiv. Im Prinzip geht es darum, das Gute und das Schlechte im Verhältnis zu betrachten. Das Gute besteht aus den Unterschieden, die wir erkennen, erklären und vorhersagen können. Je größer und deutlicher Unterschiede ausfallen, desto besser. Bevor wir zum Schlechten kommen, betrachten wir erst einmal folgendes Beispiel. Angenommen, Sie möchten in einem Urlaubsland ein Auto mieten. Da Sie das Land erkunden wollen, müssen Sie lange Strecken bewältigen. Also sollte der Mietwagen über eine möglichst große Reichweite verfügen. Die Autovermietung hat in ihrem Angebot drei Marken, alles batteriebetriebene Fahrzeuge, den Sponto, den CMW und den Tezel. Nach Testergebnissen betragen deren mittlere Reichweiten 500, 560 und 600 km. Die Güte der Optionen wird hier durch Mittelwerte bestimmt. Je größer die mittlere Reichweite, umso besser für Ihre Zwecke. Oder anders ausgedrückt, die Mittelwertsunterschiede sind hier das „Gute", was wir betrachten. Der Unterschied zwischen Sponto (500) und Tezel (600) beträgt 100 km und ist damit größer als der Unterschied zwischen Sponto und CMW (560). Wenn sich die Automobile auf den anderen Dimensionen, wie Mietpreis und Ausstattung, ähnlen, dann wäre es auf den ersten Blick sinnvoll, wenn Sie sich für den Tezel entscheiden. Schließlich geht es Ihnen ja darum, mit einer

Batterieladung möglichst weit zu kommen. So weit, so gut.

Wo liegt das Problem? Der Mittelwert der Reichweite erzählt nur die Hälfte der Geschichte der Testfahrten, die dem Test zugrunde liegen. Er markiert zwar die zentrale Tendenz (hier den Mittelwert) in den Testfahrten, aber nicht die Streuung. Streuung ist die „schlechte" Seite der Realität. Eigentlich würden wir sie uns wegwünschen. Eine Welt ohne Streuung bedeutete Gewissheit. Immer passiert genau dasselbe. Wenn man mit dem Sponto führe, reichte die Batterie immer für genau 500 km. Und beim Tezel immer für genau 600 km. In einer solchen Welt entspräche das arithmetische Mittel jedem einzelnen Wert. Er wäre damit für die Verteilung im idealsten Sinne repräsentativ. In diesem Fall würde der Mittelwert jeden einzelnen Wert exakt vorhersagen, ohne irgendeinen Fehler zu machen.

So aber funktioniert die Welt nicht. Weder bei der Reichweite von Automobilen noch bei der Wirkung von Medikamenten oder dem Erfolg einer Lernstrategie. Immer gibt es Variation. Weil meistens mehr als ein Faktor im Ursache-Wirkungs-Gefüge beteiligt ist. Und weil es Fehler und Zufälle gibt. Um diese Variationen, das Ausmaß der Ungewissheit zu quantifizieren, verfügt die Statistik über Maße der Streuung. Eine Möglichkeit besteht darin, die Einzelwerte aus einer Stichprobe mit deren Mittelwert zu vergleichen, um das Ausmaß der Streuung zu bestimmen. Schauen Sie dazu einmal in Tab. 9.1.

Hier werden für jedes der drei Fahrzeuge die Ergebnisse aus fünf fiktiven Testfahrten berichtet. Wenn Sie die Einzelwerte jeder Spalte einmal mit dem jeweiligen Mittelwert vergleichen, dann fällt Ihnen sofort etwas auf. In der letzten Spalte, bei Tezel, weichen die Werte viel stärker vom Mittelwert ab als bei Sponto und CMW.

Tab. 9.1 Reichweite in Kilometern von drei fiktiven batteriebetriebenen Fahrzeugen

Testfahrten	Sponto	CMW	Tezel
1	490	540	560
2	510	580	600
3	505	550	640
4	495	570	490
5	500	560	710
Mittlere Reichweite	**500**	**560**	**600**

Wenn Sie jeweils den Mittelwert eines Autos nehmen, um ein einzelnes Testergebnis vorherzusagen, dann hängt der Fehler, den Sie dabei machen, von der Streuung ab. Beim Sponto sind die Fehler vergleichsweise gering. Der Mittelwert von 500 km Reichweite sagt recht gut die einzelnen Werte vorher. Sie würden maximal um 10 Einheiten danebenliegen, da die kleinste gemessene Reichweite bei 490 und die größte bei 510 km liegt. Beim CMW sind die Abweichungen von der mittleren Reichweite (560) etwas größer. Die Reichweiten rangieren zwischen 540 und 580 km. Bei Vorhersagen der Einzelwerte mit dem Mittelwert würden Sie sich also um maximal 20 km verschätzen. Beim Tezel schaut das anders aus. Hier erlaubt der Mittelwert von 600 km keine so gute Schätzung der tatsächlich gemessenen Reichweiten. Im ungünstigsten Fall liegen Sie 110 km daneben. In anderen Worten, beim Tezel kann man sich nicht so recht darauf verlassen, wie weit man wirklich kommt. Gut ist, dass er im Mittel die größte Distanz bewältigt. Schlecht ist hingegen, dass man mit großen Schwankungen zu rechnen hat.

Auf der guten Seite haben wir also die Größe von Unterschieden. Die können wir über die Differenzen zwischen Mittelwerten berechnen. Denen steht auf der schlechten Seite die Verlässlichkeit gegenüber. Je stärker die Einzelwerte einer Stichprobe von ihrem Mittelwert

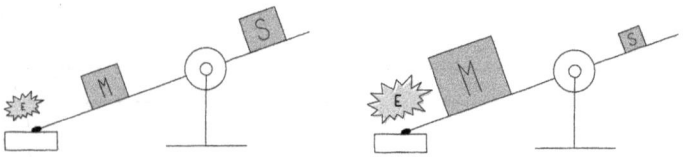

Abb. 9.1 Wumms: Das Prinzip der Effektstärke. Je größer der Mittelwertsunterschied (M) und je kleiner die Streuung (S), desto stärker der Effekt (E)

abweichen, desto *unzuverlässiger* repräsentiert ein Mittelwert die Einzelwerte in der Verteilung. Jetzt können wir die Effektstärke definieren. In der Regel bezieht sie sich auf Unterschiede zwischen Bedingungen. In unserem Beispiel sind die Bedingungen die drei Automobile (beziehungsweise die unterschiedlichen Batterietypen, die in ihnen verbaut sind). Die wirken sich unterschiedlich auf die Reichweite aus. Wie bedeutsam die Unterschiede in der Reichweite sind, bestimmt sich aus der *Größe der Mittelwertsunterschiede im Verhältnis zu der Streuung*. Aus diesem Verhältnis ergibt sich der Wumms. Abb. 9.1 illustriert dies. Demnach ergibt sich die Bedeutung eines Mittelwertsunterschieds nicht nur aus seiner Größe, sondern im Verhältnis zur Streuung. Selbst große Mittelwertsunterschiede können schlussendlich nur einen kleinen Wumms bewirken, wenn sie unverlässlich sind, wenn also die Streuung um die Mittelwerte groß ist. Es gilt: Je größer der Mittelwertsunterschied und je kleiner die Streuung, desto stärker ist der Effekt.

Was bedeutet das für unsere Entscheidungen? Welches Fahrzeug sollte man mieten, wenn die Effektstärke das Kriterium der Entscheidung wäre? Nach Jacob Cohen ist die Effektstärke gleich der Differenz aus zwei Mittelwerten geteilt durch die mittlere Streuung aus beiden Gruppen. Einen Mittelwertsunterschied kann man leicht bestimmen. Das ist einfach die Differenz, beispielsweise

560–500 = 60, wenn man die Reichweite von CMW und Sponto vergleicht. Bei der Streuung wird es ein wenig aufwendiger. Da muss jeder einzelne Wert vom Gruppenmittelwert abgezogen und die Differenzen aufsummiert werden. Es wird dann noch etwas gezaubert, damit keine negativen Werte entstehen. Dazu wird herumquadriert und nachher die Wurzel gezogen. Aber das ist hier nicht so wichtig. Wir wollen ja nicht rechnen.[11] Zum Schluss erhalten wir einen Bruch aus Mittelwertsdifferenz und gemittelter Streuung. Für jeden Mittelwertvergleich können wir einen solchen Bruch und damit die Effektstärke berechnen. Ich hab das mal für unser Automobilbeispiel durchgerechnet.[12] Der Vergleich von Sponto und CMW ergibt einen Wert für die Effektstärke (Cohen's d) von 2,4. Das ist ein sagenhaft starker Effekt, den wir in der Realität selten beobachten werden. Eben weil Einzelwerte in der Regel viel weiter um Mittelwerte streuen als in meinem konstruierten Beispiel.[13] CMW schneidet damit gegenüber Sponto nicht nur besser ab. Der Unterschied ist auch in seiner Stärke bedeutsam. Er hat Wumms. Keine Frage, bei einer Entscheidung zwischen Sponto und CMW nehmen wir den CMW. Aber da ist ja noch der Tezel. Der rollt im Mittel noch weiter als die beiden. Schauen wir uns nun die Bedeutung dieses Unter-

---

[11] Cohen's d = Mittelwert A – Mittelwert B/mittlere Streuung in den Gruppen A und B.

[12] $d_{\text{Sponto-Tezel}}$ = 60/25; wobei sich „25" berechnet aus der Wurzel der gemittelten Summe der quadrierten Abweichungen der Einzelwerte von den jeweiligen Gruppenmittelwerten. Für die gesamte Formel und Berechnung der Streuung vgl. z. B. Sedlmeier, P., & Renkewitz, F. (2018). *Forschungsmethoden und Statistik für Psychologen und Sozialwissenschaftler*. München: Pearson, S. 289–292. Oder https://statistikguru.de/rechner/cohens-d.html, abgerufen am 9.9.21.

[13] Die Effektstärke d nach Cohen ist nicht normiert. Deshalb ist sie immer relativ zu bewerten. Als Faustregel gilt: Effektstärke gering $d < 0{,}3$; mittel $0{,}3 < d < 0{,}8$; groß $d > 0{,}8$.

schiedes an. Beim Vergleich Tezel gegen Sponto erhalten wir einen Wert $d = 0{,}86$ – was nach Cohen immer noch ein starker Effekt ist. Beim Vergleich Tezel gegen CMW nur noch $d = 0{,}34$, also einen deutlich geringeren Effekt. Bei einer Entscheidung nach der Effektstärke, also der Bedeutung des Unterschiedes, würden wir CMW wählen und nicht Tezel.

Jacob Cohen hat die Forschung nachhaltig beeinflusst. In vielen Disziplinen ist es heute Standard, dass Effektstärken berichtet werden. In Übersichtsarbeiten kommen sogenannte *Metaanalysen* zur Anwendung. Das sind statistische Verfahren, die beispielsweise Effektstärken über viele Studien hinweg zusammenfassen. Eine Studie für sich genommen ist sicherlich wichtig. Sie leistet durchaus einen Beitrag zur Erkenntnis. Bei einer einzigen Studie lässt sich aber nie ausschließen, dass deren Ergebnis doch auf eine zufällige Schwankung zurückgeht. Ein signifikantes Ergebnis bedeutet ja nur, dass eine Zufallsschwankung in diesem Fall recht unwahrscheinlich war. *Unwahrscheinlich* bedeutet aber nicht *unmöglich*. Insofern ist jede einzelne Studie ein Puzzlesteinchen in einem kollektiven Forschungsbemühen. Ein wichtiges, aber nur ein kleines Steinchen. Das große Bild ergibt sich erst, wenn wir über viele Studien verfügen, die denselben Zusammenhang von Variablen untersuchen. Wenn sich ein Befund über viele Studien hinweg wiederholt, also replizieren lässt, dann erst können wir von einer Erkenntnis sprechen. Auch die ist natürlich wieder vorläufig. Jedoch können wir auf sie mit viel größerer Sicherheit vertrauen als auf einen einzelnen Befund und natürlich weit sicherer als auf eine Alltagsbeobachtung.

Eine gute Metaanalyse ist eine echte Fleißarbeit. Zuerst müssen die Forschungen versammelt werden. Dabei helfen spezielle Datenbanken, die die Beiträge in wissenschaftlichen Journalen katalogisieren. Zudem werden häufig auch die Forscher des betreffenden Feldes angeschrieben und um ihre noch nicht veröffentlichten Daten gebeten.[14] Der zweite Schritt besteht in der methodischen Prüfung. Nicht jede Studie ist gleich gut angelegt, wie wir im letzten Kapitel gesehen haben. Methodische Standards helfen uns, offensichtlich unverlässliche Studien zu identifizieren und den Beitrag der Studien nach ihrer methodischen Rigidität zu filtern, wie dies auch Robert Mathie für die homöopathischen Forschungen tat (vgl. Kap. 9). In einem dritten Schritt werden über alle Studien die mittleren Effektstärken berechnet und gegebenenfalls zusätzlich noch nach Studienqualität aufgeschlüsselt.

Metaanalysen zeigen auf, wo in einem Forschungsfeld Licht und Schatten herrschen. In jeder Disziplin gibt es dunkle Gebiete. Dort sind die Studien qualitativ schlechter, seltener replizierbar, die Effekte klein und nicht verlässlich. Aber es gibt auch Leuchttürme. Mit starken, gut abgesicherten Effekten, die belastbare Erkenntnisse erbringen. Mir geht es hier darum, Sie für den Vergleich zu sensibilisieren. Wissenschaftliches Denken stellt Erkenntnisse immer in Relation. In Relation zu methodischen Kriterien, zu Theorien, aber auch zueinander. Wie stark sind Effekte im Vergleich? Aus dem Vergleich von Wumms und kleineren Schubsen lässt sich sehr viel über unsere Welt lernen. Wenn wir nach dem Wumms suchen, müssen wir uns nicht mehr um jeden kleinen Schubs kümmern.

---

[14] Das wird dann wichtig, wenn der Verdacht besteht, dass nicht signifikante Befunde unpubliziert blieben. Zu diesem sogenannten Publication Bias vgl. z. B Sedlmeier, P., & Renkewitz, F. (2018). *Forschungsmethoden und Statistik für Psychologen und Sozialwissenschaftler*. München: Pearson, S. 632 ff.

Vergleich von Effektstärken: Erkennen, was wirklich bedeutsam ist

Manchmal machen wir aus Mücken Elefanten. Und manchmal sehen wir den Elefanten nicht. Relationales Denken wäre in vielen Fällen hilfreich. Sei es bei der Einschätzung von Risiken im Alltag oder bei der Begründung von Gesetzesvorhaben. Sofern wir über methodisch gut gemachte Studien verfügen, sind Effektstärken unglaublich praktisch. Sie zeigen, wo Elefanten trampeln oder nur ein paar Mücken umherschwirren. Ich habe zwei Beispiele aus der psychologischen Forschung herausgesucht. Beide Phänomene wurden an Tausenden von Probanden untersucht. Die Effekte sind sehr robust, sehr gut in Theorien eingebunden und hervorragend replizierbar. Aber sie unterscheiden sich in der Stärke des Effektes und damit in ihrer Bedeutung für die Praxis.

Ein Beispiel für starke Effekte – Konditionierung

An einem sonnigen Oktobertag im Jahr 1992 betrat ich den Friedrichsbau in Heidelberg. Ein helles, klassizistisches Gebäude, vor dem sich die überlebensgroße Bronzestatue eines prüferisch herabblickenden Mannes erhebt, dem der Bunsenbrenner seinen Namen verdankt. Mit einem etwas mulmigen Gefühl öffne ich die schwere eichene Eingangstür. Denn es war mein erster Arbeitstag. Und meine erste Pflicht bestand darin, mich dem Direktor des Psychologischen Institutes vorzustellen. Wie ich mich aber anschicke, die Treppen in den ersten Stock zu seinem Büro hinaufzusteigen, erlebe ich plötzlich einen Gefühlsumschwung. Auf einmal fühle ich mich froh. Von außen betrachtet mögen das schöne Wetter und natürlich die Tatsache, dass ich mich ab diesem Tag für zumindest drei Jahre in Lohn und Brot befand, diese Emotion hinreichend erklären. Spirituell veranlagte Menschen würden vielleicht auch auf Intuition oder Eingebung verweisen. Zumindest rückblickend aus dem Wissen heraus, dass sich an diesem Ort viele wichtige Begegnungen ergeben sollten. Ich erlebte in diesem Moment jedoch einen so plötzlichen Umschwung meiner Gefühlslage, dass ich mir Gedanken über dessen Ursachen zu machen begann. Und als mich dann der Direktor in seinem Büro begrüßte und mich fragte, wie es mir denn ginge, jetzt auf der ersten richtigen Stelle nach dem Studium, da wurde mir klar, was die Ursache gewesen war. Und so antwortete ich wahrheitsgemäß: „Prima, denn hier riecht es wie bei meiner Oma!"

Meine Großeltern mütterlicherseits wohnten in Berlin. Gegenüber einer Kaffeerösterei, deren Duft die ganze Straße erfüllte. Ich freute mich immer, meine Großeltern zu besuchen. Wenn ich als Kind die Stufen der alten Mietskaserne hinaufsprang, umfing mich eine Mischung aus Röstaromen und dem Geruch, den das alte Linoleum ausströmte, mit dem die Treppenstufen ausgelegt waren. Die gleiche Melange erwartete mich im Treppenhaus des Psychologischen Institutes. Der Geruch von altem Linoleum gemischt mit dem Duft der Kaffeemanufaktur im benachbarten Hinterhof. Diese Reize genügten, um in mir ein Gefühl zu aktivieren. Dasselbe Gefühl, das ich verspürte, wenn ich meine Großeltern in Berlin besuchte.

Lernen spielt bei Gefühlen und Emotionen eine ganz wichtige Rolle. Zum einen gibt es eine große Anzahl von Faktoren, die unmittelbar affektive Reaktionen auslösen. Ein Beinbruch bei einem Verkehrsunfall führt zu Schmerzen. Ein sehr lautes Geräusch kann eine Furchtreaktion auslösen. Und im Nacken gekrault zu werden, ist Kindern, Erwachsenen und einigen anderen Säugetieren angenehm. Gefühle stellen positive und negative Konsequenzen dar. Wir lernen, solche Situationen aufzusuchen, in denen wir die positiven Konsequenzen erwarten, und solche, die uns Unbill bereiten, zu vermeiden. Nun vollziehen sich emotionale Episoden immer in einem situativen Kontext. Weitere Reize, die das Gefühl selbst nicht verursachten, können aber mit diesem im Gedächtnis verbunden werden. Spannend dabei ist nun, dass anfangs neutrale Reize die Fähigkeit erlangen können, später diese Gefühle und Reaktionen auszulösen. Der Prozess des Reizlernens, der Kopplung einer Reaktion mit einem neuen Auslösereiz, wird klassische Konditionierung genannt.

Iwan Petrowitsch Pawlow (1949–1936) begründete mit seinen Forschungen zur Konditionierung einen zentralen Zweig der Lernpsychologie. Dem Versuchshund in seinem Labor in St. Petersburg lief das Wasser im Maul zusammen, wann immer er Futter roch. Das musste der Hund nicht lernen. Zur Reaktion „Speichelfluss" kam es automatisch, wenn der Reiz „Futtergeruch" präsent war. Irgendwann beobachtete Pawlow, dass der Hund schon zu speicheln begann, wenn die Tür zum Versuchsraum geöffnet wurde. In einer Reihe von kontrollierten Versuchen konnte Pawlow den Mechanismus nachweisen, mit dem ein anfangs neutraler Reiz, eine Tür oder eine Glocke, die Fähigkeit erlangt, eine bereits existierende Reaktion hervorzurufen. Wenn man einen neuen Reiz nur häufig genug mit dem alten gemeinsam auftreten lässt, dann kommt es zum Lernen. Zur Konditionierung. Danach wird auch beispielsweise eine Glocke den Hund zum Speicheln bringen.

Diese Fähigkeit, neue Reize zu lernen und mit einer bestehenden Reaktion im Gedächtnis zu verbinden, kann sich aber auch zu einem Fluch auswachsen. Nämlich wenn es sich um negative Gefühle und Reaktionen handelt. Vor kuscheligen Felltieren hegen kleine Kinder normalerweise keine Furcht. Ein Baby wird weder eine Ratte noch einen Hund fürchten, solange diese Tiere es nicht bedrängen oder beißen. Die Furcht vor solchen Tieren kann jedoch erworben werden, selbst wenn das Kind nie eine direkte negative Erfahrung mit ihnen hatte. Der etwa neun Monate alte Albert in den Studien von John Broadus Watson (1878–1958) verhielt sich interessiert, wenn ihm eine Ratte oder ein Hund gezeigt wurde.[15] Wenn der Versuchsleiter mit einem Hammer auf eine Eisenstange schlug, dann erschreckte sich Albert vor dem lauten Geräusch und begann zu weinen. Das laute Geräusch löste also eine typische Furchtreaktion in dem Kind aus. Die Tiere hingegen nicht. Das laute Geräusch wird als unkonditionierter Stimulus (Reiz) bezeichnet, der eine unkonditionierte Reaktion auslöst – in diesem Fall die Furchtreaktion. Die Tiere stellen neutrale Reize dar – neutral, was die Furchtreaktion betrifft. In weiteren Durchgängen paarte Watson den neutralen mit dem unkonditionierten Stimulus. Wenn er Albert beispielsweise den Hund zeigte, erdröhnte zeitgleich der Hammerschlag. Nach nur wenigen Paarungen wurde aus dem neutralen ein konditionierter Stimulus: Sobald man Albert den Hund zeigte, begann er zu weinen, auch ohne dass der Hammerschlag erklang. Die Studien mit dem kleinen Albert machten Watson berühmt. Sie zeigten, wie einfach Ängste durch Konditionierung erworben werden können.

---

[15] Watson, J. B., & Rayner, R. (1920). Conditioned emotional reactions. *Journal of Experimental Psychology, 3*(1), 1–14. https://doi.org/10.1037/h0069608.

Allein Albert hatte nichts davon. Was ihm ein Leben lang blieb, war die Furcht vor Hunden.[16]

Konditionierung von Furcht wurde zu einem wichtigen Forschungsfeld in der Psychologie. Die Gründe dafür sind naheliegend. Entstand die Disposition zu einer Furchtreaktion infolge einer Konditionierung, dann können wir sie auch therapieren. Wir verfügen heute über empirisch sehr gut abgesicherte Theorien der Konditionierung und der Löschung. Leider unternahm Watson nicht einmal den Versuch, Albert von seiner gelernten Furcht zu befreien. Dabei wäre dies durchaus möglich gewesen. Untherapiert können sich jedoch konditionierte Furchtreaktionen verfestigen. Weil man zusätzlich die Situationen vermeidet, in denen sie aktiviert werden. Jemand, der Furcht vor Hunden hat, geht ihnen in der Regel aus dem Weg. Und er wird sich schon gar nicht einen anschaffen. Aber genau dies könnte langfristig zur Löschung der Furchtreaktion führen. Wenn man lange und häufig genug sich einem konditionierten Furchtstimulus aussetzt, die Furcht aushält und keine weiteren negativen Reaktionen erlebt, dann wird es schließlich zur Extinktion, zur Löschung dieser konditionierten Verbindung von Reiz und Reaktion kommen.

Der Mechanismus der Konditionierung ist nicht nur empirisch belegt, sondern dessen Effektstärke ist so groß, dass sie gar nicht mehr Gegenstand von Metaanalysen ist. Konditionierung funktioniert so verlässlich, dass wir sie im Labor nahezu mit Sicherheit herstellen können. Für einen solch starken Effekt brauchen wir keine Statistik mehr.

---

[16] Der Journalist Tom Bartlett recherchierte für *The Chronicle of Higher Education* das Schicksal des Kindes, das Watson in seinen Studien traktierte. Berichte darüber finden sich z. B. in der Süddeutschen Zeitung https://www.sueddeutsche.de/wissen/psychologie-was-geschah-mit-baby-b-1.1998684, aufgerufen am 4.3.2021.

Hier handelt es sich wirklich um einen Elefanten. Um einen Effekt mit solchem Wumms, dass er vergleichbar mit den Gesetzen der klassischen Mechanik ist. Warum aber wird dann immer noch dazu geforscht? Die Antwort lautet, weil die dahinterliegenden Prozesse nicht vollständig aufgeklärt sind. Im Bereich der Konditionierung von Furcht wird eine Debatte um die Rolle der bewussten Aufmerksamkeit geführt. Zwei Fraktionen stehen sich recht unversöhnlich gegenüber. Die einen behaupten, dass die Konditionierung von Furcht automatisch und unwillkürlich erfolgt. Die anderen sagen, dass bewusste Prozesse durchaus eine Rolle spielen. Das kann bedeuten, die Person muss sich darüber gewahr sein, dass zwei Reize zusammen auftreten, damit es zur Konditionierung kommt. Also der kleine Albert in der Studie von Watson müsste sich bewusst gewesen sein, dass die Reize „Hund" und „lautes Geräusch" zusammen auftraten. Albert war damals eine Ausnahme. Die Forscher hatten bis dahin fast ausschließlich mit Tieren als Versuchsobjekten gearbeitet. Und Tieren bewusste Prozesse des Denkens zu unterstellen war aus ihrer Perspektive unwissenschaftlich. Sie wollten nur objektiv beschreibbare Dinge betrachten, wie Reize und Reaktionen. Was dazwischen lag, vor allem die Prozesse des Denkens, war für sie eine „Black Box", eine schwarze Kiste, in die man nicht hineinschauen konnte und dies auch nicht versuchen sollte, weil man dann ein Terrain jenseits der objektivierbaren Beobachtung betrat.

Mitte des letzten Jahrhunderts jedoch kam es zur sogenannten kognitiven Wende in der Psychologie. Langsam fiel es den Forschern auf, dass man ohne das Denken, die Kognition, viele Phänomene nicht erklären konnte. Neue Theorien entstanden, die der Kognition eine wichtige Rolle beim Lernen zuerkannten. Dies beeinflusste auch die Forschung zu Konditionierung, die nun zunehmend mit Menschen als Probanden arbeitete. Und so wurden Theorien entwickelt, die annahmen, dass auch Reizkonditionierung höher geordnete Prozesse des Denkens benötigt. Der relevante Prozess wird als *Kontingenzbewusstheit* bezeichnet. Das bedeutet, der Proband hat erkannt, dass der neue und der alte Reiz gemeinsam auftraten.[17]

Empirisch ist es gar nicht so einfach zu testen, wie sich Aufmerksamkeitsprozesse auf die Konditionierung auswirken. Man muss schon einige experimentelle Kniffe beherrschen, um Menschen davon abzuhalten, sich über bestimmte Zusammenhänge in einem Experimentaldurchlauf bewusst zu werden. Im Bereich der Konditionierung von Furcht existieren viele Studien, die dies versuchen. An der Universität Utrecht in den Niederlanden führten Gaëtan Mertens und Iris Engelhard mit diesen eine groß angelegte Metaanalyse durch.[18] Sie berücksichtigten darin 110 Studien über Furchtkonditionierung an Menschen, in denen die Kontingenzbewusstheit manipuliert oder gemessen wurde. Gleich vorweg: Den Autoren ging es nicht darum, den generellen Effekt der Konditionierung zu überprüfen. Wir wissen, dass Konditionierung funktioniert. Sie wollten herausfinden, ob es noch zur Konditionierung kommt, selbst wenn Probanden nicht bewusst bemerkt haben, ob und wie die kritischen Reize zusammen auftraten. Nun ist es sehr schwer, Kontingenzbewusstheit abzuschalten, vor allem wenn es um negative

---

[17] In Fachtermini: Kontingenzbewusstheit *(contingency awareness)* während der Prozedur des Konditionierens ist dann gegeben, wenn sich die Person bewusst *(consciously aware)* ist, dass der neue, zu konditionierende Reiz *(CS, conditioned stimulus)* mit dem unkonditionierten Reiz *(US, unconditioned stimulus)* assoziiert ist.

[18] Mertens, G., & Engelhard, I. M. (2020). A systematic review and meta-analysis of the evidence for unaware fear conditioning. *Neuroscience and Biobehavioral Reviews, 108,* 254–268. https://doi.org/10.1016/j.neubiorev.2019.11.012.

Reize geht, die Furcht auslösen. Um solche Zusammenhänge zu verschleiern, haben sich Forscher viele Techniken ausgedacht, auf die ich jetzt nicht einzugehen brauche. Diese Techniken sind aber mehr oder weniger verlässlich. Gaëtan Mertens und Iris Engelhard unterzogen zuerst alle Studien einer sehr sorgfältigen methodischen Analyse. Sie bewerteten jede Studie hinsichtlich der Verlässlichkeit, mit der Kontingenzbewusstheit bei den Probanden ausgeschlossen war. Über alle Studien und alle Bedingungen, in denen die Kontingenzbewusstheit ausgeschaltet worden sein sollte, zeigte sich immer noch ein mittelstarker Effekt ($d = .47$) für die Furchtkonditionierung. Jetzt könnte man sagen, gut, das spricht dafür, dass Furchtkonditionierung automatisch abläuft und selbst dann auftritt, wenn die Probanden davon abgehalten werden, sich über das Zusammentreffen der kritischen Reize bewusst zu werden. Die Forscher der Universität Utrecht wollten aber wissen, wie sich die Effektstärke veränderte, wenn man die methodische Qualität der Studien berücksichtigte. Und siehe da, der Effekt für die Furchtkonditionierung nahm systematisch ab, je besser die Studienqualität war. Bei den Studien, die auf rigideste Weise die Kontingenzbewusstheit ausgeschaltet hatten, kam es zu keiner Konditionierung der Furcht mehr. Deshalb schlossen die Autoren, dass Kontingenzbewusstheit eine *notwendige* Bedingung für die Konditionierung von Furcht sei. Man bedenke, in allen Studien wurde versucht, Kontingenzbewusstheit auszuschalten, also die Bedingungen für Konditionierung zu erschweren. Und trotzdem zeigte sich über alle Studien hinweg noch ein mittelstarker Effekt für die Konditionierung. Erst unter dem Einsatz ganz spezieller Verfahren konnte die Konditionierung von Furcht unterbunden werden. Das Vorgehen der Autoren und die Befunde ihrer Metaanalyse über viele Studien liefern ein Paradebeispiel für die Existenz starker Effekte in der Psychologie. Da wird deutlich, dass wir es im Bereich der Konditionierung wirklich mit einem Elefanten zu tun haben. Konditionierung hat einen starken Wumms. Diese Effekte sind so mächtig, dass wir einiges anstellen müssen, um sie auszuschalten. Denn die Mittel, die die Forscher im Labor anwandten, werden in vielen Alltagssituationen den Betroffenen nicht zur Verfügung stehen, um sich vor Konditionierungsprozessen zu schützen. Deshalb ist die Konditionierung von Furcht von großer Relevanz. Eben weil ihre Entstehung so schwer zu verhindern ist.

Ein Beispiel für schwache Effekte – Wirkung aggressiver Medien

Am 26. April 2002, am Gutenberg-Gymnasium in Erfurt, erschoss der 19-jährige Robert Steinhäuser sechzehn Menschen und dann sich selbst. In der Öffentlichkeit ließ dieser Vorfall die alte Debatte über den Zusammenhang zwischen aggressiven Medieninhalten und Gewalt aufleben. Der Täter besaß unter anderem Videofilme wie *Fight Club* oder *Predator* und die teils damals indizierten Videospiele *Castle Wolfenstein*, *Hitman* und *Quake III Arena*. Die sogenannte Gasser-Kommission, die zur Aufarbeitung des Falles von der Thüringer Landesregierung eingesetzt worden war, widmete diesem Komplex ein eigenes Kapitel in ihrem Bericht. Es werden dort die Aussagen von Fachleuten zitiert und auf eine Studie verwiesen. Demnach spielen Medien mit aggressiven Inhalten nicht die alleinige, aber eine wichtige Rolle. Gerade bei Jungen sei experimentell nachgewiesen, dass durch Videospiele mit gewalttätigen Inhalten eine „Steigerung der

Aggressivität und eine Abnahme der Prosozialität eintreten kann"[19].

Sofort wurde der Ruf nach strengeren Gesetzen laut. Und tatsächlich verschärfte der Gesetzgeber dann auch das Jugendschutzgesetz. Diese mit großer Leidenschaft geführte Debatte über die Rolle von Videospielen beim Massaker an der Erfurter Schule ist typisch für den Umgang mit wissenschaftlichen Befunden in der Gesellschaft. Einzelne Faktoren werden herausgegriffen und ohne jede Reflexion über ihre relative Bedeutung verabsolutiert.

Einerseits ist die Befundlage tatsächlich eindeutig. Wir können neue Verhaltensweisen allein durch Beobachtung lernen. Wer noch nicht wusste, dass man eine Bratpfanne auch als Waffe verwenden kann, der weiß es spätestens nachdem er jemanden beobachtete, der mit einer Bratpfanne auf einen anderen losging. Das muss nicht in der Realität passieren. Dieses Wissen vermitteln auch Medien, wie beispielsweise die alten Stummfilme mit Stan Laurel und Oliver Hardy.[20] Nachrichtensendung oder Dokumentation machen hier keine Ausnahme. Robert Steinhäuser hatte sich intensiv mit Berichten über den Amoklauf an der Columbine High School (USA, 1999) beschäftigt. Aus realen Medienberichten, aus Hollywoodfilmen und aus Egoshooter-Spielen kann

---

[19] Gasser, K. H., Creutzfeldt, M., Näher, M., Rainer, R., Wickler, P. (2004). Bericht der Kommission Gutenberg-Gymnasium. Freistaat Thüringen (S. 343). https://www.thueringen.de/de/publikationen/pic/pubdownload1488.pdf. Die Autoren zitieren hier aus DIE POLIZEI (2003) S. 328.

[20] Albert Bandura hatte schon in den 1960er-Jahren gezeigt, dass durch Beobachtung realer oder gefilmter Modelle aggressive Verhaltensweisen gelernt werden können, was aber noch nicht zwingend zur Ausführung des gelernten Verhaltens führt: Bandura, A., Ross, D., & Ross, S. A. (1961). Transmission of aggression through imitation of aggressive models. *The Journal of Abnormal and Social Psychology*, 63(3), 575–582. https://doi.org/10.1037/h0045925.

Wissen nicht nur, aber auch über aggressives Verhalten erworben werden. Neben der Vermittlung von Wissen führen aggressive Medieninhalte zu einer Aktivierung eines Systems, das mit Angriff verbunden ist. Dieses System besteht nicht nur aus Wissen über aggressives Verhalten, sondern beinhaltet auch emotionale Inhalte und Einstellungen.[21] Metaanalysen über viele Studien zeigen sowohl im Bereich aggressiver Filme[22] als auch gewalttätiger Videospiele[23], dass deren Konsum tatsächlich *kurzzeitig* die Aggressionsbereitschaft erhöht. Diese Effekte sind moderat (d zwischen .30 und .45). Für Effekte in der Psychologie handelt es sich also um relevante und sehr verlässliche Effekte, die zwischen 10 und 25 min anhalten. Auf der Verhaltensebene manifestieren sich diese Effekte in der erhöhten Verteilung negativer Reize an ein Gegenüber, wie z. B. unangenehme Geräusche oder Luftzug auf das geöffnete Auge, oder auch verbaler Aggression. Es handelt sich hier immer um graduelle Veränderungen gegenüber einer Kontrollgruppe und meist in Verbindung mit anderen Variablen wie einer Provokation (vgl. dazu das Beispiel in Kap. 6). Gemessen werden hauptsächlich sehr leichte Formen aggressiven Verhaltens und nicht strafrechtlich relevantes Verhalten, wie z. B. Körperverletzung. Also nochmals: Aggressive mediale Stimulation kann kurzfristig zu Erhöhung der Aggressionsbereitschaft führen.

---

[21] Berkowitz, L. (1993). *McGraw-Hill series in social psychology. Aggression: Its causes, consequences, and control.* Philadelphia: McGraw-Hill Book Company.

[22] Wood, W., Wong, F. Y., & Chachere, J. G. (1991). Effects of media violence on viewers' aggression in unconstrained social interaction. *Psychological Bulletin, 109*(3), 371–383. https://doi.org/10.1037/0033-2909.109.3.371.

[23] Anderson, C. A., Shibuya, A., Ihori, N., Swing, E. L., Bushman, B. J., Sakamoto, A., Rothstein, H. R., & Saleem, M. (2010). Violent video game effects on aggression, empathy, and prosocial behavior in Eastern and Western countries: A meta-analytic review. *Psychological Bulletin, 136*(2), 151–173. https://doi.org/10.1037/a0018251.

Andererseits müssen wir die *langfristigen* Effekte aggressiver Stimulation auf reales gewalttätiges Verhalten betrachten. Was passiert, wenn Menschen über längere Zeiträume häufig aggressive Filme schauen oder gewalttätige Videospiele konsumieren? Die beste Metaanalyse zur Wirkung von Videospielen stammt von Anna Prescott, James Sargent und Jay Hull aus den USA. Sie haben in methodisch vorbildlicher Weise 24 Langzeitstudien mit über 17.000 Teilnehmern ausgewertet und für viele Einflussfaktoren korrigiert, die die Ergebnisse verfälschen könnten. Sie zeigen, dass der fortgesetzte Konsum von Videospielen mit gewalttätigen Inhalten die Bereitschaft zu aggressivem Verhalten signifikant und verlässlich erhöht. Allerdings ist die Stärke des Effektes deutlich kleiner als der kurzzeitige Effekt, der sich in Experimenten einstellt. In dem Gemenge der Faktoren, die aggressives Verhalten in der realen Welt bestimmen, erklärt selbst der exzessive Konsum von Egoshooter-Spielen nur 1 % des Verhaltens! Weil eben der relative Einfluss von medialer Stimulation auf real ausgeübte Gewalt nur sehr klein ist, lässt sich trotz des massiven Anstieges der Nachfrage nach Videospielen kein entsprechender Anstieg an Gewaltdelikten beobachten. Im Gegenteil. Während in den USA von 1996 bis 2007 die Anzahl verkaufter Videospiele von 70 auf 270 Mio. Stück stieg, *sank* die Gewaltkriminalität bei Jugendlichen im selben Zeitraum um weit über die Hälfte.[24]

Ein Gewaltexzess, wie ihn die Stadt Erfurt im Jahre 2002 erleben musste, ist ein außergewöhnliches Ereig-

---

[24] Ferguson, C. J., & Kilburn, J. (2010). Much ado about nothing: The misestimation and overinterpretation of violent video game effects in Eastern and Western nations: Comment on Anderson et al. (2010). *Psychological Bulletin, 136*(2), 174–178. https://doi.org/10.1037/a0018566.

nis. Es lässt sich nicht an einer einzigen Ursache festmachen. Und ganz sicherlich war der Medienkonsum nicht die wirkungsmächtigste Ursache. Robert Steinhäuser gelang einfach gar nichts in seinem Leben. Er kam mit den Anforderungen des Gymnasiums nicht zurecht und ihm erschien es aussichtslos, das Abitur zu bestehen. Was in Thüringen damals bedeutete, dass er ohne Schulabschluss dagestanden hätte. Steinhäuser mangelte es an Sozialkontakten und Freundschaften. Als er sich bei der Bundeswehr bewarb, wurde er abgelehnt. Gerne besuchte er den Schützenverein, wo er den Umgang mit scharfer Munition übte. Aber dort wurde er schließlich ausgeschlossen, weil er seine Mitgliedsbeiträge nicht zahlte. Als seine Schulnoten immer schlechter wurden, fälschte er ärztliche Atteste, um nicht zu den Prüfungen erscheinen zu müssen. Dies flog allerdings bald auf und das Direktorium verwies ihn endgültig der Schule. Den Schulverweis verheimlichte Steinhäuser seinen Eltern und dem überschaubaren Kreis an Personen, mit denen er sich gelegentlich traf. Er verließ morgens das Haus und gab vor, in die Schule zu gehen und seine Abiturprüfungen zu schreiben. Aus welchen Gründen auch immer, er war nicht in der Lage, sich anderen mitzuteilen. Mit seiner Verzweiflung und der Demontage seines Selbstwertes war er somit völlig allein. Nach dem Bericht der Gasser-Kommission passte das „Regelprofil" eines Amokläufers in vielen Punkten auf Robert Steinhäuser, wie beispielsweise Rückzugsverhalten, niederschmetternde Ereignisse, Gefühl der Zurückweisung durch andere, Gefühl von Machtlosigkeit und das Vorhandensein von Waffen (Steinhäuser besaß u. a. eine Glock 17 und eine Pumpgun).[25] Das

---

[25] Vgl. dazu S. 348 ff. in Gasser et al. (2004). Allerdings kommt die Kommission aufgrund der „punktgenauen Planung und Ausführung des Angriffs" zu der Einschätzung, dass es sich um ein „verbrecherisches Attentat" und keine spontane Tat handelte.

Gefüge an Faktoren mag uns immer noch nicht als hinreichend erscheinen, um eine solche Tat zu erklären. Aber es *relativiert* die Stärke des Einflusses von Videospielen. Existenzielle Ängste, Wut auf das Schulsystem, das eigene Versagen und nicht zuletzt der tägliche Zugang zu scharfer Munition und Militärwaffen sind reale Faktoren. Demgegenüber ist der fiktive Gewaltinhalt von Videospielen nur ein kleines Teil in dem großen Puzzle, das den Täter profiliert. Im Vergleich der Faktoren wächst sich die Kette der Demütigungen und Probleme zu einem Elefanten aus. Demgegenüber sind Spieleinhalte eine Mücke, auch wenn ihr Effekt belegt, aber eben nur gering ist. In der öffentlichen Diskussion war es aber genau andersherum. Hier wurden die Videospiele zu einem Elefanten aufgeblasen, oder zu einem gigantischen Bock, einem wohlfeilen Sündenbock.[26]

Statistik ist nützlich

Sie hatten wohl in diesem Kapitel einen anderen Inhalt erwartet: Balkendiagramme und Prozentwerte und Zusammenhänge zwischen Variablen. Diese zählen zu der deskriptiven Statistik, die Datenmengen beschreibt. Über zwei Klassen solcher Beschreibungen hatte ich gesprochen, nämlich über zentrale Tendenzen (z. B. Mittelwerte) und Streuung. Den Rest sparte ich hier aus. Aber auch im Umgang mit beispielsweise Prozentwerten und Zusammenhangsmaßen gibt es eine Menge an Unverständnis, Fehlern und Fallen. Hier erwarben sich eine

---

[26] Z. B. in der Titelstory des Nachrichtenmagazins *Der Spiegel, 19,* 2002. Immerhin jedoch bewegte das Verbrechen die politisch Verantwortlichen des Freistaats Thüringen zu einer Reform des Schulsystems, sodass auch bei Nichtbestehen des Abiturs ein Schulabschluss erworben wurde.

Reihe von Kollegen Verdienste, indem sie aufklärerische Beiträge zum Umgang mit deskriptiver Statistik in den Medien veröffentlichten. Allen voran der deutsche Psychologe Gerd Gigerenzer. Er betitelte eine seiner Veröffentlichungen mit „Glaub keiner Statistik, die du nicht verstanden hast"[27]. Gerd Gigerenzer hat mit seinen Arbeitsgruppen am Max-Planck-Institut und am Harding-Zentrum in Berlin modellhaft gezeigt, wie das Verständnis von Statistik in der Gesellschaft befördert werden kann.[28]

Dieses Kapitel beschäftigte sich mit einem anderen Bereich der Statistik, der schließenden oder Inferenzstatistik. Mit der haben wir im Alltag seltener zu tun. Meist lernen Menschen erst etwas über Signifikanz und Effektstärken, wenn sie das Studium einer empirischen Wissenschaft aufnehmen. Dabei liegt hier ein außergewöhnlich großer Nutzen der Statistik begründet. Die schließende Statistik unterstützt Entscheidungen, die unsere Erkenntnis betreffen, aber auch gesellschaftliche Fragen der Anwendung. Damit Sie mich nicht falsch verstehen: Die Statistik vermag uns Entscheidungen nicht abzunehmen. Sie determiniert nicht ihren Ausgang. Sie hilft uns jedoch, Befunde in Relation zu stellen. Auf was können wir uns eher verlassen? Wo steckt eine Regelmäßigkeit dahinter? Welche Befunde waren nur ein Produkt des Zufalls? Mit Tests auf Signifikanz können wir uns im Dickicht der Befunde und Phänomene besser

---

[27] Gigerenzer, G., Gaissmaier, W., Kurz-Milcke, E., Schwartz, L. M., & Woloshin, S. (2009). Glaub keiner Statistik, die du nicht verstanden hast. *Gehirn und Geist, 10,* 34–39. www.gehirn-und-geist.de.

[28] Max-Planck-Institut für Bildungsforschung: https://www.mpib-berlin.mpg.de/mitarbeiter/gerd-gigerenzer, Harding-Zentrum für Risikokompetenz: https://www.hardingcenter.de. Unbedingt empfohlen seien hier auch die Beiträge zur „Unstatistik des Monats", https://www.rwi-essen.de/unstatistik/, eine Aktion, die von Gerd Gigerenzer, Thomas Bauer und Walter Krämer 2012 ins Leben gerufen wurde. Alle Adressen abgerufen am 10.4.2021.

zurechtfinden. Schon auf dieser Stufe der Bewertung ist nicht alles gleich bedeutsam. Um Zufälle müssen wir uns weniger scheren als um systematische Zusammenhänge. In anderen Worten: Wir können Befunde und Phänomene gewichten. Eine große Hilfe bei Erkenntnisentscheidungen.

Und dann die Effektstärke. Jetzt wird es wirklich für unser Leben relevant, gerade wenn es um Ursache-Wirkungs-Zusammenhänge geht. Welcher Motor bringt uns weiter? Welches Medikament wirkt besser? Was sind die starken Ursachen menschlichen Verhaltens? Wo befinden sich Ansatzpunkte, um beispielsweise Furcht zu therapieren oder Gewalt in der Gesellschaft zu verringern? Wo ist der Wumms? Wie kann man Mücken und Elefanten voneinander unterscheiden? *Unterscheiden ist die Voraussetzung für Entscheiden.* Ein guter Entscheider ist in der Lage, zu priorisieren. Die relative Wichtigkeit von Aspekten zu bestimmen. Dieses Abwägen nach Relevanz fällt Menschen mitunter schwer. Oft erscheint uns alles irgendwie gleich wichtig. Die schließende Statistik mit ihren Maßen der Effektstärke gibt uns dafür ein mehr als hilfreiches Werkzeug in die Hand. Zusammen mit der Methode der Metaanalyse, die Unterschiede und Zusammenhänge und deren Stärke über die Menge der vielen einzelnen Studien hinweg bestimmt, erlaubt sie uns zu unterscheiden. Nach der Relevanz von Befunden für unsere Erkenntnis und unseren Umgang mit der Welt. Dadurch können wir zu besseren individuellen und kollektiven Entscheidungen gelangen.

10

Wissenschaftlich denken

Wissenschaftlich denken bedeutet, auf zwei Ebenen zu denken. Der theoretischen Ebene und der der empirischen Befunde. Theorien beinhalten universale Aussagen über Kausalzusammenhänge. Sie sind die Quelle von Erklärungen über Ursache und Wirkung und können deshalb Vorhersagen machen. Die empirische Ebene liefert uns Beobachtungen. Wir stellen fest, dass bestimmte Phänomene in der Welt existieren. Dies treibt die Theoriebildung voran. Umgekehrt überprüfen wir die Gültigkeit von Theorien auf der empirischen Ebene. Befunde aus kontrollierten Forschungen liefern empirische Befunde, anhand derer die Theorien bewertet werden. Stimmen die Befunde nicht mit den Vorhersagen der Theorie überein, geht die Erkenntnissuche auf empirischer und theoretischer Ebene weiter. Dieser Erkenntnisprozess folgt einer Methodologie, die die Verfahren der Theoriebildung und der empirischen Forschung bestimmt. Die Methodologie ihrerseits orientiert sich an formalen Systemen, wie dem der Logik, der Mathematik und der Wahrscheinlichkeitstheorie. Bei alldem handelt es sich um menschliche Erfindungen. Auf jeder Stufe dürfen wir sie kritisieren. Solange wir aber über keine besseren formalen Systeme und Methodologien verfügen, kennzeichnen folgende Regeln das wissenschaftliche Denken.

> **Regel 1: Betrachten Sie alle Erkenntnis als vorläufig.**

Gerade die Wissenschaft sollte doch nach Wahrheit streben! Das tut sie auch, aber erreichen wird sie sie nie. Wie wir im zweiten Kapitel gesehen haben, mündet wissenschaftliche Erkenntnis in Theorien. Eine Theorie enthält allgemeine Aussagen über Ursache-Wirkungs-Zusammenhänge. Die Wahrheit solcher Theorien lässt sich nie abschließend beweisen, weil wir dazu unendlich viele Beobachtungen machen müssten. Die Forschung fördert ständig neue Erkenntnisse zutage. Nicht alle lassen sich mit bisherigen Theorien erklären. Was dazu führt, dass Theorien weiterentwickelt oder durch neue ersetzt werden. Dieser Prozess kennt kein natürliches Ende. Damit ist alle Erkenntnis vorläufig. Das ist aber nicht schlimm. Die Erkenntnisse, über die wir heute verfügen, helfen uns jetzt schon, die Welt zu erklären, Entscheidungen zu treffen und funktionale Technologien zu entwickeln. Mit den Erkenntnissen von morgen werden wir hoffentlich die Welt besser erklären, bessere Entscheidungen treffen und bessere Technologien entwickeln können. Sollte Ihnen jemand die Wahrheit und nichts als die Wahrheit verkaufen wollen, dann seien Sie auf der Hut! Veränderung,

Weiterentwicklung und Verbesserung sind die Erzfeinde aller Wahrheitskrämer.

❱❱ Regel 2: Prüfen Sie kritisch, ob Annahmen und Theorien auch scheitern können.

„Wissen macht Ah!" lautete der Titel des dritten Kapitels. Viele verbinden mit Wissenschaft verblüffende neue Erkenntnisse. Daran ist nichts auszusetzen. Aber Interessantheit, Verblüffung, Staunen oder ein tiefes Gefühl des Verstehens dürfen keine Kriterien bei der Bewertung von Erkenntnissen sein. *Scheitern* ist der Motor der Wissenschaft. Wenn sich eine Annahme über die Welt als falsch erweist, wenn eine Vorhersage nicht eintrifft, dann treibt dies die Erkenntnissuche voran. Aus einer guten Theorie lassen sich Vorhersagen darüber ableiten, was eintreffen wird, aber auch, was nicht eintreffen darf. Das bezeichnet man als empirischen Gehalt. Eine Theorie mit empirischem Gehalt ist angreifbar, denn ihre Vorhersagen können kritisch an der Realität überprüft werden. Diese Vorstellung behagt uns vielleicht nicht. Denn Angreifbarkeit und die Möglichkeit des Scheiterns machen negative Gefühle. Gefühle sind jedoch schlechte Berater im Erkenntnisprozess.

❱❱ Regel 3: Akzeptieren Sie keine „letzten" Begründungen.

Das vierte Kapitel setzte sich mit einer der größten Fehlkonzeptionen von Wissenschaft auseinander, nämlich dass es sich bei Wissenschaft auch nur um eine Glaubensfrage handele. Glauben liefert letzte (zureichende) Begründungen. Im wissenschaftlichen Erkenntnisprozess jedoch ist für letzte Begründungen kein Platz. Denn zu diesen gelangt man nur, wenn der Begründungsprozess willkürlich abgebrochen wird. Am Ende bleibt dann eine selbst fabrizierte Gewissheit oder eben ein Glauben, der gegen jeden Einwand immunisiert wird. Also ein Dogma. Wissenschaft ist das genaue Gegenteil eines dogmatisierten Glaubenssystems. Kultivierung von Kritik ist ihr Fundament. Kritik kann nicht durch Argumente begründet werden, deren Überprüfungen nur dem Subjekt selbst zugänglich sind, wie Gefühle, Intuition oder eben Glauben. Argumente müssen allen zugänglich sein und sie liegen deshalb *außerhalb* des Individuums. Nämlich in der beobachtbaren Welt. In der Wissenschaft werden deshalb Annahmen und Theorien anhand empirischer Befunde kritisiert, die durch die Anwendung nachprüfbarer Verfahren gewonnen wurden.

» Regel 4: Urteilen und entscheiden Sie nach Wahrscheinlichkeit.

Wahrscheinlichkeiten sind uns in der Regel suspekt (vgl. fünftes Kapitel). Nackte, leblose Zahlen. Sicherheit ist in der Natur selten. Irgendwie bewegt sich fast alles in dem großen Raum, der sich zwischen absoluter Sicherheit und totaler Unsicherheit aufspannt. Mit der Entwicklung der Wahrscheinlichkeitstheorie ließ sich dieser Raum erschließen. Der wissenschaftliche Erkenntnisprozess stützt sich auf das Konzept der Wahrscheinlichkeit. Im Alltag hingegen sind es oftmals wieder Gefühle, die uns leiten. Schrecken oder Freude, die wir bei der Vorstellung eines möglichen Ereignisses empfinden, unabhängig davon, ob dieses wahrscheinlich oder unwahrscheinlich ist. Dabei sind es die Abstufungen in der Wahrscheinlichkeit, die Ordnung und Übersicht schaffen. Wahrscheinlichkeiten sind wie Gewichte. Sie erlauben uns, Wichtiges von weniger Wichtigem zu unterscheiden. Ob es nun um unser Verhalten in riskanten Situationen oder um ein Erkenntnisproblem geht, Wahrscheinlichkeiten helfen uns, bessere Urteile und Entscheidungen zu treffen.

> **》 Regel 5: Vertrauen Sie auf geprüfte Messinstrumente.**

Bei physikalischen Größen wird wohl niemand die Nützlichkeit dieser Regel anzweifeln. Wer wollte sich schon beim Hausbau aufs Augenmaß verlassen. Wenn es jedoch um den Menschen geht, da erscheint vielen der eigene Eindruck verlässlicher als das Ergebnis eines standardisierten Messinstrumentes. Und manche sind der Meinung, dass das, was den Menschen im Kern ausmacht, gar nicht messbar wäre. Weil das Wesen des Menschen zu komplex sei. Vieles sich der direkten Beobachtung entzöge, wie beispielsweise Einstellungen, Persönlichkeit oder Denkfähigkeiten. Im sechsten Kapitel habe ich gezeigt, dass diese Argumente nicht stichhaltig sind. Die gesamte Natur ist komplex und viele Prozesse in ihr sind verborgen. Dieser Herausforderung muss sich jede Wissenschaft stellen. Aber selbst komplexe Strukturen und verborgene Prozesse lassen sich mit hoher Genauigkeit messen. Denn die Wissenschaft verfügt über Kriterien und Verfahren zur Bewertung ihrer Messinstrumente. Dadurch kann deren Qualität (Verlässlichkeit und Gültigkeit) stetig verbessert werden. So liefert ein standardisierter Test der Persönlichkeit oder der Intelligenz ein besseres Ergebnis als, sagen wir, ein offenes Interview im Rahmen eines Bewerbungsgespräches.

> **Regel 6: Seien Sie auf der Hut vor den Fallen individueller Erfahrung.**

Wir lernen aus Erfahrung (vgl. siebtes Kapitel).. Ob Erfahrung jedoch ein guter Lehrmeister ist, hängt von vielen Faktoren ab. Im Alltag machen wir Beobachtungen unter *un*kontrollierten Bedingungen. Dort warten Fallen auf uns, die zu systematischen Fehlern führen. Vor allem wenn es darum geht, Ursache-Wirkungs-Zusammenhänge aufzudecken. Im sechsten Kapitel lernten wir, dass gemeine Lernumwelten, verzerrte Stichproben und Voreingenommenheit bei der Informationssuche unsere Erfahrung so verzerren, dass Fehlschlüsse über Ursachen eher die Regel als die Ausnahme sind. Zur Entdeckung von Kausalität müssen wir unsere Beobachtungen kontrollieren, um gegen diese Fehlerquellen vorzubeugen. Das ist in alltäglichen Kontexten oftmals unmöglich. Statt auf subjektive Erfahrung sollten wir uns deshalb, vor allem was Kausalität betrifft, auf die Ergebnisse kontrollierter Studien verlassen.

> *Regel 7: Denken Sie immer an die Kontrollgruppe.*

Der Königsweg der Forschung ist das Experiment (vgl. achtes Kapitel). Zur Aufdeckung von Ursache-Wirkungs-Zusammenhängen existiert keine strengere Methode. Sie maximiert die Kontrolle über den Forschungsgegenstand. Störeinflüsse, die charakteristisch für unsere Alltagsbeobachtung sind, werden systematisch ausgeschlossen oder kontrolliert. Eine der wichtigsten Techniken dabei ist der Vergleich von Experimentalbedingungen (oder Experimentalgruppen) und Kontrollbedingungen (oder Kontrollgruppen). Natürlich wird geschaut, was passiert, wenn die vermeintliche Ursache vorliegt. Dies reicht aber nicht hin, um schlüssig zu prüfen, ob eine Wirkung auf diese Ursache zurückgeht. Dazu müssen wir die Bedingung betrachten, in der die Ursache *nicht* vorliegt. Denn es könnte ja sein, dass das Auftreten einer Wirkung durch dritte Variablen verursacht wurde. Erst aus dem Vergleich von Experimental- und Kontrollbedingung lässt sich beurteilen, ob Kausalität vorlag, ob eine Wirkung wirklich durch eine bestimmte Variable verursacht wurde. Es existieren viele weitere Kontrolltechniken, wie beispielsweise die Herstellung der verursachenden Variable durch die Experimentatoren, die Zufallszuweisung von Probanden auf Experimental- und Kontrollgruppe, die Konstanthaltung der Ablaufbedingungen. Alle zusammen erhöhen die Wahrscheinlichkeit, dass die beobachteten Ergebnisse gültige Schlüsse erlauben. Aber auch wenn keine Experimente möglich sind, wenn wir Alltagsbeobachtungen bewerten, immer müssen wir uns fragen: Was wäre gewesen, wenn die potenzielle Ursache *nicht* vorgelegen hätte? Dieses Denken in Kontrollgruppen ist eine zentrale Säule der Vernunft und jedes kritischen Diskurses.

》 Regel 8: Keine Angst vor Statistik oder *Suchen Sie nach dem Wumms.*

Es ist die falsche Frage, ob wir Statistik vertrauen. Es geht vielmehr darum, wie wir sie nutzen. Das neunte Kapitel handelte von der Nützlichkeit der Statistik, die nichts anderes bietet als einen Werkzeugkasten. Wir benötigen die Statistik, weil Erkenntnis in der Regel auf großen Datenmengen beruht. Statistische Werkzeuge helfen bei deren Handhabung, Zusammenfassung und Beschreibung. Statistik kann aber noch viel mehr. Und da kommen wir wieder auf die Grundprinzipien wissenschaftlichen Denkens zurück. Absicherung und Priorisierung. Um Erkenntnisse abzusichern, reicht eine Studie allein nicht aus. Befunde müssen wiederholbar sein, also über viele Studien hinweg replizieren, bevor wir ihnen vertrauen können. Um Ergebnisse über Studien hinweg zu vergleichen, verwenden wir sogenannte Metaanalysen. Die damit gewonnenen statistischen Größen dienen einerseits der Beschreibung. Wir können beispielsweise mittlere Effekte über die Studien hinweg bestimmen. Zudem bietet uns die Statistik Maße für die *Stärke* eines Effektes, den Wumms. In der Realität haben wir es mit komplexen Systemen zu tun. Viele Faktoren wirken zusammen. Statistische Maße der Effektstärke helfen uns zu bestimmen, wie groß der Einfluss bestimmter Faktoren oder einer Kombination aus Faktoren ist. So lassen sich

Mücken von Elefanten unterscheiden. Wie auch die Wahrscheinlichkeit, so dient Effektstärke als Gewicht bei Entscheidungen. In Fragen der Erkenntnis und deren Anwendung können wir mithilfe der Statistik bestimmen, was den Wumms macht. Was wirklich bedeutsam ist. Wissenschaftliches Denken heißt immer, in Relationen zu denken, starke Einflussgrößen von schwachen zu trennen. Priorisierung ist die Machete, mit der wir uns durch das Dickicht einer komplexen Welt schlagen. Denn Unterscheiden ist der Schlüssel zu guten Entscheidungen. In allen Bereichen des Lebens.

Stichwortverzeichnis

A

Abbruch, willkürlicher 85
Absolutheitsanspruch 3, 16
Affekte, negative 47
Aggression 45
Ajzen, Icek 184
Albert, Hans 72, 86, 101
Allen, Woody 285
Allgemeine Relativitätstheorie 44
Allsatz 19, 30, 37, 56
Aneignung, kulturelle 96
Angreifbarkeit 72
Annäherung, wahrscheinlichkeitsbasierte 155
Annäherungsverhalten 42
Ansatz, ganzheitlicher 169
  Bildung 170
  Messen 166
Anthroposophie 76
Arbuthnott, John 285
Ärger 47
Ashton, Michael 192
Assoziationslernen 64
Assoziationsprinzip 64
Astragal 111
Astrologie 88
Attraktion 37
Attraktivität 66
Attributionsfehler 188
Aufklärung 99
Aufmerksamkeit 195
Aufmerksamkeitsprozess 308
Aussage, nomologische 53
Availability 64

B

Bacon, Francis 21
Bandura, Albert 32
Barnum, Phineas Taylor 88
Barnum-Effekt 88, 89
Baron Münchhausen 84
Basisrate 215
Bayes, Thomas 216
Begründung
   Abbruch 93, 95
   durch Glauben 93
   Identität 95
   letzte/zureichende 84, 100, 322
   und Dogmatismus 94
Begründungsproblem 84, 93
Behaviorismus 27, 48
Belohnung 28, 32
Beobachtung
   im Alltag 204, 247, 250, 324
   unter kontrollierten Bedingungen 246, 258, 276
   wissensbasierte 226
Bergoglio, Jorge Mario 90
Bescheidenheit 188
Bestätigungstendenz 227, 229, 233
Bestrafung 28, 32
Between-subjects design 255
Bewährung 31
Bewährungsgrad 57
Beweis der Wahrheit 30
Bibel 74, 87, 89
Big-Bang-Modell 87
Binet, Alfred 194
Black box 28
Blackfacing 96
Blunt, Emily 273
Bonpland, Aimé 20
Bruner, Jerome 28
Brustkrebs 214
Bultmann, Rudolf Karl 93
Bushman, Brad 45

C

Cancelling 99
Christentum 93
Cochrane 274
Cohen, Jacob 294
Cohen's *d* 299
Columbine High School 311
Covid-19-Pandemie 76, 81

D

Dansgaard-Oeschger-Ereignisse 157
Denken 307
   induktives 195
   in Kontrollgruppen 247, 326
   wissenschaftliches 100, 106, 319
Denkfähigkeit 323
Denkweise
   evaluatistische 77
   multiplistische 78
Depressionen 95
Descartes, René 1

Dialog, kritisch-aufklärerischer 72, 75, 78, 83
Diskurs, identitätsbegründeter 96, 98
Dissonanz 92
Dogma 90, 91, 94, 99, 101, 322
Doppelblindstudie 253
Drittvariablen 149

E

Ebbinghaus, Hermann 194
Ebene
  logische 57
  pragmatische 57
Effektgesetz (law of effect) 25
Effektstärke 275, 295, 298, 316
Ehrlichkeit 188
Einstein, Albert 43
Einstellung 323
  Diskrepanz zwischen Einstellung und Verhalten 180
  Messung 176, 178
  Theorie von Fishbein und Ajzen 184
  und Verhalten 176
Emotionalität 188
Energie-Masse-Äquivalenz 44
Engelhard, Iris 308
Entmythologisierung 93
Entscheidung 323, 327
  Qualität 198
Erev, Ido 119

Erfahrung 203, 324
  Fehlerquellen 234
Erkenntnis 37, 68
  Vorläufigkeit 15, 320
Erkenntnisfortschritt 55
Erkenntnismethode, hermeneutische 93
Erkenntnisprogramm 57
Erkenntnisprozess 319
Erkenntnistheorie 84
Erklärung 16
  scheinwissenschaftliche 43
Erwartungen 32
Erwartungsenttäuschung 40
Es-gibt-Sätze 61, 65
Esoterik 81
Europäisches Kernforschungszentrum CERN 13
Evidenz, empirische 104
Existenzaussage 61
Experiment 235, 325
  Definition 246, 251
  Fehlkonzeptionen 241
  Hypothesentest mit 292
  Methode 242, 246
Experimentalbedingung 246, 250, 256, 259, 325
Experimentalgruppe 246, 325
Extraversion 188

F

Fähigkeit 187
  zur Priorisierung 133
Falsifikation 57, 105
Falsifizierbarkeit 52

Feedback environment
  friendly 206
  wicked 206
Fehlkonzeptionen gegenüber Wissenschaft 3
Fehlurteil 218
Feldtheorie 32
Fiedler, Klaus 216, 217
Fischbacher, Jakob 176
Fishbein, Martin 184
Fortpflanzungsfähigkeit 66
Fortschritt, wissenschaftlicher 57
Fourest, Caroline 95
Franziskus 90
Freud, Sigmund 48
Friedrich der II. 239
Friendly and wicked feedback environments 206
Frustrations-Aggressions-Theorie 48, 54
Furchtkonditionierung 308
Furchtreaktion 305

G

Gajdusek, Daniel Carleton 41
Galilei, Galileo 23
Galton, Francis 132
Galtonbrett 130, 131, 162
Gedächtnis 29, 64, 195
Gefühle 321
  als Vermittler von Glaubwürdigkeit 42
  Begeisterung 37
  der Leichtigkeit des Gedächtnisabrufes 64
  und Wahrnehmung von Wahrscheinlichkeit und Risiko 117, 123
  Verblüffung 37, 39
  Verstehen 37
Gehalt, empirischer 52, 55, 63, 67
Geisteswissenschaft 40
Geometrie, euklidische 110
Gesetz der großen Zahl 286
Gesetzesaussage 17
Gewalt 45
  Disposition/Neigung zu 45
Gewissenhaftigkeit 188
Gigerenzer, Gerd 316
Glauben 71
Glaubenssystem 71
Globuli 209, 258, 276
Glücksspiel 133
Glusman, Murray 238
Gott 73, 87, 91
Gottesbeweis 285
Gradual ascent 24
Grundgesetz der Bundesrepublik Deutschland 70
Guessoum, Nidhal 75, 93
Gültigkeit 192
Gutenberg-Gymnasium in Erfurt 310
Guttman, Louis 177
Guttman-Skala 177

H

Hahnemann, Samuel 267

Harding-Zentrum 316
Häufigkeiten, relative 113, 115
Heck, Daniel 192
Hermeneutik 40
Heuristik 42, 62
HEXACO-Modell 188, 189
Hildmann, Attila 69, 81
Hiob 73
Hogarth, Robin 206
Höhlengleichnis 123
Homöopathie 201, 209, 258, 259
Homosexualität 94
Hull, Jay 313
Humboldt, Alexander von 13, 19

Immunisierung 55
Impfen 76
Impfgegner 229
Individualien 18
Induktion 24, 30
Induktionsproblem des Positivismus 57
Induktivismus 101, 104
Informationsnetzwerk Homöopathie 274
Informationssuche 324
  selektive/bestätigende 228, 231
  und Stichprobenziehung 216
Input-Output-Relation 50
Instinkt 59

Intelligenz 194, 324
  künstliche (KI) 221
Interferenz 174
Intrusion irrelevanter Information 139
Intuition 206
Irle, Martin 96
Irrtumsvorbehalt 3, 16
Item 178
Item-Schwierigkeit 178
I'jaz 'Ilmiy 86, 87

Junktor 53

Kahneman, Daniel 64
Katholische Kirche 91
Kausalität 247, 250, 324
  und Korrelation 148
Kausalzusammenhang 253, 259, 319
Kirche 74
Klimawandel 148, 155
Kognition 28, 307
Kohlendioxid 155
Komplexität reduzieren 44
Komplexitätsreduktion 52
Konditionierung 304
Konfundierung 211, 234, 250, 258, 261
Konsistenz 231
Konstanthaltung 251, 259
Konstruktebene 168
Konstruktivist 78

Kontiguität 247
Kontingenzbewusstheit 308
Kontrollbedingung 246, 247, 250, 252, 256, 259, 325
Kontrolle 242
Kontrollgruppe 246, 325
Kontrolltechniken 325
Konzentrationsfähigkeit 195
Koran 75, 87, 89
Korrelation 148
   linearer Zusammenhang 153
   und Kausalität 148, 154
   und Wahrscheinlichkeit 150
Kovariation 247, 248
Kreationisten 94
Kriterien der kritischen Prüfung 102
Kritik 102
Kubitschek, Götz 80
Kuhn, Deanna 77
Künstliche Intelligenz (KI) 221

L

Laienpsychologie 36
LaPiere, Richard Tracy 180
Lee, Kibeom 192
Lem, Stanislaw 199
Lernen 26
   aus Erfahrung 203
   durch Belohnung 203
   durch Bestrafung 202
   induktives 222

Lernforschung 25
Lerntheorie 27
Lernumwelt
   freundliche 206, 207, 210
   gemeine 206, 210, 258, 324
Lewin, Kurt 32
Logik 72
Lorenz, Konrad 59
Lotterie 136
Lügendetektor 9

M

Mammografie 214
Manipulation 251, 259
Masse-Energie-Äquivalenz 50
Mastery of the situation 82
Mathematik 72
Mathie, Robert 266, 273, 301
McDougall, William 59
Median 281
Medien, gewaltdarstellende 46
Medieninhalte, aggressive 149, 310
Menschenverstand, gesunder 2
Mertens, Gaëtan 308
Messen 168
   Denkfähigkeit/Intelligenz 194
   indirekte Maße 171
   individueller Unterschiede der Persönlichkeit 188
   Methode 165, 192

Stichwortverzeichnis

physikalische Maße 164
Skalenniveau 175
und ganzheitlicher Ansatz 166
und Theorie 180
von Einstellungen 176
Vorbehalte gegen Vermessung des Menschen 166, 200
Zuverlässigkeit und Gültigkeit 192
Messinstrument 323
Metaanalyse 300
Methode
der kritischen Prüfung 100
naturwissenschaftliche 2
Methodologie 319
Milankovic-Zyklen 157
Mill, John Stuart 247
Mittel, arithmetisches 281
Mittelwertsunterschied 292
Modell
isomorphes 50
paramorphes 50, 51, 67
wissenschaftliches 44
Mondtäuschung 223, 224
Motivation 27, 32
Münchhausen-Trilemma 85, 101

N

Neptunismus 19
Norm 184, 280
Novum organum 22
Nutzenfunktion 183

Nutzentheorie 50, 62, 68, 183

O

Objektivität 101
Ockhams Rasiermesser 47
Ödipus 110
Offenheit für (neue) Erfahrungen 188
Offit, Paul 230
Orwell, George 99

P

Paradigma 27
Parsimonitätsprinzip 47
Pawlow, Iwan Petrowitsch 304
Pearson, Karl 151
Pearsons Korrelationskoeffizient 151
Peckham, Emily 267
Personalauswahl 196, 213
Persönlichkeit 45, 187, 188, 323
Persönlichkeitsinventar 192
Phlogiston-Theorie 59, 60
Piccard, Jacques 13
Pius XII. 91
Placebo 252
Placeboeffekt 201
Platon 123
Polygraf 9
Popper, Karl 57
Popper, Karl Raimund 52
Positivismus, logischer 8

Positivismus 56
Potenzierung 209
Präkonzeption 23
Prämissenmenge 49
Präregistrierung 264
Präzision 47, 52
Prescott, Anna 313
Priming 226
Priorisierung 45, 146, 327
Probability matching 115
Prophezeiung 88
Prospect Theory 183
Protokollsätze 17
Provokation 46
Psychoanalyse 48
Psychophysik 182

Radiokarbon 159
Randomisierung 255, 259
Ratgeber 140
Reaktion, unkonditionierte 305
Realität, Scheitern 52
Realitätskonsens 80, 101, 165
Regress, infiniter 85, 86, 101
Reinforcer 27
Relativitätstheorie 68
Reliabilität 192
Religion 92
Replikation 275, 278, 300, 326
   konzeptuelle 275
Rhetorik 40
Risiko 117
   als Gefühl 123
   Bereitschaft 118
   Urteil/Einschätzung 120, 137
Rousseau, Jean-Jacques 204

Sargent, James 313
SARS-CoV-2 79
Satan 73
Sätze, empirische 17
Schatzsuchespiel 140, 143, 150
Scheitern 321
Schicksal 110
Scholastik 22
Selbstbeobachtung 175
Selbstheilungssystem 211
Sicherheit 112, 322
Signifikanz 147, 289, 293, 294, 316
Signifikanztest 289
Simon, Herbert 62
Singularität 44
Skalenniveau 175
Snyder, Blake 40
Sokrates 109
Spahn, Jens 230
Sparsamkeitsprinzip 47
Sprachbeherrschung 195
Stahl, Georg Ernst 59
Stanford-Gefängnis-Experiment 239
Stärke eines Effekts 326
Statistik
   deskriptive 281, 315
   Nutzen 284, 315, 326

schließende/Inferenz-
  statistik 282, 316
Steiner, Rudolf 76
Steinhäuser, Robert 310
Stereotyp 14, 213
Stichprobe
  Erhalt von Quoten 219
  faire Ziehung 221
  und Risikoeinschätzung 218
  und Urteilsfehler 221
  verzerrte 213, 218, 219, 324
  Ziehung 217
Stichprobenfallen 214
Stimulus, unkonditionierter 305
Störvariablen 254–256
Streuung 281, 296
Streuungsbreite 281
Strohschneider, Peter 71
Stroop, John Ridley 173, 174
Stroop-Effekt 173
Studie
  klinische 252
  • kontrollierte 324
  korrelative 251
  prospektive 266
Subjektivität 101
Szene, esoterische 81

T

Tautologie 58, 61, 86
Tendenz, zentrale 281, 296
Terman, Lewis 197
Theorie 31, 319
  Allsatzcharakter 19
  als Modell mit Kausalaussagen 44
  Anfälligkeit für Kritik 20
  Bewährung 31
  deduktive Prüfung 104
  gute wissenschaftliche 38, 52, 66
  logische Prüfung 102
  logisch wahre 53
  nomologische Aussage 44
  sozial-kognitive des Lernens 32
  soziobiologische 67
  tautologische 59
  und Es-gibt-Sätze 62
  und Induktion 24
  und Messen 180
  und Wahrheitsanspruch 31
  universale 101
Thierse, Wolfgang 99
Thorndike, Edward Lee 25
Tierversuch 260
Tinbergen, Nikolaas 59
Transgeschlechtlichkeit 95
Treibhauseffekt 158
Treibhausgase 156
Trial and error 26
Triebenergie 48
Trump, Donald 201, 216, 236
Tversky, Amos 64

U

Überschätzung kleiner Wahrscheinlichkeiten 122

Überzeugung, paranormale 81
Überzufälligkeit 289
Umgang mit Zahlen 195
Umwelt
  deterministische 124
  non-kompensatorische 145, 198
  probabilistische 128
Unbeirrbarkeit im Glauben 74
Universalien 18
Unsicherheit 112, 322
Ursache-Wirkungs-Modell 47
Ursache-Wirkungs-Zusammenhang 37, 207, 222, 324
Urteil 323
Urteilsbildung 42
Urteilsfehler 220
Urteils- und Entscheidungsforschung 62

V

Validität 192
Variable
  abhängige 48
  unabhängige 48
Verblindung 252
Verfügbarkeitsheuristik 63, 64
Verhalten, aggressives 149
Verhaltenskontrolle 185
Verifikation 7, 30, 56
Vermeidungsverhalten 42
Vernunft 326
Verständnis, epistemologisches 77
Verstärkung 27
Versuchsleitung, blinde 252, 259
Versuch und Irrtum 26, 127
Verträglichkeit 188
Videospiel, gewalttätiges 312
Vorhersage 16
Vorstellung, räumliche 195
Vorteil, adaptiver 83
Vorwissen 38

W

Wahnzustand 73
Wahrheit 10, 320
Wahrheitsanspruch 91, 93
Wahrheitsbeweis 55
Wahrheitsgehalt 37
Wahrnehmung 181, 195
  Fehler 224
  konstruktive 223, 225
  wissensbasierte 223
Wahrscheinlichkeit 111, 286, 322
  als Gefühl 117
  als Gewicht bei Entscheidungen 133, 146
  bedingte 215, 219
  Galtonbrett 132
  Sicherheit/Unsicherheit 162
  statt Möglichkeit 123
  Überschätzung 121
  und Signifikanz 147, 288, 293

Unterschätzung 121
Verzerrung durch Gefühle 135, 137
Verzerrung durch irrelevante Information 139
Wahrscheinlichkeitsrechnung 288
Wahrscheinlichkeitstheorie 216, 322
Waismann, Friedrich 7, 12
Wason, Peter Cathcart 231
Wasons Selektionsaufgabe 231
Wassergedächtnis 209
Watson, John Broadus 305
Weber-Fechner'sches Gesetz 182
Wende, kognitive 28, 307
Wer heilt, hat recht 202
Wertfunktion 183

WHO 95
Whydunit 40, 51
Wiener Kreis 7
Within-subjects design 255
Wut 47

Y

Yale-Gruppe 49
Yanagihara, Hanya 41

Z

Zimbardo, Philip 239
Zirkel, logischer 85
Zirkelschluss 86, 101
Zufall 255
Zusammenhang, linearer 153
Zuverlässigkeit 192
Zwerenz, Stephan 69

GPSR Compliance

The European Union's (EU) General Product Safety Regulation (GPSR) is a set of rules that requires consumer products to be safe and our obligations to ensure this.

If you have any concerns about our products, you can contact us on

ProductSafety@springernature.com

In case Publisher is established outside the EU, the EU authorized representative is:

Springer Nature Customer Service Center GmbH
Europaplatz 3
69115 Heidelberg, Germany

www.ingramcontent.com/pod-product-compliance
Lightning Source LLC
LaVergne TN
LVHW022040260326
834688LV00061B/1460